KB068801

근린자치
제도론

이승종 김대욱

김혜정 노승용

모설문 서재호

안성호 오승은

유희숙 최영출

박영사

서문

　　지방자치가 재개된지 20여 년이 경과하여 성년이 되었음에도 불구하고 지방자치에 대한 국민적 관심도나 체감도가 여전히 낮다. 주민이 주인이 되어야 할 지방자치는 공직자 위주의 정부자치가 되어 그들만의 리그로서의 성격을 강하게 드러낸 채, 시행초기에 여러 가지 시행착오 과정에서 부정적인 면이 과도하게 부각되는 형식적 자치, 중앙과 지방간 대립으로 비쳐지는 갈등적 자치 등으로 인식되고 있다. 이렇듯 지방자치에 대한 부정적 인식이 지배적인 상황에서 지방자치에 대한 지지와 지원은 확보되기 어렵고 따라서 지방자치의 정착발전을 기대하기 어려운 상황이다.

　　이렇게 된 데에는 장구한 세월동안 지방자치를 발전시켜 온 선진제국에 비하여 아직 지방자치 시행기간이 일천한 때문이기도 하지만, 상당 부분 근린단위에서 주민참여를 위한 제도화가 이루어지 못하여 근린차원의 주민자치가 이루어지지 않은 때문으로 판단된다. 나와 상관없이 이루어지는 지방자치, 그것도 나의 생활공간과 먼 단위에서 이루어지는 지방자치에 대해서 주민들이 적극적 관심과 애정을 갖기 어려울 것임은 당연하다. 결국, 자치단위의 하부구역에서의 주민자치가 실종되면서 지방자치에 대한 주민의 관심도와 체감도 역시 저조하게 된 것이다. 이 같은 국민적 무관심은 곧 지방자치의 정착발전을 저해하는 중대한 요소가 된다는 점에서 심각한 문제가 아닐 수 없다. 생각건대 지방자치의 근간은 분권과 함께 지역사회 주민의 능동적 참여에 있다고 할 때, 지방자치의 정착과 발전을 위하여 향후 근린차원의 주민자치체계 구축을 통한 주민의 관심과 참여의 제고노력이 절실히 요구된다. 이 같은 노력은 현행 시군구를 단위로 하는 간접민주제를 근린을 단위로 하는 직접민주제로서 보완함으로써 보다 주민과 밀접한 수준에서 한국 지방자치의 정착발전을 기하는데 도움을 줄 수 있을 것이므로 중요하다.

근린차원의 주민자치는 정부와 주민의 협력적 노력 즉, 근린거버넌스를 지향함에 다름 아니다. 이때 지방자치의 궁극적 목적인 주민복지의 증진을 위해서는 근린거버넌스가 단순히 지역사회에서 정부와 주민의 만남을 의미하는 거버넌스를 넘어서서 좋은 거버넌스를 지향할 것이 요구된다. 거버넌스 자체가 목적이 아니고 주민의 복지가 목적이기 때문이다. 좋은 거버넌스는 거버넌스의 주체인 정부와 시민의 혁신을 요구한다. 이와 관련, 우리는 근린 차원에서의 정부와 시민의 만남이 바로 좋은 거버넌스를 위한 혁신의 지름길이라 믿는다. 그리고 그 같은 효과는 정부와 시민의 산발적 만남이 아니라 근린단위의 자치제도를 통한 체계적 만남을 통해 안정적이고 지속적으로 담보될 수 있다고 믿는다. 본서가 근린자치제도를 비교연구하고 한국 근린자치의 발전방향을 제시하는 이유이다.

촉박한 일정에도 불구하고 본서의 집필참여 요청에 흔쾌히 참여해 주신 안성호 교수님을 비롯하여 김대욱, 김혜정, 노승용, 모설문, 서재호, 오승은, 유희숙, 최영출 제 교수님들께 감사드린다. 아울러 어려운 여건 속에서도 본서의 출판을 맡아주신 박영사 안종만 대표님, 조성호 이사님께 감사드린다.

2015년 9월
이승종

차례

표 차례

그림 차례

chapter
01

chapter
02

chapter
03

chapter
04

chapter
05

서론

이승종(서울대학교)

지방자치의 실시는 중앙과 지방간 관계에 있어서 분권에 기반하지만 분권을 목적으로 하기보다는 지방차원의 민주주의의 실현에 우선적 의미를 둔다. 지방민주주의가 집권적 통치에 비하여 지역주민의 복지증진에 더 잘 기여할 수 있다고 보기 때문이다. 이때 지방민주주의의 실현이라 함은 지방내부에서의 민주적 의사결정구조의 실현에 다름 아니다. 물론 이를 위해서는 기능과 재정상 분권이 전제되어야 한다. 분권이 선결되지 않은 상황에서는 지방의 자율적 결정사항의 존재 자체가 문제가 될 것이기 때문이다. 그러므로 지방민주주의는 적절한 수준의 자율권이 확보된 상황에서 지역주민의 의사가 지방의 정책과정에 유효하게 반영되는 정치체제라 할 수 있다. 이를 위해서는 한편으로는 지방정부의 정책과정이 독점적 또는 폐쇄적으로 운영되지 않으며, 다른 한편으로는 일부 지배집단의 우월적 지위가 주민의사를 왜곡하지 않을 것이 요구된다. 이러한 요구에 대한 대응은 주민참여의 활성화이다. 요컨대 지방자치의 핵심은 지방민주주의의 구축에 있고, 지방민주주의의 핵심은 주민참여에 있다.

　　굳이 지방을 거론하지 않더라도 본래 민주정치란 시민의 참여를 근간으로 하는 것이며 이 같은 요청은 지방민주주의에도 동일하게 적용될 것이라는 점에서 주민참여의 중요성에 대해서는 재론할 필요성이 적다. 강조할 것은 주민참여를 위해서는 근린참여(또는 지역사회참여)가 중요하다는 점이다.[1]

　　기본적으로 시민참여는 전국 단위에서도 가능할 것이지만 참여에 소요되는 비용, 관련 이슈의 시민적 이해와의 연관성, 정부의 대응성 등을 고려할 때 일상적 참여는 삶의 현장과 가까운 근린단위에서라야 사실상 실현가능한 것이기 때문이다. 이러한 고려에 기반하여 지방자치가 발달한 선진 외국의 경우, 근린차원의 주민참여를 위한 제도화를 통하여 활발한 주민참여를 유도하고 있다. 영국의 패리쉬, 미국의 커뮤니티 카운슬, 일본의 정내회 등이 그 예

---

1) 일반적으로 지역공간은 그 규모에 따라 지역(region), 지방(locale), 지역사회(community), 근린(neighborhood)의 순으로 불린다. 여기에서는 근린이라는 용어를 엄격하게 사용하기보다는 지역사회와 혼용하면서 기초자치단체 하부구역을 통칭하는 용어로 사용한다. 그러므로 한국의 경우 근린(또는 지역사회)은 읍면동, 통리, 마을, 부락 등을 통칭하게 된다.

이다. 이와는 달리 한국에서는 시군구 단위의 주민자치체계는 구축되어 있으나 근린(neighborhood) 차원의 주민자치제도가 구축되어 있지 않아 좁게는 근린차원의 주민참여, 나아가서는 전체 지방자치에서의 주민참여가 활성화되지 못하고 있는 형편이다.

잘 알려진 바와 같이 기본적으로 한국의 기초자치단체 즉, 시군구는 인구규모면에서 세계 최상위 규모라는 점에서 자치단체 하부구역의 주민자치의 제도화가 미흡한 것은 지방자치의 정착발전의 관점에서 볼 때 문제시된다.[2] 물론 형식상으로는 한국에서도 자치단체 하부구역에서 근린자치제도화가 전혀 이루어지지 않은 것은 아니다. 우선 상당수 읍면동에 설치되어 있는 주민자치위원회를 근린자치제도로 볼 수 있다. 동 주민자치위원회는 1998년 읍면동 행정기능 개편과정에서 설치되기 시작한 후, 현재 대부분의 읍면동에 설치되어 있는 주민자치기구이다. 대부분의 주민자치위원회 관련 조례에는 어김없이 주민자치 활동을 주민자치위원회의 기능으로 포함하고는 있다. 그러나 실제에 있어서 동 위원회는 지역문제에 대한 주민의 자치활동보다는 각종 문화체육활동의 지원시설인 주민자치센터(또는 회관)의 운영위원회로서만 기능하고 있는 실정이다. 위원회의 구성 또한 주민대표성이 높지 않아 다수 주민의 대표이기보다는 읍면동장에 협조적인 지역인사 위주로 위촉되고 있는 실정이다. 결국 주민자치위원회는 형식적으로는 근린단위 주민자치제도이지만 실질적으로는 시군구 하부단위의 근린자치 기능을 수행하지 못하고 있다.

주민자치위원회에 더하여 주민대표격인 통리장을 근린자치제도로 볼 수도 있다. 이 중에서도 특히 농촌지역의 이장은 대부분 지역주민에 의해 선출된다는 점에서 근린자치제도로 볼 부분이 있다. 그러나 도시지역의 통장은 선출되지 않을 뿐 아니라 기본적으로 통리장을 막론하고 주민자치를 위한 대표로서보다는 행정하부단위로 기능하고 있는 한계가 있다. 반상회 역시 마찬가

---

2) 한국 기초자치단체의 평균 인구는 약 20만명으로서 주요 국가 중 가장 큰 편인 영국의 14만 명을 훨씬 상회하여 주민자치에 적합하지 않은 과대규모라는 지적이 많다. 면적에 있어서는 한국은 427평방미터로서 스웨덴(약 1,450평방미터), 노르웨이(889평방미터), 영국(557 평방미터)에 이어 크다. 국토가 좁은 데 비하여 관할구역 면적이 과대한 것임을 알 수 있다.

지이다. 반상회는 근린단위의 주민자치모임의 잠재성을 가졌으면서도 실제로
는 일선행정의 보조기구 내지는 홍보단위로 기능해왔을 뿐이며 그나마 지금
에 와서는 대부분 형해화된 상태이다.

　　이러한 상황에서 기대와는 달리 자치기능을 상실한 형식적 주민자치기구
로서의 주민자치위원회를 대체하여 2014년부터 주민자치회가 시범실시되고
있다. 주민자치회는 2010년 제정된 지방행정체제개편추진에관한특별법에 의
하여 설치된 지방행정체제개편추진위원회가 시행하기로 결정한 근린차원의
주민대표기구로서 현재 공모에 의하여 선정된 31개 자치단체에서 시범실시
중이다. 당초에는 협력형, 자율형, 주민조직형 등 세가지 모형이 예정되었으
나 현행법상 제한을 이유로 행정기관과 주민대표기관간 관계에 있어서 현재
주민자치위원회와 유사한 협력형에 한하여 시범실시하고 있고 나머지 모형에
대해서는 추진의지가 확실하지 않은 등 그 전망이 불투명한 실정이다. 박근혜
정부가 출범하면서 2013년에 설치된 지방자치발전위원회에서 주민자치회에
대한 지속적 추진의지를 개진하고 있으나 주민자치회의 전면적 실시는 물론,
시범실시 대상모형의 확대전망마저 여전히 불투명한 실정이다.

　　이렇듯 한국에서 근린자치의 제도화 노력은 그 중요성에 비추어 그다지
적극적이지 않다. 그러나 지방화가 돌이킬 수 없는 시대적 추세인 상황에서
지방자치의 성공적 정착과 관련하여 근린자치가 갖는 의미를 고려할 때, 향후
한국에서도 근린자치제도의 구축을 위한 정책적 노력이 요구된다.

　　이와 관련, 본서는 영국, 미국, 프랑스, 스위스, 일본, 중국 등 주요 외국
의 근린자치제도를 개관하고, 한국의 근린자치제도를 분석한 후 한국 근린자
치의 발전적 제도화 방향을 제시하고자 한다. 근린차원의 주민자치제도는 국
가별로 다양한 형태를 보이지만 중국을 제외한 대부분의 국가에서는 우리와
는 달리 근린차원의 주민자치에 대하여 각별한 관심을 기울이고 있다. 그러므
로 기왕에 오fot동안 근린자치제도를 시행해 온 외국의 경험은 근린자치의 강
화가 절실한 우리에게 유용한 참고가 될 것이다. 지금까지 외국의 근린자치실
태에 대한 소개는 산발적으로 이루어져 왔지만 일관된 분석의 틀에 기초하여

우리에게 유용한 시사점을 제공해주는 데는 한계가 있었다. 이를 감안하여 본
서에서는 일정한 비교의 틀을 갖고 외국 제도간의 수평적 비교가 가능하도록
함으로써 한국의 근린자치 제도화에 대하여 보다 유용한 함의를 제공받고자
한다. 최근 주민자치회의 시행을 놓고 중앙과 지방의 논자들 간에 논란이 지
속되고 있거니와 본서의 논의가 이러한 논의의 발전적 진행에도 도움이 될
수 있을 것이다.

근린자치란

김혜정(선문대학교)

1 근린(Neighbourhood)

1) 근린의 의의 및 개념 요소

근린(neighbourhood)[1]은 지방자치 연구에서 분석의 가장 핵심적인 단위임에도 불구하고 그 정확한 의미에 대해서는 견해의 차이가 있을 뿐 아니라 다소 모호하여 논쟁의 대상이 되어왔다. Kennett and Forrest(2006: 715)는 근린의 역할, 의미, 사용 등에서 혼란스럽고 논쟁여지가 있는 개념이라고 표현한 바 있다. 이러한 현상은 오늘날 인구의 이동성 증가 및 사회적 관계의 유동성 증가로 지역에 기반한 사회적 상호작용이 감소하는 현상과도 상당부분 관련된다. 더욱이 사람과 장소 간 관계는 나이, 성별, 거주기간, 삶의 단계, 사회적 계급 등 다양한 요소에 따라 매우 복잡하고 다양하기 때문에 일관된 규정이 더욱 어려워진다. 이러한 측면 때문에 근린에 대한 정의는 학자에 따라 다양하게 접근하는데 명확한 물리적 경계, 주민의 일상화된 삶에서 도출된 지역적 소속감, 행정적 경계, 지역 인구의 크기 또는 집에서 도보로 갈 수 있는 영역의 크기 등이 가장 빈번하게 제시되고 있다(Kennett and Forrest, 2006: 715).

---

[1] neighbourhood는 학문적 공식용어로 근린이라는 용어가 가장 많이 사용되고 있지만(고경훈 외, 2013; 김필두, 2013; 남재걸, 2014; 최재송, 2007 등), 동네나 마을이라는 용어를 이용하는 경우도 있다(곽현근, 2012). 곽현근(2012: 3)은 근린의 개념에는 장소적 의미가 포함되지 않으므로 근린주구나 근린지역이 보다 적합한 용어라고 지적한다. 본 연구에서는 용어적 논의는 배제하고 현재까지 가장 공식적으로 많이 사용하는 근린, 근린자치, 근린조직 등의 용어를 사용한다.

개념적 혼란이 있음을 전제하고 근린에 대한 학자들의 개념정의들을 관점에 따라 분류하여 제시하면 다음과 같다(Galster, 2001: 2111-2112).

첫째, 지리·공간적 관점을 도입한 근린의 개념 정의이다. 근린을 물리적·상징적 경계선을 지닌 장소(Keller, 1968: 89)라고 보거나 특정 경계선 내의 물리적 또는 지리적 실체(Golab, 1982: 72)로, 또는 도보로 쉽게 도달할 수 있는 상식적 한도 내의 장소와 사람(Morris and Hess, 1975: 6), 지리적으로 구획되고, 사람들이 실질적으로나 상징적으로 이용하는 구축된 환경(Blockland, 2003: 213) 등으로 규정하는 것이다. 근린은 명확한 공간적 실체를 가지고 그에 근간한 것이라는 점에서 상대적으로 유동적 개념인 커뮤니티(community)와는 차별성을 지닌다(Davis and Herbert, 1993: 1). 근린의 지리적 국면은 핵심적 요소로 작용한다. 그러나 지리적 요소만으로 개념을 정의하기에는 충분하지 않다는 관점이 일반적이다.

둘째, 근린을 사회적으로 구축된 것으로 보는 관점이 있다. 즉 근린은 시민에 의해 가치가 부여되었을 때에만 물리적 실체로서 의미를 지닌다는 것이다(Jacobs, 1994). 근린의 구성은 인간의 애착과 상호작용에 달려 있고, 자신과 커뮤니티의 표현을 위한 장치로 작동하기 위한 자원의 이용가능성에 따라 의미를 지닌다는 것이다. 여기에서 근접하여 거주함이 지닌 의미는 개인에게 심리-사회적 편익을 주는 인간관계의 친밀성을 가능하게 하고 정체성과 소속감을 갖게 한다는 것이다(Casey, 1997). 근린은 투자, 고용, 소비, 유입, 라이프스타일의 패턴에 영향을 미치는 더 큰 차원의 정치적·경제적 맥락에서 형성되고, 재형성되는 것이기 때문에 근린은 복잡하고, 다국면적이며, 역동적이라고 본다(Brenner, 2004: 267-268).

셋째, 사회적 관점과 환경적 관점을 결합하는 관점에서 근린을 정의한다. Hallman(1984: 13)은 "사람들이 거주하고 사회적으로 상호작용하는 곳으로 더 큰 도시 지역 내의 제한적 영역"이라고 규정하였고, Warren(1981: 62)은 "지리적으로 근접한 지역에서 거주하는 인구들의 사회적 조직"으로, Downs(1981: 15)는 "특정 사회적 관계가 존재하는 지리적 단위" 등으로 규정하여 경계선

표 2-1 근린의 개념을 구성하는 다양한 요소들

	개념 요소	주요 내용
1	주거 및 비주거적 건물의 구조적 특징	건물의 종류, 규모, 재료, 설계, 수리 상태, 밀도, 경관 등
2	기간 시설	도로, 보도, 공공시설 등
3	주민의 인구학적 특성	나이 분포, 가족 구성, 인종 및 민족, 종교 유형 등
4	주민의 계급 특성	소득, 직업, 교육 수준
5	세금/공공서비스 특성	치안, 공립학교, 행정, 공원, 레크레이션 등 지역 세금과 관련한 질적 차원의 평가
6	환경적 특성	토지, 공기, 수질, 소음 오염 정도, 지형적 특징, 경관 등
7	근접성	고용, 오락, 쇼핑 등에의 접근성 수준 (거리와 대중교통 인프라 양측면의 평가)
8	정치적 특성	지역 정치 네트워크의 조직화 수준, 지역의 일 및 선출직 대표자들에게의 영향력 수준
9	사회적 상호작용 특성	지역 내 친구 및 친족과의 긴밀한 네트워크, 다른 가구와의 친밀도 수준, 개인 간 관계의 유형과 질, 주민들의 인지된 공통성, 지역의 자발적 집단에의 참여, 사회화의 강도, 사회적 통제력 등
10	감정적 특성	주민들의 장소에 대한 정체성, 건물이나 지구의 역사적 의미 등

자료: Galster (2001). p. 2112 재구성.

내의 영역뿐 아니라 그 안에서의 사람들의 사회적 상호작용에 대한 개념도 중요한 요소로 보았다.

넷째, 보다 다양한 개념적 차원을 복합적으로 다루는 정의로서 전자의 접근들에 더하여 주민, 부동산 소유자, 투자자의 관점에서 근린의 질에 영향을 미칠 수 있는 지역의 거주적 환경의 다양한 특성들을 포함해야 한다고 본다. 예컨대 Lancaster(1966)는 근린을 "주택 단지와 기타 다른 토지 이용들과 공간적으로 관련된 특질들의 집합"으로 보았다. 근린을 구성하는 다양하고 복잡한 공간적 특질들에는 <표 2-1>과 같은 요소들을 들 수 있다(Galster, 2001: 2012).

위에서 논의한 근린의 열 가지의 개념적 구성요소들은 공간에 근거하여 근린이라 불리는 요소들을 집합한 총체적 내용으로서 특정 지역이 지정된 후에야 관찰하고 평가할 수 있는 특징을 지닌다. 다만 이러한 개념적 요소들은 근린마다 매우 상이하고, 특정 요소들은 특정 지역에서는 부재할 수도 있다.

예컨대 사회적 상호작용이 부재하거나 질적 차원에서 낮은 지역도 있다는 점에서 근린 수준은 도시 공간에 따라 매우 다양하고 그 질적 수준도 매우 이질적일 것이다. 즉 근린은 객관적 실체가 아닌 가변적이고 다차원적인 개념으로서의 역동성과 변모성을 전제한다고 할 수 있다.

2) 근린의 규모별 유형

근린이 지닌 개념적·특징적 다양성은 근린의 규모와도 관련된다. Galster(2001)는 주민이 근린의 가치들을 평가하는 양식에 따라 근린의 다양한 규모를 분류하는 것이 가능함을 제시한 바 있다. 근린의 규모별 유형을 가장 초기에 규정한 학자는 Suttles(1972)로 다음과 같은 네 가지 유형으로 구분하였다.

첫째, 가장 소규모 단위는 주택가, 특정 거리의 한 부분 등 집을 중심으로 한 근린단위이다. 부모의 돌봄 없이도 아이들이 놀 수 있을 정도의 매우 작은 규모이다.

둘째, 촌락이나 마을 단위 등 다른 근린과는 구별되는 정체성을 지닌 가장 작은 규모의 영역(defended neighbourhood)이다.

셋째, 정부의 통치가 작동하는 가장 작은 단위로 제한된 책임성을 지닌 공동체(community of limited liability)이다. 예컨대 영국의 패리쉬 의회나 프랑스의 코뮌 등이다. 이 단위에서 개인의 사회적 참여는 선택적이고 자발적인 경우가 전형적이다.

넷째, 도시 전체 영역을 포괄하는 가장 큰 단위의 근린으로 생산과 소비가 발생하는 영역이다.

위의 분류를 근간으로 근린의 유형에 주민 규모 및 특징들을 접합시키기 위하여 Somerville(2011)은 영국을 실증적으로 분석하면서 다음과 같은 네 가지 유형의 근린단위로 분류하였다(표 2-2 참조).

위에서 제시한 규모 4의 근린 규모를 넘어서게 되면 도시나 지역 단위가 된다.

　위의 인구 규모에 근거한 근린 유형을 우리나라의 읍·면·동 단위의 행
정구역의 분포와 비교하여 보면 다음과 같다.

표 2-2 근린의 규모별 유형과 특징

규모	정체성(Identity)	주민수	정의 및 특징
1	거주 중심의 작은 집단(거리/블록) (small group of dwellings)	50~300명	▶작은 편의 공간, 아이들의 놀이 공간 ▶물리적 시설의 안전, 편리성, 깨끗함, 질이 중요 ▶사람들 간에는 친밀함과 도움을 주고자하는 의지, 친사회적 행동이 중요 ▶상호작용은 공식적인 조정이나 규제가 필요하지 않음
2	이름이 붙여진 최소 단위 거주지 (smallest named settlement)	500~2,000명	▶상호작용은 유사성이나 친밀한 네트워크 및 성, 지위, 계급, 인종 등 동일 정체성을 지닌 집단에 의해 매개됨 ▶커뮤니티 연합, 주민연합, 작은 교회나 사찰, 작은 스포츠 클럽 등이 조직화 요소
3	정부가 관할하는 최소단위 거주지 (smallest governed settlement)	4,000~15,000 / 20,000명	▶정부는 보건, 교육, 치안 등 핵심적 서비스를 제공할 수 있기 때문에 보다 제도화된 상호작용이 가능함 ▶지방정부의 최일선 계층의 형태(영국의 패리쉬, 타운의회, 프랑스의 코뮌 등)
4	지속가능한 최소단위 거주지 (smallest sustainable settlement)	20,000명 이상	▶직장, 소매, 콘서트장, 수영장, 대학 등이 기능 ▶근린보다는 도시적 성격이 더 강함

Somerville(2011). p. 90.

표 2-3 우리나라 읍(216개)의 인구규모별 분포(2014.1.1 현재)

인구 규모	1만 이상~ 2만 미만	2만 이상~ 3만 미만	3만 이상~ 4만 미만	3만 이상~ 4만 미만	4만 이상
읍의 개수	65	68	40	17	26

자료: 안전행정부 (2014). 지방자치단체 행정구역 및 인구현황. p. 380.

표 2-4 우리나라 면(1,196)의 인구규모별 분포(2014.1.1 현재)

인구 규모	주민 미거주	3천명 미만	3천 이상~ 5천 미만	5천 이상~ 1만 미만	1만 이상~ 2만 미만	2만명 이상
면의 개수	7	560	361	196	61	11

자료: 안전행정부(2014). p. 380.

표 2-5 우리나라 동(2,076)의 인구규모별 분포(2014.1.1 현재)

인구 규모	5천 미만	5천 이상~ 1만 미만	1만 이상~ 2만 미만	2만 이상~ 3만 미만	3만 이상
동의 개수	148	310	687	530	401

자료: 안전행정부(2014). p. 381.

Somerville(2011)이 제시한 근린의 규모별 유형과 비교할 때 행정구역 관점에서는 우리나라의 읍·면·동이 근린의 개념을 적용할 수 있는 최소 구역에 해당한다. 다만 읍과 동의 경우는 규모 3과 규모 4를 초과하는 규모에 해당하여 근린의 단위로서는 다소 규모가 큰 편이다. 면의 경우는 규모 2, 규모 3에 비교적 많이 분포하고 있어서 읍, 동보다는 작은 단위로서 근린 단위를 적용하기에 상대적으로 적합한 편이다. 읍면동에서 한 단계 더 내려가 행정동의 통, 읍의 리가 5천 이상 1만 미만의 인구를 지니고 있어서 규모 2에 해당하고, 면의 리의 경우는 더 작은 단위인 규모 1에 해당하여(곽현근, 2012: 5) 보다 작은 규모의 근린 단위에 해당한다.[2]

3) 근린의 기능

근린이 지니는 특징 및 기능은 다음과 같다. 근린은 개인과 집합적 차원에서의 정체성을 형성하고 개발하도록 지원하는 기능을 지닌다. 또한 근린이 지니는 근접성과 상호작용의 용이성은 타인과의 연계와 상호작용을 활성화하는 데 도움을 준다. 또한 근린 단위에서는 주민의 기본적 수요, 즉 쇼핑, 보건, 주택, 교육 등을 충족해주는 기능을 한다. 이러한 기능 속에서 근린은 예측가능한 근원이 되고 지리적 경계선을 가지면서 사회적으로 구축된 의미와 가치를 지닌다(Lowndes and Sullivan, 2008: 56).

근린은 시민의식, 결속감과 유대감을 형성하게 하는 핵심 장소가 된다.

---

2) 면의 리는 2011년 1월 현재 평균인구가 179명에 해당하여 인구관점에서는 매우 작은 규모 1의 근린에 해당한다.

근린은 사회적 통합과 연계의 핵심적 접착제로 기능함으로써 지역의 사회적 자본을 형성하고 유지하는 역할을 한다. 정책 영역에서는 지역 커뮤니티를 부활시키고, 이질적인 도시 내에서 인구, 노동시장, 정책, 조직 형성 등과 충돌하는 세계화 과정에 적응 또는 저항 및 대처 전략이 도출되는 공간이기도 하다(Kennett and Forrest, 2006: 713). 요컨대 근린은 참여, 시민의식, 분열, 소외, 응집성 등의 중요한 이슈에 대한 이론적 논쟁을 실제 경험으로 연계하는 연구의 주요 단위가 되고, 도시에서는 탈정치화된 주요 장소이면서 시민의식, 연대감, 응집과 통합의 형태가 발생하는 새로운 형태의 장소라 할 수 있다.

근린자치

1) 근린자치의 의의

근린자치는 뉴거버넌스로 인해 촉발되어 왔다(Lowndes and Sullivan, 2008: 54). 근린은 앞에서 논의한 것처럼 장소 및 영역의 한 종류이기 때문에 근린자치는 근린의 특질들을 형성하고, 상호작용하는 근린을 대표하는 역량이 된다(Somerville, 2011: 91; Galster, 2001).

근린자치는 지역 하위 단위에서 공공서비스의 전달이나 집합적 의사결정을 하기 위한 것으로 정치적·관리적 권한을 위에서 아래 수준의 행위자로 이양하는 것을 의미한다(Lowndes Sullivan, 2008: 62). 구체적으로 근린자치는 주거지 주변의 공간단위를 매개로 해당지역 정부와 주민, 이해당사자들이 자율성을 가지고 지역문제 해결과 공공서비스를 위한 집합적 의사결정 과정과 생산행위에 참여하면서 지역정체성과 장소의식을 형성하는 것이다(곽현근, 2012: 6). 따라서 근린자치는 근린단위의 통치조직으로서 정부(government)를 의미하는 것이 아닌 통치방식이자 통치과정으로서의 거버넌스(governance)의 맥락에서 논의할 수 있다(곽현근, 2012: 6; 김필두, 2013: 8).

근린자치에서 핵심이 되는 거버넌스는 국가, 지방정부, 주민, 주민조직, 주택연합, 민간 파트너 등 다양한 종류의 이해자간에 협력 등을 통해 함께 일하는 것을 의미한다(Clark and Newman, 1997; Dekker and Kempen, 2004;

Rhodes, 1996; Elander, 2002; Somerville et al., 2009). 거버넌스는 집합체를 형성하고 다른 영역에서 그들을 대표하는 것으로도 표현된다(Le Galès, 1998: 496).

거버넌스의 종류에 대하여 Kooiman(2005)은 세 가지 형태로 분류하였다. 계층적 거버넌스(hierarchical governance), 자율 거버넌스(self-governance), 공동 거버넌스(co-governance)가 그것이다. 계층적 거버넌스는 중앙의 통치자가 집합체의 형성과 대표를 지배하는 하향적 통치방식이다. 자율 거버넌스는 구성원 스스로 집합체를 형성하고 대표하는 상향적 거버넌스이다. 공동 거버넌스는 상호형성과 대표과정을 통해 한 집합체가 다른 집합체들과 협력적으로 일하는 방식으로 평등과 호혜의 원칙에 기초하여 원활한 의사소통을 통한 거버넌스를 강조한다. 거버넌스의 유형을 논하는 이유는 근린의 계층과 규모에 따라 근린자치의 방식이 달라질 수 있기 때문이다.

2) 근린규모별 근린자치

앞에서 언급한 것처럼 Somerville(2011: 91-93)은 근린을 규모별로 네 가지 형태로 구분하였다. 각 근린의 규모에 따라 발생하는 근린자치의 특성을 제시하면 다음과 같다.

규모 1에서 근린의 형성은 유의미하게 발생하지만 근린을 대표하는 주민조직이 형성되는 경우는 거의 없다. 이 단위에서 근린의 형성은 일상생활에서 개인의 상호작용을 통해 자발적으로 이루어지거나, 근린 내의 다양한 주민 조직, 가령 주택조합, 소규모 커뮤니티 연합, 세입자 및 주민 연합, 근린 밖의 더 큰 단위에서 운영되는 조직이 근린을 대표하는 경우 등의 양상을 보인다. 근린 내의 조직이나 이해관계자의 수에 있어서나 이들을 통합하는 역량에 있어서나 모두 낮은 편이다.

규모 2에서 근린이 명확한 정체성을 가질 만큼 충분히 클 경우 통치 기구의 형태로 대표성을 가질 수 있다. 즉 충분히 참여적이고 숙의적인 회합이나 포럼 형태의 자율 거버넌스(self-governance)를 실현할 수 있다. 다만 근린의 참여를 유발하게 할 수 있는 가장 중요한 요소는 주민의 애착심이다. 즉 이 규모에서는 경계선, 지역 이름, 핵심적 특질에 대한 근린의 정체성이 애착심에 영향을 미치게 된다. 근린기구의 구성원들은 주장이나 옹호를 통해 근린의 인프라 구축과 같은 결정에 참여하여 다른 근린이나 더 상위의 근린에 대하여 근린을 옹호하는 역할을 한다.

규모 3에서 근린자치 기구는 대부분의 지역에서 보편적인 형태로 주로 지방정부의 주요 계층 형태를 지닌다. 예를 들어 영국의 패리쉬(parish)와 타운의회(town councils), 프랑스의 코뮌(communes) 등을 들 수 있다. 대체로 이러한 통치 기구들은 모든 시민이 직접 참여하기보다는 주민에 의해 선출된 대표자들로 구성된다. 그러나 이러한 대표정부는 의사결정 과정에서 시민을 배제하거나 참여를 제약하는 경우가 많고, 선출직 공직자와 유권자간의 관계는 전형적으로 약하거나 정당이 매개한다. 이러한 특징이 나타나는 경우 자율 거버넌스는 선출직 대표자들이 지배적인 통치자가 되는 위계적 거버넌스(hierarchical governace)로 전환된다. 즉 지방정부의 전형적 형태로 전락하게 되는 것이다(Somerville, 2011: 92). 이 경우 도시와 근린자치 간의 차이는 규모의 차이에만 국한하게 될 뿐이다.

규모 4는 경제적 측면의 영역으로 자본가들의 생산과 소비의 조직화에 중요한 단위로 작동한다. 세계화된 시장에서 도시 간 경쟁력을 제고하는 게 필요하다는 점에서 이 단위의 경제적 경쟁력의 중요성은 커지고 있다.

각 규모별 근린자치의 양상을 비교하여 볼 때 근린차원의 자율 거버넌스를 실현하기 위해서는 작은 규모로 갈수록 가능해지며, 특히 규모 1과 규모 2에서 가장 명확해질 수 있다(Somerville, 2011: 93). 공동 거버넌스는 지방정부와 근린조직이 서로 다른 집합체의 대표로서 참여하게 되고, 이상적으로 이들 대표들은 평등한 기반 위에서 참여함을 전제한다. 공동 거버넌스가 효과적이기 위해서는 국가의 공식 개입으로부터 자유로운 주민들의 자율공간이 필요하고, 여기에 공동 거버넌스의 의제 또는 규칙은 공동으로 생성되는 것을 필요로 한다(곽현근, 2012: 12). 이러한 점에서 공동 거버넌스는 정부계층이 존재하는 최소단위 정부가 관할하는 거주지인 규모 3 수준에서부터 형성될 수 있다. Somerville(2011)은 규모 3과 규모 4 단위로 크기가 커질수록 위계적 거버넌스가 발생하고 시민사회가 사라지게 됨을 지적한다. 왜냐하면 큰 단위에서는 선출직 공직자가 근린의 형성 전체를 지배하는 계서적 거버넌스로 전환되기 때문이다.

결론적으로 근린자치에 대한 고려는 근린의 규모에 대한 고려와 각 규모가 지닌 특질들에 대한 분석과 판단이 선행되어야 한다. 이러한 분석에 근거하여 우리나라의 근린자치가 어떤 단위에서 시작되어야 하는지에 대한 고려가 필요할 것이다.

3) 근린자치의 모형

Lowndes and Sullivan(2008: 62 – 66)은 영국의 사례를 근간으로 근린자치를 근린역량 강화, 근린파트너십, 근린정부, 근린관리 등의 네 가지 모형으로 분류하였다(표 2 – 6).

우선 근린역량강화(Neighbourhood Empowerment) 모형은 시민의 직접 참

표 2-6 근린자치의 네 가지 이상형

	근린역량강화 모형 (Neighbourhood empowerment)	근린 파트너십 모형 (Neighbourhood partnership)	근린정부 모형 (Neighbourhood government)	근린관리 모형 (Neighbourhood management)
주요 논리	시민성(civic)	사회성(social)	정치성(political)	경제성(economic)
주요 목표	적극적 시민과 응집적 커뮤니티	시민 웰빙과 재생	의사결정에의 대응성과 책무성	효과적인 지역 서비스 전달
민주주의 형태	참여민주주의	이해관계자 민주주의	대의 민주주의	시장민주주의
시민 역할	시민: 주장(voice)	파트너: 충성	유권자: 투표	소비자: 선택
리더십 역할	참여 독려 추진자 및 촉진자	중개인, 의장	의원(councilor), 소시장(mini-mayor)	기업가, 감독자
제도 형태(영국)	포럼, 공동생산	서비스위원회, 소규모 전략적 파트너십(LSP)	타운의회, 지역위원회	계약, 헌장

자료: Lowndes and Sullivan(2008). p. 62.

여의 기회를 강조하는 것으로 시민원리에 근거한 제도적 형태를 구현한다. 근린은 시민들이 공식적이든 비공식적이든 가장 자주 만나고, 대화하는 지역 수준이기 때문에 관습적인 지역 정치에서 대중의 참여가 쇠퇴하는 상황에서 시민의 참여 증진을 위한 가장 적절한 공간이 될 수 있다. 근접성과 연계성은 시민참여의 잠재적 발판이 되기 때문에 근린 수준에서 참여민주주의의 형태를 발전시킴으로써 시민의 주장(voice)을 증가시키기 위한 목적을 구현할 수 있다(Hirschman, 1970). 이 모형의 궁극적인 목적은 시민참여의 양적 크기를 확대하는 것뿐만 아니라 소외된 집단들을 참여시키는 참여의 배분성을 개선하는 것이다.

근린파트너십(Neighbourhood Partnership) 모형은 근린자치의 사회적 원리를 적용한 유형이다. 근린은 시민의 후생(wellbeing)을 시민 전체적 관점에서 이해하고 혁신을 위한 장을 마련하기에 가장 적절한 수준이다. 근린파트너십은 공공서비스 위원회나 전략적 포럼을 통해 주요 서비스 공급자 및 의사결정자들을 소집하고, 집합적 이익을 달성하기 위하여 자원, 위험, 성과 등을 분석함으로써 이해관계자의 목적을 달성하고 새로운 기회를 창출하고자 하는 것을 목적으로 한다. 근린파트너십에서 시민은 파트너의 한 당사자가 되기 때문에 충성(loyalty)의 관계를 통해 정치과정에 연계된다. 근린파트너십에서 중요한 리더십의 역할은 파트너를 하나로 결집시킬 수 있는 중개인 또는 집합적 의사결정을 활성화하고 합의의 부재 시 중재할 수 있는 의장(chair)의 역할이다.

근린정부(Neighbourhood Government) 모형은 근린자치의 정치적 원리에 초점을 두는 것으로 의사결정에서 보다 대응적이고 책무성 있는 대의의사결정 구조를 구축하고자 한다. 시민은 직접적인 역량강화보다는 대표해 줄 지역 위원들을 선출하고, 그들이 책임을 지도록 하는 것으로, 시민이 지닌 핵심자원은 투표권이다. 의원은 유권자와 지속적인 대화를 함으로써 지역사회를 옹호하고, 지역의 업무를 잘 도출하며, 시민들을 위한 서비스 제공자로 역할해야 하며, 이를 위한 권한과 책임의 확대가 필요하다. 근린정치의 근접성과

관련성은 선출직 정치인들과 대의민주주의 제도에 대한 신뢰 재건의 기반이
된다.

　근린관리(Neighbourhood Management) 모형은 보다 효율적이고 효과적인
지역 서비스 전달이라는 편익에 초점을 맞춘 경제적 원리에 기반한다. 근린관
리는 일선 관리자들에게 권한을 부여하여 그들이 시민의 수요에 더 잘 대응
하고 분리된 서비스를 결합함으로써 분배적 효율성을 개선하며, 새로운 서비
스를 개발하거나 기존의 낡은 전달방식을 폐지한다. 근린관리는 서비스 관리
자들과 서비스 이용자가 서로 접근성이 높은 근린에 함께 위치함으로써 상호
작용을 할 수 있고, 범위의 경제를 발생시키며, 서비스의 공동생산이 가능해
진다. 이 모형에서 중요한 리더십은 고객 중심의 관점을 지니고, 혁신과 위험
을 감수하고자 하는 기업가적 기술이다. 시민은 세금을 지불하는 소비자이므
로 생산자는 시민선호에 충실해야 한다고 보는 시장민주주의의 원리에 충실
하다.

3 근린자치의 필요성과 효과

근린은 시민의식과 결속감 및 유대를 형성하게 하는 핵심장소이고, 정책 영역에서는 지역 커뮤니티를 부활하며, 사회적 자본을 형성하고 유지하여 사회적 통합과 연계의 역할을 하며, 세계화 과정에서 적응, 저항 및 대처전략이 도출되는 중요한 공간임을 전술한 바 있다. 근린은 거버넌스나 서비스 설계 등 중요 영역에서 혁신을 발생하기에 가장 적절한 공간으로 규명되고 있다(Kennett and Forrest, 2006: 713; Garcia, 2006). 근린은 정체성과 활동의 의미 있는 단위이기 때문에 다양한 서빙스와 활동을 기획하고 전달하기에 적절한 공간이라고 평가된다(Durose and Lowndes, 2010: 342−343).

근린이 지니는 장점에 근거하여 근린자치가 필요하고 의미 있는 이유에 대한 논리를 Lowndes and Sullivan(2008: 57−59)의 구분에 기초하여 정리하면 다음과 같다.

1) 시민적 이유 : 시민참여와 커뮤니티 활성화

시민적 이유에서 근린자치가 의미 있는 이유는 의사결정에서 시민들이 효과적으로 참여할 수 있는 기회를 더 많이 제공하기 때문이다. 지리적 근접성에 기인하여 근린자치는 시민에게 물리적으로 접근성이 높고, 근린 단위에서는 시민 수가 적기 때문에 직접적 참여의 실현가능성이 상대적으로 높다.

참여 기회에 대한 정보를 주고 시민에게 선택과 결과에 대한 정보를 의사소
통하는 것이 훨씬 용이하기 때문이다. 또한 가장 중요한 공공서비스의 많은
부분들을 소비하는 공간이 근린 수준이고 시민들이 관심 있는 이슈가 많기
때문에(Pattie et al., 2004) 참여하고자 하는 의지가 발현될 가능성도 높다. 근
린은 큰 단위의 지역보다 동질적인 커뮤니티들을 보다 잘 포용하고 공유된
가치, 신념, 목적을 지닐 수 있다.

  Durose and Richardson(2009) 역시 시민적 논리에서 근린은 사람들의
삶에 가장 직결된 중요한 이슈들이 존재하는 장소이고 시민들이 정체성을 느
끼고 소속감을 느끼는 공간이기 때문에 근린자치는 직접 참여의 효과를 지님
을 제시하였다. 즉 근린자치는 시민 중심에서 주장과 선택을 경험하는 방식이
될 수 있다.

2) 사회적 이유 : 시민의 웰빙과 이해관계자의 협력

  근린자치가 지니는 사회적 이유는 두 가지 측면으로 볼 수 있다. 첫째,
근린자치는 시민중심적 접근을 하기에 가장 적절한 영역이다. 즉 근린 수준에
서는 시민의 관점에서 정책결정과 서비스 제공이 가능하다(Atkinson, 1994).
둘째, 근린자치는 시민의 웰빙을 달성하기 위한 통합적 접근을 하기 위한 고
도의 지역적 활동이 가능하다. 근린자치는 공공서비스의 설계와 집합적 의사
결정의 혁신을 달성하기에 유리한 방식이 될 수 있다.

  근린자치의 시민중심적 장점과 관련하여 Kearns and Parkinson(2001:
2105)은 근린자치가 지닌 선택가능성의 중요성을 제시한다. 근린마다 생활방
식의 관점에서 다양성을 가지고 있기 때문에 시민은 어느 지역에 살 것인지,
그리고 현재의 지역에서 더 거주할 것인지 말 것인지를 선택할 수 있는 자유
를 지닌다는 것이다. 이는 근린자치를 통해 근린에 따른 시스템 및 체제의 차
이를 인정하는 것과 관련된다. 선택의 폭이 넓어지는 것은 시민 중심적 공간
을 선택하는데 도움이 될 것이다.

3) 정치적 이유 : 접근성, 대응성, 책무성

근린자치는 정치적 이유에서 장점을 지닌다. 첫째, 근린자치를 통해 시민은 당면한 이슈에 대하여 보다 쉽게 접근가능하고, 더 많은 지식과 정보를 얻을 수 있다. 둘째, 근린자치 과정에서 지도자들은 시민적 관점에 보다 대응적이 되고, 당면한 생활 문제에 대하여 직접적인 경험들을 얻고, 축적할 수 있다. 셋째, 근린자치에서는 지도자의 숙의와 행동이 시민에게 가시적으로 드러나기 때문에 지도자들에게 그들의 의사결정의 결과에 대한 책임을 묻거나, 보다 대응적으로 행동하도록 영향을 미칠 수 있다.

즉 근린자치는 시민들이 직접적 경험을 얻을 수 있고 당면한 이슈에 대한 지식을 갖게 되며, 결과적으로 정책결정에 지적인 투입을 할 있도록 한다. 지도자들은 지속성을 가지고 시민들과 더 많은 접촉을 하고 의사소통 할 기회를 더 많이 가지게 되며, 지역 차원에서 정책적 결과를 더 많이 모니터하게 될 것이다(Dahl and Tufte, 1973: 15; Smith, 1985: 4−5; Lowndes et al., 2008: 58).

4) 경제적 이유 : 효율성과 효과성

근린자치는 이용가능한 자원을 보다 효율적이고 효과적으로 이용할 수 있게 한다는 점에서 경제적 논거를 지닌다. 근린자치를 통해 조직과정을 더 잘 규명할 수 있고, 낭비를 줄이며, 다양한 시민의 수요를 보다 쉽게 잘 파악하여 적절한 서비스를 제공할 수 있다는 것이다(Smith, 1985: 4). 고전적 논의인 규모의 경제와는 대조적으로 여기서의 논리는 '범위의 경제'(economies of scope)를 제시한다. 즉 창조적 시너지와 공유된 밀실적 기능, 중복의 회피 등이 편익으로 작용한다는 것이다.

티부가설은 작은 규모의 거버넌스가 세금과 서비스 거래에서의 투명성을 증가시키고, 이주의 가능성에 대한 잠재력의 증가로 큰 지역에 비하여 실제로 더 효율적임을 주장한 바 있다(John et al., 1995). 요컨대 작은 규모의 정부가 상향적 책무성의 시장스타일 형태에 보다 이바지할 수 있다고 할 수 있다 (Smith, 1985: 4). 또한 지방정부의 규모가 큰 경우 근린자치의 활성화는 정책 문제의 갈등 발생을 줄이는 데 가장 적절한 규모가 될 수 있다(Durose and Lowndes, 2010: 342).

이와 같이 근린을 근간으로 한 근린자치는 시민참여를 보다 독려하고, 책무성을 향상시킬 수 있게 된다(Pratchett, 2004). 또한 지역의 의사결정에 전략적 역량을 결집시킬 수 있는 지방정부의 재조직화된 시스템으로서 중요한 요소로 기능할 수 있다(Stoker, 2005). 근린자치는 개인과 커뮤니티로 하여금 '선택과 주장', '통제'를 가능하게 하여 중앙정부에서 지방정부로의 권력 이동을 한 단계 넘어서 근린으로 권력이 이양되는 이중의 분권을 가능하게 한다 (ODPM: 2006; Lowndes and Sullivan, 2008: 53). 정책적으로는 도시의 쇠퇴나 소외와 같은 문제들을 해결하거나 지속가능성을 높이기 위한 도시정책들이 주로 작은 규모인 근린 단위에 기반하여 이루어질 때 보다 효과적이라는 점 (Savitch, 2011: 801)에서도 근린자치의 의의와 필요성을 찾아볼 수 있다.

근린자치의 한계

위에서 논의한 근린과 근린자치의 여러 기능과 장점(효과)들에도 불구하고 근린자치를 저해하는 도전적 논의들이 존재한다. 그렇다면 근린자치의 한계로 기능할 수 있는 요소들이 어떤 것이 있는지, 그리고 그러한 논의들을 어떻게 평가할 수 있는지에 대해 보고자 한다.

첫째, 작은 근린 단위에서의 시민의 통제범위 및 영향력 축소에 관한 지적이다. 시민은 근린수준의 거버넌스로 갈수록 더 쉽게 참여할 수 있고, 시민 역량강화 모형은 이러한 참여 잠재력을 강화하는 것을 추구하지만, 실질적으로 시민이 영향을 미칠 수 있는 서비스나 의제설정, 자원 등 시민의 통제범위는 높은 수준의 통치 단위보다 적을 수 있다는 것이다(Lowndes and Sullivan, 2008: 67).

그러나 이러한 우려에도 불구하고 시민의 통제 범위 약화가 근린자치의 실질적인 장애물이 되지 않을 것이라는 논거들 역시도 많이 있다. 실증적으로 낮은 단위로 내려갈수록 투표와 관련한 참여는 줄어들지만, 시민들의 일상생활에 영향을 미치는 정책과 서비스에 대한 직접적 참여는 보다 집중되고 잘 조율되고 있는 현상이 나타나고 있다. 게다가 근린파트너십 모형이 제시하는 것처럼 중요한 자원을 매우 낮은 지역 수준에서 동원하는 것이 가능하고, 근린관리 모형은 다른 수준의 규모에서 조직화된 생산자의 서비스를 지역 차원으로 가져오는 것이 가능함을 제시하였다(Lowndes and Sullivan, 2008: 67). 근린자치는 오히려 다층적 행위자와 다층 수준의 거버넌스 환경에서 공동체에 기반한 의사결정에 초점을 맞출 수 있도록 한다는 점에서 작은 단위의 시민 통제력 약화 가능성의 문제는 근린자치의 도전으로 보기는 어려울 것으로 보인다.

둘째, 인적자원의 차원에서 역량(competence)의 문제가 한계로 지적된다. 즉 근린자치는 단위가 작기 때문에 적은 인적자원의 풀을 가질 수밖에 없어 역량이 낮은 지도자(대표자)를 선출하게 된다는 것이다. 근린 수준에서 정치적 기술을 연마하고, 정치적 경력을 구축할 기회가 적을 수밖에 없음은 불가피하기 때문이다. 즉 근린은 정치 시스템이 덜 발달해 있고, 커뮤니티 조직의 숫자와 다양성이 적으며, 지역 정치의 언론매체가 적은 편이기 때문에 대표자의 충원에서 어려움을 겪게 됨(Newton, 1982: 200－202)이 근린자치의 도전으로 제시된다.

그러나 이러한 한계에 대한 우려는 시민의 관심과 역량의 증가를 통해 근린 수준에서 참여의 기회를 증가시킴으로써 해소해 나갈 수 있다. 근린자치의 경험이 오래 누적될수록 커뮤니티 조직의 역량은 더욱 구축될 것이다. 오늘날 개별 시민과 지도자들의 교육수준 증대도 이와 같은 역량 문제를 해소하는 데 도움을 줄 수 있다. Lowndes and Sullivan(2008)이 제시한 근린역량 강화 모형은 이러한 관점을 가장 적정하게 접근할 수 있도록 한다.

셋째, 다양성(diversity)의 부족 문제이다. 큰 단위와 비교할 때 근린은 다양성이 떨어지기 때문에 개인과 집단 간의 견해의 다양성을 제시할 기회가 줄어들어 단일의 이해관계나 부분적 시민이 지배적 가치를 형성할 수 있다는 비판이 있다. 즉 근린자치에서 응집성과 다원주의간에 충돌 여부에 관한 문제이다. 왜냐하면 근린자치의 주요 사상은 공유된 가치와 정체성(identity)에 근거하기 때문이다. Newton(1982: 199)은 큰 단위의 통치와 관련한 이질성, 다양성, 갈등 등의 요소는 작은 단위를 특징짓는 사회적 일치성에 대한 압박보다 민주적 목적달성에 더욱 기여한다는 견해를 제시한 바 있다. 근린은 내부적으로 응집성을 육성하기에는 좋은 단위이지만 공동체 경계간의 협력과 연계를 수립하는 데 있어서는 한계에 직면하는 경우가 많다.

이러한 한계점에서 근린자치는 경제적·사회문화적 차이를 인정하고 수용하도록 강화되는 방향의 제도설계가 필요함을 강조할 수 있다. 다양성의 편익을 강조하고, 유대감의 개념을 단순히 신념이나 정체성의 동질성으로만 설명하지 않는 개념의 개발이 필요하다. 근린자치는 더 큰 단위의 거버넌스와 적절히 조화를 이룰 때 근린은 결속적(bonding) 사회자본뿐 아니라 교량적(bridging) 사회자본을 구축할 수 있는 공간이 될 수 있다. 무엇보다 근린은 비슷한 삶(parallel lives)이라는 제도적 표현을 추구하지 않는 게 중요하다(Lowndes and Sullivan, 2008: 70).

넷째, 지역 간 형평성의 문제이다. 근린으로의 분권화가 가속화될수록 근린에 따른 공공서비스 전달 수준에서의 격차는 증가할 수 있다. 이러한 문제는 근린자치의 불평등 문제로 부각될 수 있다. 즉 근린자치는 근린간 자원의 이전과 재분배를 저해할 것이라는 점이다. 구체적으로 근린 내에 인적자원, 사회적 자원, 경제적 자원 등 자원이 부족한 근린은 어떻게 할 것인가의 문제와 더 많은 예산을 얻고자 하는 근린간의 불가피한 경쟁이 극대화될 것이라는 지적이다.

이러한 문제에 대하여 Lowndes and Sullivan(2008: 70)은 근린자치의 목적은 서비스의 양이나 질을 결정하는 것보다는 서비스가 전달되는 방식에서의 다양성을 획득하는 것이라고 반박한다. 근린관리 모형은 지역의 수요에 맞는 서비스 패키지를 맞춤화할 기회를 주는 것이라는 점에서 근린자치가 불평등을 강화한다는 논리는 어느 정도 해소될 수 있을 것으로 보인다.

마지막으로, 지역 내 형평성의 문제로 근린자치에서 인종, 소득 등의 계급격차에 따른 불평등의 문제가 발생하게 된다. 지주나 기업가 등의 일부 계층이 주요 정책 이슈를 독점하는 반면 근린 정치나 빈자의 형평성은 묵살될 우려가 있다는 지적이다(Musso, et al., 2006: 80).

근린 내 이질적인 인종이나 소득계층별 차별과 통합 저해의 문제는 근린자치의 중요한 도전으로 지적된다. 다만 이러한 문제는 무엇보다 많은 주민들을 참여하도록 독려하는 방향으로 해결해야 한다는 점에서 근린자치의 본질적 방향성과 일치한다고 하겠다.

결론적으로 근린자치의 한계에 대한 논의는 거버넌스에 있어서 가장 적정한 크기는 없음을 지적한 Dahl and Tufte(1973)의 지적을 고려하는 것이 의미있어 보인다. 즉 어떠한 규모의 정치 단위이든 다른 문제를 지닐 뿐이라는 것이다. 즉 규모별로 강점과 한계가 다르다는 점에서 근린자치 역시 모두 좋은 점만 지닐 수만은 없을 것이다. 이러한 점에서 근린자치가 지니는 한계와 도전들은 시민의 관점에서 얻게 될 장점과 연계시켜 생각해 볼 필요가 있다.

Musso et al.(2006: 80)은 근린자치가 위에서 제시한 한계와 도전들을 해소하기 위해 네트워크 관점에서 다음의 네 가지 전제조건들을 제시하고 있다. 첫째, 개인의 정치적 기술과 역량을 구축하고 조직 역량을 개선하는 데 기여하기 위해서 근린위원회 내에 밀도 있고 다양한 네트워크를 개발하는 것이 필요하다. 둘째, 근린자치 조직은 정치적 수요를 결집하고 의사결정자와 의사소통하기 위해 이해관계자들로 구성된 네트워크를 개발해야 한다. 셋째, 정보의 흐름과 집합적 행동을 활성화시키기 위해 도시 내에 광범위한 수평적 네트워크를 수립해야 한다. 넷째, 도시 수준의 정치적 과정에서 지역 커뮤니티 그룹의 중심성을 고양해야 정치적 힘을 증진시킬 수 있다. 이 논의들은 네트워크적 접근에 한정하고 있다는 점에서 근린자치를 발전시키는 통합적 논의로는 제한적이기는 하지만 근린 차원의 역량을 구축하고, 의사소통을 증진하며 참여를 증진시켜 정치적 힘을 구축하는 방안으로 네트워크 방식을 강조한다는 점에서 근린자치의 한계를 극복하는 하나의 중요한 대안이 될 수 있을 것이다.

5 　한국지방자치와　근린자치

　　앞 절에서 근린자치의 필요성과 한계에 대한 일반적 논의를 살펴보았다. 여기에서는 한국지방자치의 발전과 관련하여 근린자치가 왜 요구되는가에 대한 몇 가지 보완적 논의를 제시한다.

1) 지방자치에 대한 국민적 관심 제고

　　1991년 지방의회의 구성, 그리고 1995년 지방자치단체장 선출을 계기로 지방자치가 재개된지 20여 년이 경과하고 있음에도 불구하고 지방자치에 대한 국민적 관심도나 체감도가 낮다. 주민이 주인이 되어야 할 지방자치는 대신 공직자가 주인이 되어 그들만의 리그 성격을 강하게 띠고 있다. 전반적으로 우리 지방자치는 주민과 괴리된 채로 시행되는 지방자치, 그것도 시행초기에 여러 가지 시행착오 과정에서 부정적인 면이 과도하게 부각되는 지방자치, 중앙과 지방간 대립으로 비쳐지는 지방자치로 인식되고 있다. 이렇듯 지방자치에 대한 부정적 인식이 지배적인 상황에서 지방자치에 대한 지원과 지지는 확보되기 어렵고 이에 따라 지방자치의 정착발전을 기대하기 어려운 상황이다. 이렇게 된 데에는 상당 부분 근린단위에서 주민참여를 위한 제도화가 이루어지 못하고 현실적 주민참여의 장인 근린차원의 자치가 이루어지지 않은 때문으로 판단된다. 나와 상관없이 이루어지는 지방자치, 그것도 나의 생활공

간과 먼 단위에서 이루어지는 지방자치에 대해서 주민들이 적극적 관심과 애
정을 갖기 어려울 것임은 당연하다. 결국, 자치단위의 하부구역에서의 주민자
치 실종으로 지방자치의 시행에도 불구하고 주민소외 현상이 심화되고 지방
자치에 대한 주민의 관심도와 체감도가 저조하게 된 것이다. 이 같은 국민적
무관심은 곧 지방자치의 정착발전을 저해하는 중대한 요소가 된다는 점에서
심각한 문제이다. 생각건대 지방자치의 근간은 분권과 함께 지역사회 주민의
능동적 참여에 있다고 할 때, 지방자치의 정착과 발전을 위하여 근린자치체계
구축을 통한 주민의 관심과 참여 제고노력이 절실히 요구된다. 보다 구체적으
로, 근린단위의 주민자치제 강화는 시군구를 단위로 하는 간접민주제를 근린
을 단위로 하는 직접민주제로서 보완함으로써 지방자치에 대한 국민적 관심
을 여기시킬 수 있게 될 것이므로 중요하다.

2) 주민복지의 실질적 증진

지방자치는 주민복지의 실현을 궁극의 목적으로 한다(이승종, 2014: 5). 주
민복지는 경제적 성장이나 소득증대 만으로 이루어지는 것은 아니다. 최근 선
진국을 중심으로 복지를 경제적 기준만이 아니라 행복이나 웰빙으로 확장해
서 이해하려는 노력이 가시화되고 있다(Bok, 2010; Graham, 2011). 인간의 복
지가 물질적인 욕구충족만이 아니라 정신적 욕구충족을 아울러 요구하는 것
이라 할 때 이 같은 접근은 타당하다. 이러한 논의에 Maslow(1943)의 욕구이
론이 도움이 된다. 널리 알려진 바와 같이 Maslow에 의하면 인간의 욕구는
생리적, 안전 욕구를 넘어서 인정욕구, 그리고 그 정점에는 자아실현 욕구가
있다. 이 같은 욕구들은 후자로 갈수록 작은 단위에서 관계가 긴밀화되면서
충족될 가능성이 높아질 것으로 생각된다. 물론 단위의 규모가 클 때 인정욕
구나 자아실현의 범위와 규모가 확장되므로 큰 단위에서 욕구의 충족이 더
클 수도 있다. 그러나 큰 단위에서 그같은 위치를 점하는 자는 소수에 한정된
다. 또한 기본적으로 큰 단위에서 욕구의 충족은 수직적 관계에서 이루어지기

때문에 욕구의 충족 역시 위계에 따라 계열화되고 차별화된다. 즉, 욕구실현의 총량적 규모는 증가할 수도 있겠지만 욕구실현의 차별적 불평등이 증대하여 전체적으로 구성원 개개인의 욕구실현도는 오히려 저하된다. 그러므로 소수가 아닌 구성원 일반의 욕구충족에 기여하는 방법의 모색이 필요하다. 큰 규모의 단위는 해답이 될 수 없다. 큰 규모의 단위는 욕구실현의 차별성에 더하여 면대면 접촉이 어렵게 되므로 익명성이 지배하는 사회가 된다. 그런데 익명성이 지배하는 사회에서는 수직적, 형식적 관계성에 기반하여 인정욕구나 자아실현의 보편적 발현이 어렵게 된다. 대신 작은 단위에서는 수평적, 대면적 관계에서 그 같은 욕구의 충족 가능성이 제고된다. 즉, 긴밀한 관계에서 인정감, 소속감의 향상, 상호관계에서 공동의 인정, 참여를 통한 자아실현 등이 더 쉬워질 것으로 기대된다. 그리하여 최근 행복 또는 웰빙을 보완적 국가목적으로 정립하여 추구하는 선진국에서나 학계에서 지방자치 내지는 커뮤니티 단위의 주민자치활동을 강조하는 것도 이러한 맥락에서 이해된다.

이 같은 변화와 관련하여 선진국의 반열에서 벗어나지 않기 위해서는 한국도 마찬가지의 변화를 기해야만 한다. 과거 경제성장 위주의 국가목표를 행복이나 웰빙을 목표로 보완해야 하는 것이다. 이때 이 같은 방향전환에는 작은 단위를 기반으로 하는 지방자치에 대한 필수적으로 포함되어야 한다. 작은 단위에서의 지방자치를 통하여 주민욕구가 보다 효과적으로 충족되어 행복 또는 웰빙이 향상될 것이기 때문이다. 작은 단위에 대한 관심은 과대한 기초자치단위를 넘어 그 하부구역으로서의 근린에 대한 관심에 다름 아니다. 즉, 복지에 대한 총체적 이해를 바탕으로 경제적 성과와 비경제적 성과를 균형있게 추구하는 것은 새로운 지방의 발전목표로 충분히 고려할 만한 것이며, 이의 근간은 작은 단위로서의 근린차원의 주민자치 구축에 있기 때문에 근린자치는 중요하다. 아울러 이 같은 관심은 기왕에 도시에 비하여 급속한 노령화와 경제기반의 후진성으로 경제적 성과가 미진한 농촌사회를 기반으로 하는 지방의 경우에 있어서 특히 중요하다.

3) 주민대표성의 제고

기초자치단체의 인구규모가 과대한 한국 지방자치에 있어서 기초자치단체 하부구역의 주민 대표성의 확보장치가 갖추어져 있지 않은 것은 문제이다. 근린자치의 제도화는 이렇듯 자치단체 하부구역의 대표체제가 없는 상황에서 보다 공정한 대표성(bottom up representation) 확보에 도움을 준다. 일반적으로 대표선출의 단위 즉, 선거구 규모는 선출된 공직자의 사회경제적 지위와 비례한다(Katznelson, 1981). 즉, 선출단위가 클수록 선출되는 공직자의 사회경제적 지위가 높아진다. 그런데 사회경제적 지위가 높을수록 역량이 커진다는 것이 입증되지 않는 한, 이러한 불평등 효과는 문제일 수밖에 없다. 합리적 이유 없이 상위층이 정책결정기회를 과점하는 것은 결국 사회적 불평등을 심화시키는 도구가 되기 때문이다. 한국의 경우 기초자치단체의 규모가 큰 데다 소의회제를 채택하고 있고 따라서 선거구 역시 과대하다. 그러므로 그만큼 한국의 지방선거에서 계층대표성이 왜곡될 가능성이 크다. 지방자치의 핵심요소가 주민자치이고, 어느 주민이나 정책과정에 유의미하게 참여할 기회를 평등하게 갖는 것이 중요하다면 이 같은 현상의 교정 필요성은 크다. 과대 기초단위에 따른 민주성 보완이 필요한 것이다. 근린자치의 시행은 이 같은 요청에 상당 부분 부응하는 것이다. 물론 근린자치가 일반자치행정의 기능을 전적으로 수행하는 것이 아니라 부분적으로 수행하는 것을 전제로 할 경우, 그 같은 효과는 그만큼 제한적이다. 그렇지만 근린자치를 시행하지 않는 경우에 비하여 근린자치의 시행에 따른 효과는 결코 작지 않다. 한국의 경우, 근린대표성이 제대로 확보되어 있지 않으므로 이의 보완필요성이 큰 것이다.

4) 지방공공서비스의 성과제고

지방자치를 하는 궁극적 목적은 지방의 공공서비스를 지역실정과 주민선호에 맞추어 제공하여 주민복지를 효과적으로 증진시키는 것이다(이승종,

2014: 5). 이 같은 맞춤형 서비스를 제공하기 위해서는 다양한 지역실정과 주민선호를 파악하여야 하는데 이는 아무래도 주민과 가까운 작은 단위, 가까운 단위가 유리하다. 주민과 가까운 근린행정단위에서, 그것도 주민자치의 기반 하에 서비스를 제공하게 되면 서비스에 대한 주민만족도 제고는 물론, 효율적인 자원배분에도 유리할 것이다. 보다 작은 근린단위에서 정부는 주민의 수요와 선호파악에 유리해지고, 주민 역시 자신들의 수요와 선호를 지방정부에 효과적으로 전달할 수 있게 될 것이기 때문이다.3) 그런데 한국은 앞에서 언급한 바와 같이 과대한 규모의 기초자치단체에서 공공서비스를 주도적으로 제공하고 있으며, 읍면동 주민센터는 보완적 내지는 제한적 기능만을 수행하고 있다. 특히 1998년 읍면동 기능전환을 통하여 기초자치단체 차원의 지방행정기구는 시군구청은 크고 읍면동은 축소된 가분수 형태를 유지해오고 있는데, 이러한 상황에서 읍면동은 보완적 행정만을 수행하기에는 과대하고, 적극적 접근서비스(outreach service) 행정을 수행하기에는 과소한 상태에 있다. 이러한 상태는 근린자치를 강화함으로써 개선될 수 있다. 즉, 근린차원에서 정부와 주민의 접점을 확대 강화함으로써 제한된 공공자원을 보강하고, 지방공공서비스가 보다 더 지역실정과 주민의 요구에 대응적으로 제공되게 하는 데 효과적으로 기여하는 도구가 될 수 있다. 또한 기초자치단체의 인력 및 자원배분도 근린자치의 강화에 따라 바람직한 방향으로 개선의 전기가 마련되게 된다. 다행히 읍면동 차원에서의 공공서비스 공급 체계와 경험은 갖추어져 있다. 해당 지역에서 정부와 주민의 접점의 확대 그리고 지역주민의 자율적 참여기반을 마련해주는 것으로 충분하다.

---

3) 영국의 자치단체들이 정부의 근린화를 통하여 지방공공서비스의 대응성을 제고하려 노력한 것은 좋은 예이다. 영국 런던지역의 도심구역(borough)인 Islinton은 근린지역에 위원회를 설치하였고, Town Hamlet은 지방의회에 구역담당위원회를 설치하였다. 접근방법에는 차이가 있지만 지방행정의 근린화를 추구하려는 취지는 동일하다. 자세한 설명은 Burns et al, 1994: 53 이하 참조.

참고문헌

고경훈·김건위 (2013). 지방 3.0구현을 위한 충청남도 주민자치회 활성화 방안. 서울: 한국지방행정연구원.

곽현근 (2012). 동네자치를 위한 동네거버넌스 형성의 방향과 과제 - 영국 동네거버넌스 제도 실험의 교훈-. 한국행정학회 하계학술대회 발표논문. 1-24.

김병국·권오철 (2014). 일본의 주민자치조직: 자치회. 조명문화사.

김필두 (2013). 읍면동의 근린자치기능 강화방안. 서울: 한국지방행정연구원.

남재걸 (2014). 우리나라와 일본의 근린자치 제도의 경로진화 비교 연구. 지방행정연구, 28(3): 87-127.

이승종 (2014). 지방자치론(제3판). 서울: 박영사.

최재송 (2007). 근린 주민조직의 특성에 관한 사례연구. 지방행정연구, 21(2): 95-115.

안전행정부 (2014). 지방자치단체 행정구역 및 인구 현황.

Atkinson, D. (1994). *The Common Sense of Community*. London: DEMOS.

Blockland, T. (2003). *Urban Bonds*. Cambridge: Polity Press.

Bok, Derek (2010). *The politics of happiness: What government can learn from the new research on well-being*. Princeton University Press.

Burns, Danny, Robin Hambleton, & Pual Hoggett (1994). T*he politics of decentralization: Revitalising local democracy*. Macmillan.

Casey, E. (1997). *The Fate of place: A Philosophical History*. Berkeley, CA: University of California Press.

Chaskin, Robert J. & David Micah Greenberg (2015). Between Public and Private Action: Neighborhood Organizations and Local Governance. *Nonprofit and Voluntary Sector Quarterly*, 44(2): 248-267.

Dahl, R. & E. Fufte (1973). *Size and Democracy*. Stanford, CA: Stanford University Press.

Dahl, R. (1998). On Democracy. New Haven, CT: Yale University Press.

Davies, W. K. D & D. T. Herbert (1993). *Communities within Cities: An Urban*

Social Geography. London: Bellhaven Press.

Downs, A. (1981). *Neighborhoods and Urban Development*. Washington, DC: Brookings Institution.

Durose, C., & L. Richardson (2009). Neighbourhood: a site for policy action, governance and empowerment?. In C. Durose, S. Greasley & L. Richardson (Eds). *Changing Local Governance, Changing Citizens* (pp.31−52). Bristol: Policy Press.

Durose, Catherine & Vivien Lowndes (2010). Neighbourhood Governance: Contested Rationales within a Multi−Level Setting− A Study of Manchester. *Local Government Studies*, 36(3): 341−359.

Galster, George (2001). On the Nature of Neighborhood. *Urban Studies*, 38(12): 2111−2124.

Graham, Carol (2011). *The pursuit of happiness: An economy of well−being*. A Brookings Focus Book.

Hallman, H. W. (1984). *Neighborhoods: Their Place in Urban Life*. Beverly Hills. CA: Sage Publications.

Hirschman, A. (1970). *Exit, Voice and Loyalty*. Cambridge, MA: Harvard University Press.

Hwang, Jackelyn (2015). The Social Construction of a Gentrifying Neighborhood: Reifying and Redefining Identity and Boundaries in Inequality. *Urban Affairs Review*, 1078087415570643: 1−31.

John, P., K. Dowding & S. Biggs (1995). Residential Mobility in London: A Micro Test of the Behavioural Assumptions of the Tiebout Model. *British Journal of Political Science*, 25(3): 379−397.

Jun, Hee−Jung (2013). Determinants of Neighborhood Change: A Multilevel Analysis. *Urban Affairs Review*, 49(3): 310−352.

Katznelson, Ira (1981). *City trenches: Urban Politics and the Patterning of Class in the United States*. University of Chicago Press.

Kearns, Ade & Michael Parkinson (2001). The Significance of Neighborhood. *Urban Studies*, 38(12): 2013−2110.

Keller, S. (1968). *The Urban Neighbourhood*. New York: Random House.

Kennett, Patricia & Ray Forrest (2006). The Neighbourhood in a European Context. *Urban Studies*, 43(4): 713−718.

Kooiman, J. (2005). *Governing as Governance*. London: SAGE.

Lancaster, K. (1966). A New Approach to Consumer Theory. *Journal of Political Economy*, 74: 132−157.

Le Galès, P. (1998). Regulations and Governance in European Cities. *International Journal of Urban and Regional Research*, 20(3): 482−507.

Lowndes, Vivien & Helen Sullivan (2008). How Low Can You Go? Rationales and Challenges for neighbourhood Governance. *Public Administration*, 86(1): 53−74.

Mansbridge, Jane J. (1983). *Beyond adversary democracy*. University of Chicago Press.

Maslow, Abraham (1943). *A Theory of Human Motivation*(Kindle edtion).

Morris, D. & Hess K. (1975). *Neighbourhood Power*. Boston. MA: Beacon Press.

Musso, Juliet A., Christopher Weare, Nail Oztas & William E. Loges (2006). Neighbourhood Governance Reform and Networks of Community Power in Los Angeles. *American Review of Public Administration*, 36(1): 79−97.

Newton, K. (1982). Is Small Really so Beautiful? Is a Big Really so Ugly? Size, Effectiveness, and Democracy in Local Government. *Political Studies*, 30(2): 190−206.

Pattie, C., P. Seyd & P. Whiteley (2004). *Citizenship in Britain*. Cambridge: Cambridge University Press.

Pratchett, L. (2004). Local Autonomy, Local Democracy and the New Localism. *Political Studies*, 52(2): 258−275.

Savitch, H. V. (2011). A Strategy for Neighborhood Decline and Regrowth: Forging the French Connection. *Urban Affairs Review*, 47(6): 800−837.

Smith, B. (1985). *Decentralisation: The Territorial Dimension of the State*. London: George Allen and Unwin.

Somerville, Peter (2011). Multiscalarity and Neighbourhood Governance. *Public*

Policy and Administration, 26(1): 81－105.

Somerville, Peter, Ellen Van Beckhoven & Ronald Van Kempen (2009). The Decline and Rise of Neighbourhoods: The Importance of Neighbourhood Governance. *European Journal of Housing Policy*, 9(1): 25－44.

Stoker, G. (2005). What is Local Government For? Refocusing Local Governance to Meet the Challenges of the 21st Century. *Public Policy and Administration*, 16(2): 29－48.

Suttles, G. (1972). *The Social Construction of Communities*. Chicago: University of Chicago press.

Warren, D. (1981). *Helping Networks*. South Bend, IN: Notre Dame University Press.

chapter
01

chapter
02

chapter
03

chapter
04

chapter
05

외국의 근린자치

미국의 근린자치

노승용(서울여자대학교)

1970년대 이후 미국에서는 기초자치단체의 하부 구역으로서 다양한 유형의 주민자치조직이 활성화되어 있다. 근린(neighborhood)이라 불리는 지방자치의 하부 구역은 도시 지역에서 행정의 주요한 일부로 그 중요성이 증대되고 있다. 근린이란 공간적 개념으로 주민이 거주하고 상호 교류하는 작은 공간을 의미한다(Chaskin, 1997: 523). 즉, 다른 공동체와 구별이 되는 지리적 경계 내에 존재하는 일정한 공간을 근린이라 할 수 있다. 이와 같은 근린을 기본 단위로 하여 이루어지는 구체적인 참여를 근린참여(neighborhood participation)라고 한다. 즉, 근린참여란 일정한 도시 내 구역을 기반으로 하는 주민들의 공식적인 참여 방식을 의미한다.

미국 근린참여의 유형은 매우 다양하다. 예를 들어, 일부 도시에서는 시 정부가 근린조직을 조직화하였으나 대부분은 자발적인 형태의 주민자치조직으로 형성되고 운영되어 왔다(ICMA, 2001). 또한, 근린참여조직의 구성, 기능, 재원 등에서 지역마다 다양한 형태와 성격을 지니고 있다. 따라서 미국의 근린참여를 일반화하기란 쉽지 않으며, 그 다양한 형태와 특성을 유형화하여 이해할 필요가 있다.

1) 개관

미국의 근린참여제도는 1950년대의 공동체 조직화 운동(community organization movement), 1960년대의 사회적 혁신 운동을 거쳐 1970년대 미국의 대도시를 중심으로 급속히 형성되었다. 특히, Johnson 대통령이 빈곤과의 전쟁을 주도하면서 지역사회실천사업(Community Action Program)을 함께 추진함에 따라 시민참여가 강한 추진력을 얻게 되었다. 이후 1976년 지미 카터는 대통령 선거 과정에서 "만약 우리의 도시를 구하려고 한다면 먼저 근린사회를 활성화시키지 않으면 안 된다"고 말한 바 있으며 1980년 이후 민주당과 공화당 모두 근린참여제도 활성화를 강조하고 있다. 이렇게 혁신적인 이념과 문화의 영향, 그리고 연방정부의 지원에 의해 근린 및 시 전체와 관련된 의사결정에 의견을 제시하고 영향을 미칠 수 있는 근린조직(neighborhood association), 근린의회(neighborhood councils), 의제선정의원회(priority boards), 근린실천위원회(neighborhood action committee) 등과 같은 다양한 이름을 가진 근린참여제도가 등장하였다.

뿐만 아니라 근린참여제도는 소수의 의원으로 구성된 대도시 시의회에 대한 주민접근성과 대표성 약화 문제를 해결하기 위해 각 도시별 특성에 맞게 설치되었다. 예를 들어, 로스앤젤레스시의 경우 시의회 의원이 15명으로 의원 1명당 시민 25만명을 대표하고 있어, 시의회의 대표성이 문제로 지적되기도 하였다.

미국에서는 1970년대에 공동체주의적 근린참여제도가 탄생되어 시작되었고 1990년대에 자유주의적 근린참여제도가 설계되어 관심을 끌게 되었다. 미국의 경우 각 지역마다 환경이 다양하기 때문에 다양한 유형의 근린참여가 발전하고 있다. <표 3-1>에 근린조직이 활성화된 주요 도시의 근린참여제도가 정리되어 있다. <표 3-1>에서 보는 바와 같이, 각 도시별로 근린참여의 조직, 기능, 재원, 대외관계 등이 매우 다양하다.

표 3-1 미국의 근린참여제도

유형	정보제공형	서비스제공형		소구역 협의형		자소수 협의형	의사결정형	
도시	San Antonio	Dayton	Los Angeles	Eugene	Seattle	Portland	Birmingham	St. Paul
도입 시기	1970년대 초반	1970년대 중반	2000년	1973년	1987년	1974년	1970년대 중반	1970년대 중반
인구범위(명)			13,819~85,913	386~22,689	44,000 (중위인구)	70~14,000		7,000~28,000
근린조직 수		90	100여 개	21		90여 개	93	
참여제도	공공서비스 커뮤니티	근린과 의계선정 위원회의 이원화	근린의회, 전체근린집회	근린조직, 근린지도자협의회	시 단위 근린의회	자율적 근린조직, 지역구연합위원회, 예산자문위원회	근린조직, 지역사회, 시민자문위원회	지역구위원회, 자본중점지역산위원회
경제성향	▲ 자율적 조정 ▲ 경제중부 허용 ▲ 전체인구의 30%만을 커버	▲ 자율적 조정 ▲ 경제중부 불허	▲ 자율적 조정 ▲ 경제중부 불허	▲ 자율적 조정 ▲ 경제중부 불허	▲ 자율적 조정 ▲ 경제중부 불허	▲ 자율적 조정 ▲ 경제중부 허용	▲ 자율적 조정 ▲ 경제중부 불허	▲ 자율적 조정 ▲ 경제중부 불허
기능	▲ 정보 제공	▲ 정보 제공 ▲ 서비스 제공	▲ 행정정보 제공 (시→근린)	▲ 정보 제공 ▲ 자문	▲ 전반적인 시정에 대한 자문	▲ 행정 분쟁별 자문과 구체적 협의	▲ 정보 제공 ▲ 의사결정 참여	▲ 자문 ▲ 의사결정 참여
주요 사업	도시전체회의, 시정부에 대한 시위, 히스패니지역의 목소리 대변	리더십 훈련, 월별 위원회, 근린욕구 생성서, 근린기획, 분야인, 자조프로그램 / 시정에서 1차 선발된 후보자 중 의계선정위원이 선발	주민참여기반조성, 조기통보시스템, 시장, 시의회, 시 행정부에 대한 자문		매칭 펀드 프로그램, 지역서비스센터, 훈련프로그램, 사적표준프로그램	근린욕구분석, 범죄 예방사업, 토지이용 및 종합지역계획, 자조개발사업, 시민중점프로그램	월간소식지전달, 지역방전계획, 지역사회개발전보조금	조기보시스템, 지역방전계획, 도시계획과정지원, 커뮤니티센터
자원관리		시정부에는 독립적으로 운영	주로 자원봉사에 의존			지역구연합위원회가 직원 직접 고용관리	시정부가 직원 고용관리	지역구위원회가 직원 직접 고용관리
시 정부와의 관계	모든 측면[시]서 시정부와는 독립적	상호협력	상호협력	시 정부 우의의 상호협력	상호협력	근린조직 독립적 상호협력	상호협력	독립적
정부형태	강 시장제	강 시장제	강 시장제		강 시장제	순수 커미션형	강 시장제	강시장제

출처: (사)한국지방자치학회, 2011; 한상일, 2003; Berry, Thompson, and Portney, 1993을 종합하여 재구성.

근린조직은 자신들의 살고 있는 지역을 개선하고자 시간과 열정을 헌신할 수 있는 주민, 비즈니스 대표, 이해관계자 등의 모임을 의미한다. 이러한 근린조직은 특정 지역 내에 살고 있는 주민들의 구체적인 요구를 공무원들이나 개발자 혹은 다른 사람들에게 전달하는 역할을 한다. 대부분의 근린조직은 지역사회의 삶의 질에 영향을 미치는 이슈들에 관심을 가지고 있다. 근린의 자산에 기초하여, 주민들은 근린이 수행하는 중요한 프로젝트를 규정하고 우선순위를 정할 수 있다. 이러한 근린조직은 주민들 사이의 지역공동체 의식을 형성하고, 근린의 특정한 이슈를 논의하며, 정책·기획·사업 등에 대하여 근린과 정부 사이의 효과적인 소통 네트워크의 역할을 한다. 이러한 과정을 통해 주민들은 근린을 개선하는 데 함께 협력하는 역량을 제고할 수 있다. 근린조직의 수는 도시마다 매우 다양하여 유진(Eugene)시에는 21개의 근린조직이 있는 반면, 메디슨(Madison)시에는 120개의 근린조직이 있다(http://www.cityofmadison.com/neighborhoods/neighborassoc.htm).

미국 근린참여제도는 출발 당시부터 작은 단위의 자연적 근린을 구성하

그림 3-1 메디슨시의 근린조직

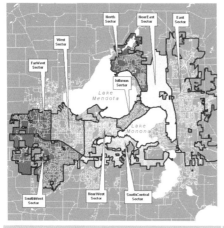
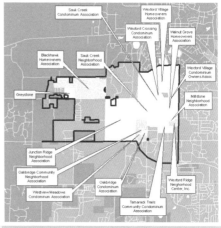

메디슨시 9개 근린 영역과 120개 근린조직	Far West 근린 영역의 15개 근린조직

출처: http://www.cityofmadison.com/neighborhoods/profile/sectors.html.
　　　http://www.cityofmadison.com/neighborhoods/profile/fw.html.
　　　2015년 6월 26일 4시 검색.

고자 노력하였다. <그림 3-1>의 메디슨시의 경우에서 보는 바와 같이, 각 근린의 인구와 면적 등의 규모는 매우 다양하다. 포틀랜드의 경우 인구가 70 명인 근린조직에서부터 14,000명인 근린조직까지 있다. 유진시의 경우 시 전체 인구가 약 16만명인데 21개의 근린이 설치되어 운영되고 있으며 평균 인구는 약 7,500명 정도이다. 각 근린의 인구는 386명에서 22,689명까지 매우 다양하며, 1만명이 넘는 근린은 7곳이 있다. 그러나 일반적으로 근린참여가 활성화된 근린의 인구는 2,000명에서 5,000명 정도이다. 즉, 가능한 작은 단위의 자연적 근린에 기초한 참여가 미국 근린참여 설계의 기본이다.

　미국 근린참여제도에서의 특징은 정당정치에 의해 포획되지 않도록 체계를 구축하고 있다는 점이다. 근린조직은 기본적으로 모든 유형의 사람들을 대표해야 하기 때문에 정치적 후보자의 자세를 취하지 않았고 또한 취할 수도 없었다. 근린의 주민들이 이슈에 대한 지지와 선거의 중립성 사이의 구별을 충분히 이해하고 수용할 수 있었기 때문에 근린참여제도의 설계에서 정당정치를 배제할 수 있었다. 뿐만 아니라 근린조직은 시 정부로부터 지원을 받고 있으며, 이러한 지원에 의해 발간되는 근린조직의 뉴스레터는 선거 캠페인의 수단이 될 수 없었다.

2) 구성

　미국의 근린참여조직은 자치단체가 아니며 대체로 법인격이 없는 자문기구에 불과하다.

　일부 도시에서는 각각의 근린조직을 연합한 조직을 두고 있다. 데이톤시의 경우 관구별로 선거를 통해 구성된 7개의 의제선정위원회(Priority Board)가 있는데, 이는 관구와 경계가 중복되는 근린들을 교차적으로 포괄하고 있다. 또한, 포틀랜드시의 경우 자율적인 90여 개의 근린조직과 이 근린조직 대표를 엮은 7개의 지역구연합위원회(District Coalition Board)가 있다.

　근린참여조직의 위원은 지역주민, 사업체 경영인, 자산보유자 등 지역 이해 관계자들 중심으로 구성된다. 위원의 임기, 선출 방식, 위원 수 등은 도시 별로 다양하다. 알라바마주 버밍햄시 근린조직의 간부는 선거로 선출되며 임 기는 2년이다(Berry, Thompson, and Portney, 1993). 오레곤주 유진시의 경우 21개의 근린조직이 존재하고 있는데, 근린조직은 회장단과 집행위원회로 구 성되어 있다. 대체로 회장단은 의장, 부회장, 회계담당자, 뉴스레터 편집자로 구성되어 있으며, 집행위원회는 회장단과 근린 내의 구역별 대표자로 구성되 어 있다. 각 구역의 대표는 집행위원회의 승인에 따라 회장이 임명하고 임기 는 2년으로 중임이 가능하다. 구역 대표는 집행위원회의 집행위원으로서 집 행위원회의 권고에 따라 해당 구역의 토지사용 허가를 위한 조사 및 보고의 역할을 담당한다. 회장단과 집행위원은 무보수 자원봉사로 업무를 수행하고 있다.

유진시 근린조직의 집행위원회는 근린의 목적 달성을 위하여 필요한 사 항에 대한 포괄적인 권한을 지니고 있다. 이러한 목적을 달성하기 위하여 집 행위원회는 정기회의와 특별회의를 개최한다. 정기회의는 매달 1회 개최되며, 특별회의는 회장 혹은 3인 이상의 집행위원의 요청으로 소집된다. 반면 일반 주민들은 주민총회를 통해 근린조직의 활동에 참여한다. 주민총회는 1년에 최소 4회 이상 개최되어야 하며, 집행위원회가 주민총회의 시기와 장소를 결 정한다. 근린의 주민이면 누구나 주민총회에 참석할 수 있으며, 주민총회의 의결정족수는 10인이다(Berry, Thompson, and Portney, 1993).

미국의 근린참여조직은 관할 시청 내 지원조직을 두고 있으나 거의 공무 원 파견은 없으며, 자원봉사자를 활용하는 경우도 있으나 별도의 사무직원을 채용하고 있는 경우가 대부분이다. 근린조직 스스로 사무직원을 채용하고 관 리하는 것이 중요한 의미를 지니는데, 이는 근린조직 체계에 활력을 불어놓 고, 제기된 모든 이슈에 대해 독립적 관점으로 바라볼 수 있게 하기 때문이 다. 알라바마주 버밍햄시의 경우 시 정부가 시청에 직원을 고용하고 관리하는 반면, 근린조직에는 직원이 없다. 이는 근린의 의제가 시 정부에 의해 폐쇄적 으로 통제된다는 것을 의미한다. 반면, 다른 도시의 근린조직이 직원을 고용

하고 감독하는 방식은 버밍햄시와 대조된다. 세인트 폴시에서는 주로 시 정부
가 지원하고 일부는 그들 스스로 벌어들일 수 있는 자금을 더한 예산에 맞추
어 각각의 지역구위원회(District Council)가 직원을 고용하고 해고할 수 있다.
포틀랜드시의 경우 근린조직 대표들의 연합인 7개의 지역구연합위원회에서
각각 직원을 채용하고 사무실을 운영하고 있다. 샌 안토니오시의 공공서비스
를 위한 지역공동체(Communities Organized for Public Service)는 직원뿐만 아
니라 다른 모든 측면에서 시정부와는 독립적으로 운영된다. 위의 두 가지 접
근방법 사이에 데이톤시의 의제선정위원회가 위치해 있다. 의제선정위원회는
자신의 직원을 고용하지만 시청에서 인사과정을 거친 소수의 사람들로부터
고용하게 되어있다. 직원은 한 번 고용되면 근린사무 감독관(Superintendent
of Neighborhood Affairs)을 고용하는 인적자원 및 근린자원사무소(Office of
Human and Neighborhood Resources)의 직원들의 관점을 반영하는 성향을 띤
다(Berry, Thompson, and Portney, 1993).

3) 기능

  미국 근린참여조직의 주요 역할은 크게 주민의 의사를 대표하고 전달하
는 기능과 서비스 제공 기능이다. 근린참여조직은 일상생활과 직결된 문제에
대해 상위 의회에 의견 제출의 기회를 통해 주민의 의사를 대표하는 역할을
한다. 또한, 구체적인 사무내용은 도시별로 다양하나 주로 주민의 자발적 봉
사를 통해 서비스를 제공하는 기능을 수행하고 있다. 자문과 협의뿐만 아니라
일부 영역에는 근린조직이 의사결정의 역할을 수행하기도 한다.
  먼저, 근린조직의 가장 큰 기능은 정보제공의 역할이다. 뉴스레터의 발간
및 배포는 근린조직의 자치활동에서 매우 중요한 역할을 한다. 뉴스레터는 근
린에 관한 정보를 담고 있으며 특정 이슈에 관한 자유로운 토론의 장을 제공
하기도 한다. 알라바마주의 버밍햄시는 매월 뉴스레터를 발간하고 있으며
(Berry, Thompson, and Portney, 1993) 심지어 오레곤주의 유진시는 2000년 한

해에 89회의 뉴스레터를 발간하기도 하였다. 유진시의 경우 뉴스레터의 발간에 관한 최종적인 책임은 집행위원회에 있으며, 근린업무에 대한 공정한 견해를 반영하기 위하여 상업적인 광고는 허용하지 않고 있다. 또한, 뉴스레터는 주민들의 편의를 위하여 회장단과 집행위원회 구성원에 관한 이름과 전화번호 등 개인적인 정보를 상시 게재하고 있다.

정보통신기술의 급속한 발전에 따라 정보사회가 고도화되고 있는 상황에서 근린조직도 정보통신기술을 활용하여 정보제공의 역할을 하고 있다. <그림 3-2>는 메디슨시 근린조직이 웹사이트를 활용하여 정보제공과 토론의 장을 제공하는 사례이다. <그림 3-2>의 좌측 웹사이트에서는 근린조직 관계자의 연락처, 근린조직 모임, 근린에 대한 통계와 각종 지표, 근린조직 대표 웹사이트 링크, 근린조직의 계획과 발간물, 근린조직 담당 공무원, 근린의 시설과 서비스 등에 대한 정보를 제공하고 있다. <그림 3-2>의 우측 웹사이트는 근린조직의 개요와 회장을 비롯한 임원 소개, 일정과 지역에 대한 다양한 정보를 제공하고 있으며, 멤버들만 사용하는 게시판을 통해 정보 제공과 의견 교환을 할 수 있도록 하고 있다.

뉴스레터뿐만 아니라 다양한 방식을 활용하여 근린조직의 목소리를 시 정부에 전달하고 있다. 데이톤의 경우 근린조직은 각 위원회와 시 정부 주요 기관과의 월별 위원회 모임, 연간 근린욕구성명서(neighborhood needs

그림 3-2 메디슨시 근린조직 웹사이트 활용 사례

| Blackhawk 근린조직 소개 웹사이트 | Blackhawk 근린조직 웹사이트 |

출처: http://www.cityofmadison.com/neighborhoods/profile/113.html.
　　http://www.blackhawkhomeowners.com/ 2015년 7월 23일 21시 검색.

statement), 발의권 등을 통해 근린조직의 요구를 시 정부에 전달하고 있다 (Berry, Thompson, and Portney, 1993).

또한, 근린조직은 정보제공과 함께 자문 역할을 수행한다. 알라바마주의 버밍햄시의 근린조직은 근린의 관심에 대한 해결책을 제공하기 위해 노력을 하고 있다(Berry, Thompson, and Portney. 1993). 오레곤주 유진시의 근린조직은 그들 근린의 연간 계획을 독자적으로 평가하여 공동체의 자체 계획을 개발하는 데 이를 활용하며, 시 정부의 각종 부서에 제공하여 시 정부의 연간 업무계획에 반영하도록 자문 역할을 한다. 근린조직은 시 정부와 공조할 뿐만 아니라 근린지도자협의회를 활용하여 더 강한 영향력을 행사하기도 한다. 근린지도자협의회는 시 정부와 협력하여 근린과 관련된 문제들에 대한 자료와 정보를 시 의회 및 각종 위원회에 제공하고 있다.

미국 근린참여조직의 주요한 역할 가운데 하나가 서비스 제공이다. 포틀랜드시의 경우 근린조직의 연합인 지역구연합위원회가 각 지역사회에 시민참여서비스(citizen participation service)를 제공하는 계약을 시 정부와 체결하고 있다. 데이톤시의 경우에도 의제선정위원회가 각각의 구역에서 주민들에게 많은 지역 서비스를 제공하는 역할을 수행하고 있다.

정보제공과 자문에서 더 나아가 일부 분야에서 의사결정의 역할을 근린조직이 수행하기도 한다. 그 예로, 알라바마주 버밍햄시의 근린조직이 지역사회발전교부금(Community Development Block Grant)을 어떻게 배분할 것인지 결정한 것을 들 수 있다(Berry, Thompson, and Portney. 1993).

4) 재원

미국 근린참여조직의 재원은 창립기금(foundation grant), 보조금, 회비, 기부금 등으로 조달된다. 자체 재원이 부족한 경우 시 정부의 보조금을 활용하여 다양한 서비스 제공을 하고 있다.

근린조직은 자체 재원을 활용하여 다양한 사업을 수행하고 있다. 오레곤주 유진시의 경우 근린조직의 재원이 허용하는 한 시 의회가 규정한 범주에 해당하는 사업이라면 어떠한 사업이라도 할 수 있다. 근린조직의 재원은 시의 재정지원과 일종의 공동체 세금에 해당하는 최소한의 주민 회비로 충당된다. 근린조직의 자체 재원이 부족한 경우에는 시 정부가 제공하는 일종의 교부금에 의존할 수 있다.

근린조직의 일부 활동은 시 정부의 재정지원을 통해 이루어지고 있다. 예를 들어, 알라바마주 버밍햄시의 근린조직은 매달 모든 근린에 있는 모든 가구에 편지를 발송하는데, 시 정부는 이를 위하여 직원, 인쇄, 그리고 우편요금을 보조하고 있다.

여러 도시에서 근린조직의 활동을 지원하기 위하여 매칭 펀드(부응 자금, matching fund)의 개념을 활용하고 있다. 시애틀의 경우 근린조직에서 출자하고 정부 보조금을 더해 재원으로 활용하는 매칭 펀드 프로그램을 운영하고 있다. 오레곤주의 유진시는 근린매칭교부금프로그램(Neighborhood Matching Grants Program)을 운영하여 보다 효과적인 근린 서비스를 제공하고자 노력하고 있다. 이 프로그램은 근린 차원에서의 개선계획, 행사 및 공동체 형성 활동의 자금을 제공하는데, 유진시는 각종의 교부금으로 2001년에 14만 달러를 제공하였다. 유진시 정부는 공원과 놀이터 보수, 근린정원 및 환경의 개선, 교통문제 해결, 역사적 유적 보존 및 기타 창의적인 행사와 사업을 대상으로 보조금을 지급하는데, 시 정부는 프로젝트 자금의 반 이상은 지원하지 않으므로, 나머지는 주민의 노력봉사나 기부금 같은 재원을 활용하여야 한다(최재송, 2007).

미국 근린참여조직의 예산 규모는 매우 다양하다. 지출 항목도 매년 일정하지 않다. 대체로 교부금에 의한 특별사업 지출은 매년 발생하는 것은 아니며, 일상적인 지출에서 가장 큰 항목은 뉴스레터의 제작을 비롯한 홍보 업무이다. 그 외에도 주민 야유회나 다과회 같은 주민화합을 위한 이벤트에도 일부 금액이 지출되고 있다. 뉴스레터와 이벤트 등과 관련하여 오레곤주 유진시의 칼 영 근린조직의 2007년도 일반예산 규모는 약 2만 달러 수준이다. 반면, 시정부와 계약을 체결하여 시민참여서비스를 제공하는 포틀랜드시의 행정예산만 약 120만 달러에 달하고 있다(Berry, Thompson, and Portney, 1993).

5) 대외관계

미국 근린조직은 시 정부의 협조와 지원을 받고 있다. 근린참여 활성화를 위해 시의 관련부서에서 교육훈련, 정보제공, 기술지원 및 지도를 수행하고 있다.

근린조직과 시 정부는 상호 협력의 관계를 유지하고 있다. 예를 들어, 데이톤시는 근린조직과 시 정부가 쌍방향 의사소통을 통해 긍정적인 관계를 유지하고 있다. 또한, 알라바마주의 버밍햄시는 시를 93개 구역으로 나눈 후 구역별 근린협의회(Neighborhood Association)를 설치하여 운영하고 있다. 버밍햄시는 근린협의회, 지역사회(community), 시민자문위원회(Citizens Advisory Board)의 3층 체계로 구성되어 있는데, 이 3층 체계의 가장 하부 단위는 근린협의회이며 각 지역사회의 대표로 구성되어 도시 전체를 포괄하는 시민자문위원회가 가장 상위에 연계되어 있다. 근린조직과 시 정부가 긍정적인 연계를 지니고 있는데, 시 정부에서는 시민조직 담당부서로 지역개발국과 지역사회 자원담당관을 설치하고 있으며, 각 지역사회는 시의 계획부서와 기능적으로 연계되어 있다. 근린조직은 지역사회 자원담당관들과 함께 근린의 관심사에 대한 해결책을 찾기 위해 협력하고 있다(Berry, Thompson, and Portney, 1993).

이러한 근린조직과 시 정부의 관계도 강한 제도적 장치를 가지고 있는 사례도 있고 상대적으로 느슨한 연계를 갖는 경우도 있다. 데이톤시는 시 정부와 근린조직의 접촉에 있어 가장 강력한 제도적 기제를 운영하고 있다. 매월 정기적으로 열리는 의제선정위원회의의 일부분으로 행정위원회(Administrative Council)가 열린다. 이때 주요 시 정부기관 대표들이 많게는 12명까지 의제선정위원회 앞에 나서서 참여자들로부터 어떤 문제든 상관없이 질의를 받거나 불만을 청취하는 공론의 장이 만들어진다. 이들 간부들은 구체적 프로젝트의 진행사항을 보고하거나 이전 회의에서 제기된 문제들에 대해 보고할 수 있다. 행정위원회 운영은 일상 문제에 대한 명확한 해결을 제공해주고, 기관들과 의제선정위원회 위원들 사이에 강한 연계 구축을 가능하게 만들고 있다.

　　데이톤시와 유사하게 포틀랜드시의 경우에도 각 주요 부서에 대한 예산자문위원회(Budget Advisory Committee)를 통해 시민의 접근이 이루어진다. 이 위원회는 근린대표들 및 관심을 갖는 일부 시민들로 구성되고 일 년 내내, 특히 예산준비기간에 행정의 이니셔티브를 위한 조사홍보위원회(sounding board)로서 활동하게 된다. 이들은 비록 일상적 이슈에 대하여 시민들과 행정관료 사이의 광범위한 접촉을 허용하는 것은 아니지만 일부 시민들에게 기관의 문제들을 심층적으로 다룰 수 있는 기회를 부여하고, 부서들에게는 신선한 관점을 가져다주는 기회를 제공한다. 예산자문위원회를 위한 모집과 초기훈련은 근린조직 중앙사무소(central Office of Neighborhood Associations)가 맡고 있으며, 전체자문조정위원회(Bureau Advisory Coordinating Committee)는 모든 개별 예산자문위원회의 대표들을 한데 모아서 시 전체의 행정정책을 검토하고 있다.

　　반면, 포틀랜드시와 데이톤시 근린조직의 근린욕구보고서와 데이톤시 근린조직의 정기 서비스 관련 여론조사는 현재 근린의 우선순위에 대하여 시 정부에게 체계적인 정보를 제공하는 반면, 세인트 폴시의 조기고지체계는 다른 방향(시 정부 → 근린)에서의 의사소통을 제공한다. 이러한 체계들은 근린들의 주요 관심사들을 시 정부가 인식하도록 하는 데 큰 역할을 하고 있지만, 데이톤시의 행정위원회와 포틀랜드시의 예산자문위원회만큼 관료들과 시민 사이의 관계를 강하게 발전시키지는 못하고 있다.

　　오레곤주의 유진시의 경우에도 시 정부가 다양한 형태로 근린조직을 지원하고 있다. 시 정부는 근린조직에 관한 재정적 지원과 함께 직원을 배치하여 지원 업무를 수행하고 있다. 유진시의 근린조직에 대한 지원은 기획 및 개발 부서의 한 업무로서 근린조직에 대한 훈련, 정보제공, 기술지원 및 지도 등을 포함하고 있다. 2005년 현재 3명의 직원으로 이루어진 팀에서 근린지도자들을 위한 업무계획 개발 및 교부금 지원서 작성 등에 관한 훈련업무를 수행하고 또한 다른 부서와의 연계 역할을 담당하고 있다. 여기에서는 근린조직의 뉴스레터 출간을 지원하고 있으며, 근린조직에 관한 통합 인터넷 서비스도 운영하고 있다.

이러한 지원뿐만 아니라 유진시는 근린조직의 전반에 개입하고 있다. 유진시는 근린참여를 조직화하기 위하여 1973년 근린조직승인법(Neighborhood Organization Recognition Act)을 채택하였다. 유진시의 경우 초기부터 시 정부가 필요에 의해 근린조직을 조직화하였으며, 따라서 시 정부와 근린조직이 공식적인 관계를 유지하고 있다. 즉, 유진시 정부는 근린조직이 공개적으로 운영되고 근린의 이익을 대표하도록 지도하고 있으며, 이를 위하여 유진시 정부는 표준규약을 수립하였다. 이에 더하여 유진시는 근린지도자협의회(Neighborhood Leaders Council)를 설립하여 21개 근린조직이 상호 협력하도록 조정하고 있다. 이와 같이 오레곤주 유진시의 경우에는 근린조직이 완전한 자율성을 갖추고 있다기보다는 시 정부의 필요에 의해 설립된 후 시 정부의 지도와 감독을 매우 강하게 받고 있다. 이러한 예로, 1999년 유진시 의회는 근린조직과 근린지도자협의회가 너무 정치화하여 이념적 의제를 가진 소규모 집단의 후원자로서 활동한다는 이유로 이를 개선하기 위한 성명서를 채택하였다. 이 성명서에서 "공동체 건설과 근린 생활의 개선"을 근린조직의 존재 목적으로 명확히 규정하고 있다(City of Eugene, 1999).

종합하면, 대부분의 근린조직은 시 정부와 협력적인 관계를 유지하면서 자율적인 역할을 수행하고 있다. 반면, 오레곤주의 유진시의 경우와 같이 시 정부가 근린조직과 관련된 부분에 상당한 수준으로 간섭을 하는 사례도 있다. 유진시와 달리 포틀랜드시의 근린조직은 시 정부의 구조적·통제적 노력에 대한 투쟁을 통해 근린조직의 독립을 유지하기 위한 노력을 경주해 온 사례도 있다.

6) 미국 근린참여 사례

가. 뉴욕시 커뮤니티 위원회(Community Boards)

뉴욕시는 자치구 제도를 운영해 왔다. 1898년 맨해튼 등 5개 지역에 대해 자치구를 구성하였는데, 의회는 설치하지 않고 임기 4년의 구청장은 주민 직선으로 선출하였다. 약 50여년 후인 1951년 맨해튼 구청장에 의해 12개의 커뮤니티 위원회가 관내에 설치되었다. 설치된 커뮤니티 위원회는 15~20명으로 구성되어 지역계획 수립과 예산편성에 자문 기능을 수행하였다. 이후 1963년 뉴욕시 헌장(charter)에 의해 62개의 커뮤니티 위원회가 설치되었다.

뉴욕시는 1975년 주민투표에 의하여 채택된 개정 시 헌장에 의하여 주민수 100,000~250,000명에 이르는 59개의 지역(커뮤니티) 위원회(community district)를 설치하였다. 뉴욕시 커뮤니티 위원회는 예산 및 서비스 배분과정에의 제도적 주민참여를 보장하기 위한 것이다. 시 헌장에 의거하여 설치된 커뮤니티 계획위원회(community planning boards)의 변형으로서, 당시에는 구장(borough presidents)에 의하여 도합 62명의 위원이 임명되었으나, 1975년 개정된 시 헌장에 의거하여 오늘날과 같은 형태로 진화하였다.

주민 직선으로 구청장은 선출하나 의회는 구성하지 않는 뉴욕시의 5개 자치구(맨해튼(Manhattan), 브롱스(Bronx), 퀸즈 (Queens), 브룩클린(Brooklyn), 스테이튼 아일랜드(Staten Island))에서 커뮤니티 위원회를 설치하고 있다. 현재 뉴욕시 5개 자치구 구역 내에 총 59개의 커뮤니티 위원회(맨해튼: 12, 브롱스: 12, 퀸즈: 14, 브룩클린: 18, 스테이튼 아일랜드: 3)가 운영되고 있다.

뉴욕시 커뮤니티 위원회는 구청장이 임명하는 무보수 명예직인 50명 이내의 위원과 해당지역에 연고가 있는 시의원(단, 시의원은 표결권이 없음)으로 구성되어 있다. 무보수 명예직 위원 50명은 관내에 거주하거나 사업장을 운영하는 등 이해관계자이며, 위원의 1/2은 해당 동 지역에 연고가 있는 시의원이 추천한 자 중에서 임명해야 한다. 임명직 위원의 임기는 2년이며, 정원의 1/2씩 교체하여 임명하고 있다.

커뮤니티 위원회는 그 기능의 원활한 수행을 위하여 내부 규정을 제정할 수 있으며, 예산범위 내에서 목적달성을 위한 사무직원을 둘 수 있다. 또한, 커뮤니티 위원회 내에 소위원회를 설치하여 운용할 수 있다. 커뮤니티 위원회는 7월과 8월을 제외한 매월 정례회와 공청회를 개최하여 주민의견을 수렴한다.

뉴욕시 커뮤니티 위원회의 주요 기능은 뉴욕시 헌장에 의해 그 범위가 결정되는데, 주로 주민의사를 대표하는 역할을 수행하고 있다. 토지이용, 지역발전, 주민 복지 사항에 대한 주민 의견을 수렴하여 구청과 협의하거나 자문의 기능을 커뮤니티 위원회가 수행하고 있다. 보다 구체적인 뉴욕시 커뮤니티 위원회의 기능은 다음과 같으나, 수행하는 권한의 행정기관에 대한 효력은 기본적으로 강제적인 것은 아니며 권고적(advisory)인 것이라는 점에서 한계가 있다.

- 지역수요의 파악
- 지역발전과 주민의 복지에 관련한 행정기관과의 협의, 자문, 지원, 및 공청회 개최
- 커뮤니티 관리인(district manager)의 임명
- 지역주민에 대한 행정홍보
- 지역발전을 위한 종합적, 구체적 사업계획의 준비
- 시의 예산, 사업계획, 투자우선순위 등에 대한 검토, 자문, 협의, 권고, 지역에 제공된 서비스의 양·질에 대한 평가
- 시의 서비스 및 사업에 관한 정보의 전파, 및 지역주민의 고충, 요구, 질의의 처리 등 주민복지 등

뉴욕시 커뮤니티 위원회의 원활한 활동을 위하여 각 행정기관은 위원회가 요청하는 정보 및 지원을 신속히 제공할 의무를 지니고 있다. 각 행정기관은 각 동별 서비스 사업 및 운용 상황을 위원회에 정기적으로 보고할 의무가 있다. 또한, 각 행정기관은 예산의 세부내역 및 서비스에 대한 정보를 수록한 커뮤니티별 자원명세(district resource statement)를 매년 위원회에 제출하여야 한다. 구청장은 회의개최장소의 제공의무를 지니고 있다.

뉴욕시 커뮤니티 위원회는 대도시의 인구 과밀로 인한 주민 대표성 약화

표 3-2 뉴욕시 커뮤니티 위원회의 주요 내용

구분		내용
개요		▶ 뉴욕시 자치구 주민참여제도(59개) ▶ 비영리법인체로 등록(지자체 설정 구역과 조건 충족)
특징		▶ 대도시의 주민대표성 강화 ▶ 행정업무 부담 완화 ▶ 주민자생조직(연합)
구역 설정		▶ 역사적·지리적 공통성 ▶ 시의 행정서비스 제공 권역 ▶ 인구균등화: 평균 25만명
구성원		▶ 관할구역 거주자, 사업장
기관 구성	내부	▶ 구청장이 무보수명예직 위원 50명 지명, 지방의원 추천자, 지역구 지방의원, 　전문가 등(임기 2년) ▶ 출석률 낮은 위원 퇴출
	직원	▶ 유급사무원 배치 ▶ 시에서 조정관 파견
기능		▶ 지역계획수립 예산편성자문
재원		▶ (자주) 주민회비, 기부금 ▶ (의존) 보조금
행정과의 관계		▶ 자치헌장 제정으로 자율성 보장 ▶ 시장 직속 업무지원팀 설치(기술적·재정적 지원)

문제를 해결하고 자치단체의 행정업무 부담을 완화하여 행정 효율성을 제고
할 수 있는 제도로 평가받고 있다. 뉴욕시 커뮤니티 위원회의 주요 내용을 정
리하면 <표 3-2>와 같다.

나. 로스앤젤레스 시의 근린의회(Neighborhood Council)

로스앤젤레스 시는 1996년 6월 조례를 통과시키는데 이 조례에서 근린
참여와 관련하여 참여 업무를 총괄하는 기관으로 근린역량강화부(Department
of Neighborhood Empowerment(http://www.lacityneighborhoods.com/home.htm)
를 설립하도록 규정하였다. 또한 본격적인 근린의회의 구성은 2년의 유예
기간을 두고 이루어지도록 정하고 있다. 시장이 근린역량강화부의 책임자
로 관리자(general manager)를 임명하고 근린역량강화위원회(Neighborhood
Empowerment Commission)가 이 조직의 운영과 관리를 맡게 되는데 7명으로

구성되어 있다. 시 정부는 공청회를 포함한 여러 차례의 논의를 거쳐 근린 참여에 대한 추상적인 계획을 마련하게 되는데, 계획이 추상적인 것은 각 지역의 근린의회가 자율적으로 세부 내용을 결정하도록 하기 위하여 의도된 것이다.

로스앤젤레스 시의 경우 2002년 말 현재 시 전역에 100여 개의 근린의회 가 있었으나, 2008년에는 89개의 독립된 근린의회가 존재하고 있다. 근린의회 는 1년에 2차례 개최된다. 로스앤젤레스 시 지역의 근린참여는 정보를 제공하 는 데 초점을 두고 있으며, 근린의 관심사나 주민들에게 영향을 미치는 이슈 에 대하여 시장, 시 의회, 시 행정부서에 자문의 역할을 수행하고 있다. 시 정 부는 근린의회를 활용하여 근린의회가 개회되는 시기에 시 정부의 정책을 홍 보하는 장으로 활용하기도 한다. 로스앤젤레스 시 지역의 근린의회는 조기 통 지시스템(early notification system)을 통하여 정보를 제공받고 이에 대한 토의가 이루어지기는 하지만 토론의 과정이 효과적으로 이루어지지 않고 있다.

로스앤젤레스시 의 각 근린의회는 지역사회의 미화사업이나 주민참여기 반 조성을 위한 사업에 사용할 수 있도록 5만 달러의 비용을 지원받고 있다. 근린의회는 지도자를 선출하고 자신의 경계를 선택할 수 있으며, 욕구의 우 선 순위를 정할 수 있다. 근린의회는 시민들이 선출한 대표로 구성이 된다. 근린역량강화부는 근린의회와 공동으로 1년에 2차례 근린대회(Congress of Neighborhoods)를 개최하며, 이 대회를 통해 근린의회 의원들 및 이해 당사자 들과 지역사회 리더들의 네트워크를 형성하고 지역사회 발전을 위한 정보와 지식을 공유한다(Leighninger, 2008).

로스앤젤레스 시의 시 정부와 근린의회의 소통에서 초기의 조기 통지시 스템은 근린과 시 정부 사이의 쌍방향 소통 관점에서 문제점을 증폭시켰다. 새로운 시 헌장은 시 의회 및 위원회가 결정한 중요한 의사결정의 내용을 시 정부가 근린의회들에게 알리도록 의무화하고 있다. 또한, 시 헌장은 시 정부 가 근린의회에게 피드백의 기회를 제공하도록 규정하고 있다. 근린의회 관계 자들이 시 의회 및 각종 위원회의 아젠다를 조기 통지시스템을 통해 받기 위해서는 조기 통지시스템에 등록을 해야 한다. 근린의회의 모든 관계자들은 아니지만 상당수의 관계자들이 이러한 내용을 알지 못하여 조기 통지시스템을 통한 정보제공을 받지 못하였다는 점이다. 또한, 조기 통지시스템을 통해 정보를 제공받은 경우에도 그 양이 방대하여 내용을 정리하고 파악하는 데 일주일에 20시간 이상을 소비하여야 하는 일들이 발생하였다. 적절한 정보를 손쉽게 파악할 수 있도록 정보제공 시스템을 개발하고 운영하는 것이 중요한데 초기의 조기 통지시스템은 이러한 점에서 한계를 노출하였다(Loges, Bimber, Crigler, and Weare, 2013).

로스앤젤레스시의 근린의회를 보다 상세히 살펴보기 위하여 로스앤젤레스 시의 한 부분인 Northeast Los Angeles의 예를 살펴보고자 한다. Northeast Los Angeles 지역은 약 25miles^{2}이며 26만명 가량의 주민이 약 10개의 커뮤니티에 거주하고 있는데, Northeast Los Angeles 지역은 인종적으로 다양하다. Northeast Los Angeles는 Los Angeles 다운타운과 경계를 두고 있지만 소규모 지역의 특성을 지니고 있다. 이 지역의 경우 강한 역사적 동질감에 의해 커뮤니티의 유대가 강화되고 있다. 비록 인접한 커뮤니티와 사회경제적으로 차이가 존재하고 이 지역의 다양한 인종적 분포가 있기는 하지만, Northeast 지역의 다양한 부분에서 온 커뮤니티 이해당사자들은 이 지역과 연관된 공통의 관심사를 표출하고 있다. 그들이 제기하는 공통의 관심사로는 주민들 사이에 소득수준의 격차가 증가하는 것, 이 지역의 역사적 유적과 유물을 보존하는 것, 폭력행위의 감소에 대한 것, 이 지역 경제구역을 개선하고 유지하는 것 등이다.

Northeast Los Angeles 지역의 근린의회 형성의 초기 노력은 근린 지도자의 소수 집단에 의해 시작되었는데 이들 근린 지도자는 조직화에 있어서 지역적 접근법(regional approach to organizing)을 선택하는 사람들이었다. Northeast Los Angeles 지역의 근린의회는 과정 지향적인 특성을 지니고 있다. 즉, 보다 넓은 지역에 대한 봉사와 교육 등의 활동과 Northeast Los Angeles 지역 내의 근린의회의 수와 경계에 대한 지역적 합의를 이루기 위한 시도 등에 있어서 빠른 의사결정 그 자체보다는 과정을 더 강조하였다. 특히, Northeast Los Angeles 사례에서는 잠재적인 갈등을 줄이기 위하여 커뮤니티 회의에 전문적인 중재의 활용이 돋보인다.

Northeast Los Angeles 지역의 근린의회 형성 운동은 초창기에 Mt. Washington Association과 그 맥락을 같이한다. Mt. Washington Association 은 Mt. Washington 언덕에 사는 956명의 주민으로 구성되어 있다. Mt. Washington Association이 근린의회의 형성과정에 관련되어 있다. Mt. Washington Association의 action committee의 몇몇 구성원들은 Mt. Washington과 인근 커뮤니티를 보다 잘 연결시켜 주는 수단으로 근린의회를 여기고 있다. 즉, Mt. Washington 언덕 위 지역과 언덕 아래 지역의 주민 사이에 존재하는 격차를 줄일 수 있는 수단이 근린의회라는 것이다. 또한 이 Association의 구성원들은 근린의회를 다른 근린지역과 함께 일할 수 있는 새로운 기회를 창출하는 것일 뿐만 아니라 경제발전의 자원으로서 매력적이며 Norhteast Los Angeles 지역에 필요한 문화와 편의시설을 가져다 줄 수 있는 기회로 여기고 있다(노승용, 2008).

7) 미국 근린참여의 시사점

다양한 사례에서 보듯이 미국의 근린참여는 주민들에 대한 단순한 정보 제공에서부터 주민과의 상담(consultation), 심의적 포럼(deliberative forum), 주민의 직접통제에 이르기까지 다양한 형태를 지니고 있다.

근린참여의 발전과 정착을 위해서는 우선적으로 의식과 문화가 바탕이 되어야 한다. 근린참여에 대한 지역주민의 강한 의식과 행태가 전제되지 않고서는 그 효과를 거두기가 어렵다. 의식과 문화의 개선 없이 제도와 정책만으로 주민참여가 성공하기는 어렵기 때문이다. Berry, Thompson, and Portney(1993)는 미국 근린참여가 성공한 도시의 사례 분석을 통해 시민집단의 실질적 참여요구가 강했던 버밍햄시와 포틀랜드시의 사례처럼 참여가 작동하도록 만드는 강한 동기를 성공 요인으로 지적하고 있다.

더불어 사회문화의 개선이 필요하다. 사회문화적인 측면에서의 근린참여를 강화하기 위해 필요한 것으로는 균형 잡히고 조화로운 지역의 정치사회풍토를 우선적으로 지적할 수 있다. 이러한 균형과 조화로운 지역의 정치사회풍토 위에서 지역주민의 강한 근린참여 의식과 행태가 근린참여의 성공의 관건이 될 것이다.

이러한 균형 잡히고 조화로운 지역의 정치사회풍토의 근간은 심의(deliberation) 문화의 확립이다. 참여자들간의 질서이슈에 대한 깊이 있는 논의가 이루어질 때 근린참여가 진정한 의미의 근린참여가 될 수 있다. 이를 위해서는 다음과 같은 조건들이 갖추어져야 한다(Rho, 2012).

- 적절하고 균형된 정보
- 주제를 폭넓게 고려할 수 있는 시간
- 조작 혹은 강압으로부터의 자유
- 규칙에 기초한 토론의 구조
- 포괄적인 시민에 의한 참여
- 참여자들간의 서로 다른 점을 인정하되 사회경제적 지위에 기초한 편견 배격
-

미국 근린참여조직의 사례는 위의 내용이 얼마나 중요한 지를 보여주고 있다. 예를 들어, 로스앤젤레스 시는 비록 정보제공형의 근린참여이긴 하지만 이는 심의를 위한 가장 기초적인 것이다. 뿐만 아니라 Northeast Los Angeles의 경우에서 보는 바와 같이 빠른 의사결정을 통한 결과 중심적이기보다는 깊이 있는 논의를 통해 합의점에 도달하는 과정을 중시하는 것이 근린참여에서 매우 중요하다. 이를 위해 위에서 보는 바와 같이 충분한 시간과 토론의 구조가 필요하며 외부 영향으로부터 자유로울 수 있어야 한다.

근린 참여를 위한 제도의 형성은 중요하며 이를 위한 정부의 역할도 의미는 있다. 그러나 주민 한 명 한 명과 그 지역의 지도자들의 건전한 의식과 사회문화가 근린참여의 초석이 된다는 점에는 이론이 없을 것이다. 데이톤시와 포틀랜드시의 사례는 근린참여의 성공에서 시 정부 지도자의 비전이 얼마

나 중요한지를 보여주고 있다(Berry, Thompson, and Portney, 1993).

근린조직과 지방자치단체가 상생할 수 있는 노력이 필요하다. 지방자치단체는 근린에서 보다 주민중심적인 근린조직으로 성장하고 운영될 수 있도록 지원해 주는 자세를 갖는 것이 필요하며, 근린조직은 자신의 이익뿐만 아니라 지방자치단체도 함께 이익을 얻을 수 있도록 기능하는 것이 중요하다고 하겠다. 지방자치의 장에서 민주적 가치를 제고할 뿐만 아니라 효율적이고 효과적인 지방행정이 이루어지도록 근린조직이 역할을 하여야 한다.

2

영국의 근린자치

최영출(충북대학교)

1) 개관

영국의 패리쉬 카운슬(parish council,[1] 웨일즈에서는 community council이라고 함)은 기능면에서 볼 때, 하나의 준 자치단체적 성격을 가지는 단체이다. 계층면에서는 우리나라의 읍·면·동에 해당하나 권한면에서는 우리나라의 읍면동보다도 주민자치적 성격을 훨씬 많이 가지고 있다고 할 수 있다. 원래 패리쉬라는 용어는 교회의 교구를 의미하며, 13세기 프랑스어인 paroisse에서 온 것으로 되어 있다. 패리쉬는 선거에 의한 집행조직을 가지고 있으며, 제한적이나마 조세부과권을 가지고 있고, 패리쉬에 해당하는 지역에 살고 있는 주민은 약 1,600만명에 이른다. 그러나, 이 패리쉬는 영국에서도 주요 자치단체(principal authority)의 범주에는 들어가지 않는다. 주민에게 가장 가까운 층에 있는 조직으로서 패리쉬 카운슬은 법상으로는 1894년 지방정부법에 의하여 수립되어졌다. 이 당시 지방정부 조직에 대한 개편이 크게 일어났는데 지방 마을 수준의 조직(local, village level structure) 또는 풀뿌리 수준의 지방정부(grass-roots level of local government)가 주민에게 가깝게 있어야 된다는 주장이 강했고 이러한 주장이 받아 들여진 결과라고 할 수 있다(Rao, 2000: 14-15)

---

[1] 여기서 council은 지방의회를 의미한다. 다만, 영국은 기관통합제이기 때문에 council이 지방의회이지만 집행기관으로서의 성격도 동시에 가진다. 즉, 지방의회와 집행기관 기능을 동시에 수행하는 지방의회라고 할 수 있다. 물론 지방의원은 local councillor이라 불린다.

여기서 주요 자치단체라 함은 기초자치단체로서의 district council, 광역자치
단체로서의 county council과 같은 자치단체, 광역런던정부, 런던 바로우
(borough) 등이 포함되며 이들은 지방정부연합(LGA, Local Government
Association)의 회원자격이 있다. 그러나 패리쉬는 준 자치단체의 역할을 하기
때문에 주요자치단체와는 구별되며 조직면에서도 LGA가 아니라 전국지방단
체연합(NALC, National Association of Local Councils)의 회원이 된다. 이 NALC
는 오직 패리쉬 단체들의 결사체이며 이 패리쉬의 이익을 보호하기 위한 활
동을 한다. 이 패리쉬는 1834년 에는 약 15,600개가 있었으나 2007년 현재
영국에 약 1만개 정도가 있으며 이 중에서 약 8천개는 집행부를 가지고 있고
나머지 약 2천개는 집행부 수준은 아닌 비상시적 조직으로 운영된다
(Chandler, 11−12). 패리쉬는 규모나, 활동, 환경등 면에서 각양각색인데, 예를
들어서 관할 인구를 놓고 보면 100명보다 적은 (주로 농촌 촌락) 것에서부터 7
만명(Weston−Super−Mare Town Council)에 이르기 까지 다양하다. 대부분의
패리쉬들은 규모가 작으며, 전체 중 약 80%의 패리쉬는 인구면에서 2,500명
이하이다. 패리쉬의 조직은 패리쉬 미팅(parish meeting)으로 불린다. 그러나
패리쉬는 무엇보다도 주민의 생활에 가장 근접한 근린조직이며 주민들의 참
여면에서 볼 때, 가장 주민과 밀착된 조직이라는 점에서 오늘날 그 기능의 중
요성이 더욱 커지는 추세에 있다.

2) 구성
가. 교구에 기반

패리쉬(parish)는 원래 교회교구를 의미하며 15세기경부터 카운티 및 버
러와 더불어 중요한 주민서비스 제공기관의 위치를 차지하게 되었다. 이때에
는 지방의 법질서유지, 쾌적서비스 제공, 사회적으로 고통받는 약자 보호 등
에 대한 업무를 주로 하였다. 이 당시에는 교회교구로서 사회적 서비스의 일
부분을 담당하는 수준에 있었다. 그러다가 1894년 지방정부법에 의해서 농촌

지역에 있는 모든 교구(parish)는 최소한 패리쉬 미팅을 가져야 하며 일정한 인구를 가지면 패리쉬 카운슬을 가질 수 있게 법적 장치가 마련되어졌다. 그 이후 지방정부법은 농촌지역만 아니라 도시지역에서도 패리쉬 카운슬(도시지역에서는 타운 카운슬이라 불림)을 가질 수 있도록 허용되어졌다.

나. 규모의 다양성

패리쉬 카운슬은 도시지역에서는 타운 카운슬로 불리며 지위면에서는 최하위 단체라는 점에서 동일하다. 크기, 기능 및 상황면에서 대단히 다양하다. 관할하는 인구는 100명에서 7만명까지 천차만별이나 대부분은 규모가 작다. 1만개 정도 되는 패리쉬 카운슬중 80% 정도는 인구가 2,500명 이하이며 약 50%는 500명 이하이다. 면적은 수 에이커에서 거의 백 평방마일에 이르기 까지 다양하다. <그림 3-3>은 패리쉬가 어디에 위치하고 있는지를 보여준다.

인구가 적은 지역의 패리쉬들은 하나 또는 두 개의 이웃하는 패리쉬와 council을 공유하는데 이를 grouped parish council 또는 joint parish council, common parish council, combined parish council 등으로 불린다.

그림 3-3 패리쉬의 위치

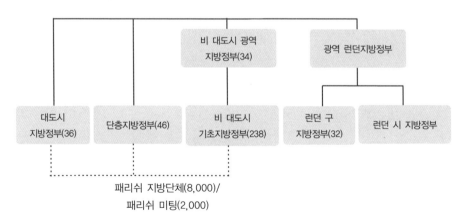

주: 여기서 패리쉬 미팅은 유권자가 200명 이하인 패리쉬의 경우의 패리쉬 조직을 의미한다. 200명 이상의 parish는 parish council을 가진다.
자료: Tony Byrne(2000).

다. 농촌지역에서 주로 기능

1974년 이전에는 농촌지역에만 패리쉬 카운슬이 존재했다. 그러나 1972
년의 지방정부법은 패리쉬 카운슬이 도시지역에도 있을 수 있는 규정을 제공
했다. 그 결과 패리쉬 카운슬은 도시지역에도 있으나 여전히 농촌지역에 훨씬
많이 있는 것이 특징이다.

라. 제한적 권한 행사

1997년의 지방정부법에 의하여 중앙부처 장관이 패리쉬 유권자들의 10%
이상의 청원(petition)에 의하여 새로운 패리쉬를 창설할 수 있도록 하였다. 그
러나 후술하는 바와 같이, 2008년도에 제도변화가 이루어져서 패리쉬의 상급
자치단체인 district나 unitary authority 등이 권한을 행사하도록 이관되었다.
패리쉬 카운슬은 제한적 재량권과 권리를 가진 선출된 조직이며 최종적으로
는 상급자치단체에 의해 정해 진다. 이들의 권한을 크게 나누어 보면 세 가지
로 구분된다. 첫째는 지방커뮤니티 대표기능, 둘째는 지방수요를 충족시키기
위한 서비스 제공, 셋째는 주민 삶의 질과 커뮤니티 웰빙을 개선하기 위한 기
능이다.

마. 의원들 선거 및 수당문제

패리쉬 의원들의 임기는 4년이며, 관련 법규에서는 하나의 패리쉬의 의
원 수는 5명 이상일 것을 규정하고 있다. 큰 패리쉬의 경우에는 선거구를 다
시 쪼개고 각 선거구별로 별도의 의원들을 선출하기도 한다. 선거주기는 해당
패리쉬를 포함하는 기초단체 의원(district councillors)들의 선거와 연동되어 있
다. 의원 입후보 자격은 영국국민, 아일랜드 시민, EU 회원국 국민에게 있다.
패리쉬 카운슬의 의장은(chairman) 의원들 중에서 매년 선출된다. 부의장은
의장이 임명한다. 수당은 의장에게만 지급되며 부의장이나 평의원에게는 지
급되지 않는다.

3) 기능

패리쉬는 약 50개의 법적권한을 행사하는데 주요 기능적 특징을 보면 다음과 같이 요약될 수 있다.

가. 준 자치적 단체

패리쉬는 지역주민들의 청원(유권자 주민 수가 500명 이하인 경우에는 유권자 수의 50% 이상, 그리고 유권자 수가 2,500명 이상인 경우에는 유권자의 10% 이상)에 의하여 패리쉬를 관할하는 기초자치단체나 단층자치단체에게 전달되고 이를 받은 주요 자치단체들(이를 'principal councils'라 부름)이 창설여부를 최종 결정한다. 2008년 이전에는 유권자들의 10% 이상의 청원에 의하여 패리쉬를 창설할 수 있도록 하였으며, 패리쉬를 창설하는 최종권한도 중앙정부에게 있었으나, 2008년 2월 13일 이후부터는 제도변화로 인하여 패리쉬의 창설, 관할구역의 부분변경, 해체, 폐지 등에 관한 권한이 주요자치단체에게 이관되었다. 이를 검토하는 과정은 '커뮤니티 거버넌스 검토제도'(community governance review)라 불린다. 주요자치단체들은 그들의 관한 구역 안에 있는 패리쉬들의 전부 또는 일부에 대해서 언제라도 소위 '커뮤니티 거버넌스 검토제도'를 적용할 수 있다. 일반적으로는 10년 내지 15년 주기로 지역 내 인구변화, 주민들의 요구 등을 고려하여 시행한다. 패리쉬가 설치되어 관할 자치단체와 기관 간 협약을 통해서 일정 기능을 수행하는 경우 준 자치적 지위에서 수행할 수 있으나 지위상 으로는 산하기관적 성격도 있다고 할 수 있다. 즉, 준 자치적 산하기관의 성격이라고 할 수 있을 것이다. 다음 그림들은 Sawtry와 Selsoton의 패리쉬 사무소 그림을 보여 주고 있다. 그림에서 보는 바와 같이, Sawtry 패리쉬는 비교적 큰 건물을 가지고 있는바, 이러한 경우에는 큰 패리쉬의 경우에 해당되는 것으로 예외적이며, 대부분은 <그림 3-5>에서 보는 바와 같이 작은 건물을 가지고 있다.

위의 그림에서 보듯이, 패리쉬의 사무실은 작으며 주민들의 작은 회의 정

그림 3-4 Sawtry 패리쉬 건물

그림 3-5 Selston 패리쉬 사무소

자료: Wikipedia

도를 할 수 있는 규모라고 할 수 있다. 특히, 주목할 만한 것은 2011년 지방주의법(Localism Act)이 통과되면서 패리쉬의 주민자치적 기능은 더욱 강해졌다고 할 수 있다. 이 법에서는 패리쉬에게 중요한 새로운 권한을 부여해 주고 있다. 이 법에서는 개별 패리쉬들로 하여금 다른 법률에 의해 제한되지 않는 한 일반적으로 할 수 있는 어떤 것도 할 수 있다는 것이다. 이는, 다른 식으로 말한다면, ultra vires의 제약에서 벗어나도록 했다는 것이다. 이 ultra vires(주어진 권한외 행위는 월권) 원칙은 beyond the powers의 의미로서 패리쉬는 이러이러하게 규정된 행위만 할 수 있으며, 규정된 행위외의 다른 행위는 월권행위를 의미한다고 하는 것이다. 그러나 이 Localism Act에서는 패리쉬에게 ultra vires 적용으로부터 자유롭게 해 주었다. 즉, 특정 법규에 의해 parish가 하지 못하도록 제한되어 있는 행위는 할 수 없으나 이러한 제한된 행위외의 행위를 할 수 있도록 활동 폭을 넓혀 주었다는 점에서 의미가 있다고 하겠다. 이는 2011년 지방주의법에서 '역량의 일반권력'(General Power of Competence, GPC)제도로 불리며, 적격성을 가진(eligible) 패리쉬에게 허용되고 있다. 아울러, 이 지방주의법은 패리쉬들이 서로 결합하여 새로운 근린지역의 발전을 도모할 수 있도록 허용해 주는 권한을 도입하고 있다. 패리쉬 카운슬들은 새로운 근린지역들에 대한 계획권한을 활용하여 근린지역의 토지이용이나 개발

정책을 수립할 수 있도록 허용해 주고 있다. 기존에는 이러한 개발정책을 수립하기 위해서는 상급자치단체에 계획신청(planning applications)을 해야 했으나, 2011년 지방주의법에서는 스스로 '근린지역개발계획'(neighbourhood development plans)을 할 수 있도록 허용해 주고 있다는 것이다. 이는 주민들에게 가장 가까운 마을단위의 준자치단체라고 할 수 있는 parish에게 자치에 관한 권한 강화를 도모해 주고 있다는 의미이다.

나. 제한된 범위의 주민서비스 제공

패리쉬는 제한된 범위내의 주민서비스를 제공 한다. 가령, 놀이터, 커뮤니티 홀, 버스 대기소 등에 관한 권한을 행사하는 데 중요한 것에 대해서는 패리쉬의 상급인 기초자치단체와 기관간협약을 맺어서 관할 자치단체의 승인 하에 이루어진다. 직접 제공하든지, 공동으로 제공하든지 또는 자발적 조직이나 민간조직과 파트너십을 이루어 제공한다. 이는 우리나라처럼 중앙정부가 읍면동의 기능을 획일적으로 정하는 것이 아니라 관할 자치단체가 그 하부기관에게 개별적으로 협약을 맺고 기능을 수행하게 한다는 점에서 차이가 있다. 패리쉬가 제공할 수 있는 시설들의 범위는 패리쉬에 따라서 다양하나 일반적으로 아래의 시설들을 제공할 권한을 가지고 있다.

- 예술 및 공예품의 지원
- 마을 공회당의 제공
- 레크레이션, 공원, 어린이 놀이터, 수영장 등의 제공 및 유지
- 묘지 및 화장장의 제공 및 유지
- 폐쇄된 교회의 유지, 보수
- 연못 및 도랑의 청소
- 쓰레기통 관리
- 공중화장실의 제공 및 유지
- 산책길의 제공 및 유지
- 사이클 및 오토바이의 주차 시설 제공
- 공중시계 (public clocks)의 제공 및 유지
- 전쟁기념관의 유지

등을 들 수 있다.

위의 시설들 외에도 이들 패리쉬들은 자기들의 상급 광역자치단체의 동의를 얻어서 아래 시설들을 설치 유지할 수 있다.

- 버스 정류장
- 산책길의 안내표지판
- 산책길의 전등장치
- 도로외 주차장
- 도로 어깨길의 제공, 유지 및 보호 등이다.

다. 선택적 설치 및 제한적 권한

패리쉬는 모든 기초자치단체에 반드시 있는 것이 아니고 주민이 원하는 경우에 청원을 통해서 설치되며 관할 상급자치단체의 허가가 있어야 한다. 이같은 의미에서 볼 때 관할 기초자치단체의 의사가 중요하다. 그렇다고 관할기초자치단체나 광역자치단체가 지시하고 명령하는 관계는 아니다. 가령 감사를 받을 필요가 있게 되면 이는 지방감사원의 감사를 받게 되는 것이며, 이를 관할하는 기초나 광역의 감사를 받는 것이 아니다. 일부 문제(가령, 초등학교 운영위원회 위원들의 임명)에 대해서는 카운티 카운슬(광역)로부터 통보를 받든지 또는 지방계획허가문제에 대해서는 디스트릭(기초)으로부터 통보를 받든지 함으로써 일정 사안에 대해서는 상급자치단체로부터 업무처리에 관하여 통보를 받는 권한을 가지고 있다.

라. 토론의 장으로서의 기능

가장 중요한 패리쉬의 기능으로서 지역문제에 대한 토론의 장으로서의 기능을 수행하며 자기들의 문제를 관할자치단체인 디스트릭이나 기타 단체들에 대하여 제시함으로써 자기들의 이익을 대변하는 기능을 수행한다. 패리쉬 미팅에 관한 절차들은 1972년의 지방정부법의 12조에 제시되어 있다. 대부분의 패리쉬들은 패리쉬들의 연합체인 전국지방정부협의회(National Association of Local Councils, NALC)가 만든 모델을 채택하고 있다.

하나의 패리쉬는 의장과 5명 이상의 선출직 패리쉬 의원들로 구성된다. 패리쉬는 연례회의(annual meeting)를 열어야 하고 적어도 1년에 3번의 회의를 열어야 한다. 그러나 가장 보편적인 것은 월 1회의 회의이다. 그리고 몇몇 큰 패리쉬의 경우에는 2주에 한번 회의를 열기도 한다. 물론 의장이나 의원들에 의하여 특별회의는 언제든지 개최될 수 잇으며 적절한 공지가 주어져야 한다. 정족수는 통상 의원들의 1/3 이상이며 모든 회의는 일반에게 공개된다. 그러나 예외적으로 공개하는 것이 공익에 반하는 경우에는 일반이나 언론에 공개하지 않는다. 패리쉬 카운슬은 특별한 목적을 위해 위원회를 구성할 수 있으며, 자문위원단을 임명할 수 있다. 회의 공지는 적어도 회의 3일 전에 해야 되며 패리쉬 내의 잘 보이는 곳에 게시되어야 한다.

마. 보충성의 원칙강조에 따른 패리쉬 기능의 강조경향

1990년대 지방정부재조직화 정책에 의하여 적은 규모의 인근 디스트릭 기초자치단체들이 통합되어 단층자치단체로 통합된 바 있다. 이러한 까닭으로 주민들의 접근성보완을 위한 필요성으로 인하여 패리쉬의 기능을 강화시키려는 조치가 있었다. 일부에서는 주요한 의사결정권한을 기초나 광역에서 기관간 협약(agency agreements)을 통해서 패리쉬로의 많은 권한의 이양가능성을 탐색하기 위한 움직임이 있었다. 청소년 서비스, 탁아소 및 지역사회 교육, 학교 관리, 가로등관리, 주차장 관리, 여가 제공, 소음통제, 도서관 등과 같은 서비스가 대상이었다. 일부 지역에서는 진전이 있었으나 대부분의 지역에서는 기초자치단체인 디스트릭의 기능이 이양될 것을 두려워한 나머지 소극적으로 이루어졌다. 기초단체인 디스트릭과 그 아래 있는 패리쉬와의 관계는 자치단체간의 관계가 아니라 자치단체와 그 하부기관간의 관계와 유사하다. 그러나 기능을 일부 패리쉬로 이양해서 수행할 때에는 전술한 바와 같이 기관간 협약을 체결하여 수행하기 때문에 자치단체적 성격도 아울러 가지고 있다. 주요 수행 기능으로서는 커뮤니티 홀, 레크레이션 시설(놀이터, 수영장, 공원 및 오픈 스페이스), 화장장, 연못 청소, 버스 대기소, 보행자 가로등, 자전거 공원, 길 바깥 주차장시설 등 주민과 가장 가까운 일상생활기능이 대부분이다.

4) 재원

2014년 기준으로 1만개의 패리쉬의 전체 예산은 약 10억 파운드(약 2조원)로서 전체 지방정부 예산의 약 0.29%에 지나지 않는다. 패리쉬 전체에 약 26,400명의 직원이 근무하나 1/3은 자원봉사에 기반을 두고 있으며, 자원봉사가 아닌 2/3의 경우에도 약 7%만이 전임직이며 나머지는 파트타임 등으로 근무하고 있다. 패리쉬의 재원의 경우를 보면 몇 파운드 되는 패리쉬 카운슬에서부터 30만 파운드(Swanlea, Kent) 또는 40만 파운드(East Grinstead, West Sussex)되는 카운슬 등 다양하다. 이 패리쉬 카운슬의 지방의원은 약 8만명 되며 이들은 선출된다. 약 150개의 패리쉬 카운슬은 2개 이상의 패리쉬를 커버하는 경우도 있다. 필요한 재원구성 방법은 주민들이 내는 세금으로 운영된다. 패리쉬는 조세부과권(precept)을 가진다. 즉, 이들의 상급자치단체인 district로 하여금 자기들의 세금을 별도로 징수해 주도록 할 수 있는 권한이 있다. 따라서 패리쉬 주민들은 지방세를 낼 때 패리쉬의 특별한 프로젝트를 수행하는 데 필요한 세금을 추가로 내야 하며, 이는 1894년 법에 의하여 규정되어 있다. 이러한 패리쉬의 조세부과권의 행사로 인한 조세부과의 상한선은 없으나 특별한 목적수행에 필요한 범위 내로 한정되어 있다.

5) 대외관계

2008년 이전에는 패리쉬의 상급인 기초자치단체(district)나 단층자치단체(unitary authority)는 관할 패리쉬의 경계, 지위, 및 선거관련제도에 대한 검토를 하고 권고안을 제시하며 이러한 권고안은 지방정부 경계위원회를 거쳐서 최종결정권한이 있는 중앙부처 장관에게 도달되도록 하였다. 즉, 패리쉬는 주민들의 청원 → 관할 기초자치단체 또는 단층자치단체 → 지방정부경계위원회 → 중앙부처의 장관 순으로 의사결정이 이루어진 후 창설될 수 있었다. 그러나 2008년의 법개정으로 인하여 주민들의 청원에 의하여 상급자치단체가 이러한 창설, 폐지 등에 관한 권한을 행사하도록 변경되었다. 패리쉬 카운슬의 의원수(최소 5명)를 결정하는 권한은 기초자치단체인 상위의 자치단체가 가진다. 이들의 임기는 4년이며, 무보수로 활동한다.

6) 평가 및 시사점

가. 최하위 근린자치단체

영국의 패리쉬 카운슬은 2008년 이전까지는 중앙정부가 최종적으로 설치, 폐지할 수 있는 권한을 가지고 있었으나 2008년 이후에는 관할 상급자치단체가 수행할 수 있도록 변경되었다. 즉, 패리쉬에 대한 가장 중요한 권한은 상급자치단체인 기초자치단체 또는 단층자치단체가 수행한다는 점이다. 이러한 면에서 최하위 근린 자치단체적 성격을 가진다고 할 수 있다. 자치단체와 별도의 기관간 협약을 맺어서 별도 기능을 수행할 수 있다는 점에서 준 자치단체적 성격을 가진다고 할 수 있다. 아울러, 패리쉬 카운슬의 의원들도 주민에 의해 직선된다는 점에서 자치적 성격이 강하다고 할 수 있다.

나. 최소 단위의 주민참여조직

패리쉬 카운슬의 인구규모를 볼 때, 약 1만개 중에서 80%의 패리쉬는 인구가 2,500명 이하이며 전체중 50%는 약 500명 이하라고 한 바 있다. 우리나라로 치면 면 또는 리단위 수준이라고 할 수 있다. 가장 최소단위의 주민참여조직인 셈이다.

다. 자발적 성격의 주민참여조직

교회교구로서 주민들, 특히 빈자들에게 구호서비스를 제공하던 전통에서 이를 발전시킨 것으로서 자발적 성격이 강하다. 주민들의 청원에 의하여 설치 노력이 시작된다던지, 의원들의 경우 의장을 빼놓고는 수당이 지급되지 않는 점, 근무하는 직원들도 자원봉사적 성격이 강한 점 등을 볼 때 지극히 자발적, 명예적 성격이라고 할 수 있다.

라. 읍면동의 광역화와 기능강화

우리나라의 경우에는 읍면동이 영국의 패리쉬와 가까운 구조라고 할 수 있다. 예전과 달리 교통통신의 발달로 공간적 거리는 주민의 대면활동에 큰 문제가 되지 않고 있다. 오늘날의 사정을 감안하여 영국 패리쉬의 시사점을 생각해 본다면, 우리나라의 현재의 읍면동을 보다 광역화하고 이러한 읍면동에 기초자치단체의 권한을 대폭 이양하여 주며 주민자치위원회를 활성화하여 보다 주민과 가까운 곳에서 행정이 이루어지도록 하는 방안을 검토해 볼 수 있을 것이다.

3

프랑스의 근린자치

유희숙(대림대학교)

1) 개관

프랑스의 지방행정체계는 레지옹－데파르트망－아롱디스망－캉통－코뮌으로 이루어지는 5단계 행정계층과 레지옹－데파르트망－코뮌의 3단계 자치계층으로 이루어져 있다. 레지옹(광역자치단체), 데파르트망(도자치단체), 코뮌(기초자치단체)은 법인격을 갖는 지방자치단체로 존재하고, 아롱디스망은 도의 하부행정구역(une circonscription administrative), 캉통은 선거구역(une circonscription électorale)의 기능을 수행한다.

그림 3-6 프랑스의 지방행정체계

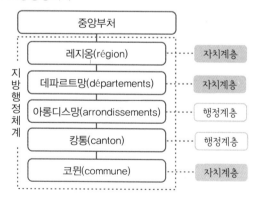

74

이와 같은 프랑스의 지방행정체계는 법률의 제정과 헌법의 개정을 통하여 본격적으로 지방분권화를 추진하였는바, 1990년대부터는 각종 법률에서 주민참여를 제도적으로 보장하였다. 특히, 2002년 2월 27일 제정된「근린 민주주의에 관한 법률(Loi Relative à la Démocratie de Proximité)」은 프랑스 근린자치의 제도적 체계를 마련하였다.

법률에 근거하여 설치된 프랑스의 대표적 근린자치 조직이라 할 수 있는 '지구위원회(comité de quartier)'는 기초자치단체인 코뮌보다 소규모 단위의 지역문제를 다루는 조직으로, 주민의 일상생활에서 발생하는 문제를 해결하기 위해 임의로 구성된 조직이다. 대다수의 지구위원회는 단체법령에 근거하여 법률적 인격을 지니며, 교통·위생·근린 등 일상생활과 관련된 일반적인 문제를 다루게 되나, 각 지구나 코뮌마다 역할이나 활동범위가 다르며, 명칭 또한 다양하다.

프랑스의 지구위원회는 특정한 이익을 주장하는 단체가 아닌 주민과 코뮌행정의 중개의 역할을 수행하며, 정치적으로 중립적인 특성을 지닌다. 공식적으로 공공행정서비스를 수행하지 않지만, 종종 코뮌의 공공업무를 보수를 받고 수탁 수행하기도 하는데, 코뮌에게 수탁 받는 주된 업무는 대표적으로 무주택 가구나 빈민들을 지원하는 사업이다(최영훈, 2013).

앞서 언급했던 것처럼, 프랑스의 근린자치 조직인 지구위원회는 기초자치단체인 코뮌마다 역할이나 활동범위가 체계적이지 못하며, 명칭도 지구위원회, 지방이익위원회, 지구이익위원회 등 다양하다. '투르(Tours), 라로셸(La Rochelle), 에페르네(Epernay) 등에서는 지구위원회(Comités de Quartier)'로, 툴롱(Toulon), 리옹(Lyon) 등은 지방이익위원회(Comités d'intéret local: CIL)', 마르세이유(Marseille), 에피날(Epinal) 등에서는 '지구이익위원회(Comités d'intéret de Quartier: CIQ)'라 한다. 이와 같은, 지구위원회(Comités de Quartier)는 연합 또는 연맹으로 결집되어 프랑스에 약 2,500개 이상 존재한다.

이처럼, 코뮌마다 체계적이지 않은 근린자치 조직을 강화하기 위하여 프랑스는 지방자치단체별로 '참여헌장'과 '지구위원회 헌장'을 채택하였으며, 2002

년 2월 27일 개정된 「근린민주주의에 관한법률(Loi Relative à la Démocratie de Proximité)」은 8만명 이상으로 구성된 규모가 큰 코뮌은 '지구평의회(conseil de quartier)'를 의무적으로 설치하도록 하였다. 다만, 8만명 미만 코뮌에서는 지구평의회를 선택적으로 구성할 수 있도록 하였다.

「근린민주주의에 관한법률(Loi Relative à la Démocratie de Proximité)」에 의하면 8만명 이상 코뮌에 설치되는 지구평의회는 주민과 지방의원 간의 교섭 역할을 하며, 주민참여를 제고하기 위하여 의무적으로 설치된다. 법령에 근거하여 의무적으로 설치되는 지구평의회는 의결기관이 아닌 자문기구로 기능이 한정되기 때문에 '부가적 위원회'라고 할 수 있다(배준구, 2011). 2002년 2월 개정 법률에 의해 신규로 설치된 지구평의회(conseil de quartier)는 2002년 292개, 2005년에 1,305개, 2009년에 1,552개로 지속적으로 증가하였다.

현재, 프랑스의 근린자치 조직은 지구평의회(conseil de quartier)를 중심으로 이루어지고 있다. 지구평의회(conseil de quartier)는 2002년 「근린민주주의에 관한법률(Loi Relative à la Démocratie de Proximité)」에 의하여 설치된 공식적 기관으로 과거 운영되었던 지구위원회(comités de quartier)가 체계적으로 발전된 조직이라 할 수 있다.[2) 지구평의회(conseil de quartier)는 지구위원회(comités de quartier)와 법적 지위라는 측면에서 차이점을 지닌다. 지구위원회(Comités de quartier)는 코뮌과의 법률적 관계가 없는 중개자의 역할을 수행하는 반면, 지구평의회(conseil de quartier)의 평의원은 코뮌에 의해 임명되어 법률적 관계가 성립한다(임승빈, 2006).

---

2) comités de quartier와 conseil de quartier에 대한 용어가 논문마다 혼용 사용되고 있으나, 본 연구에서는 comités de quartier는 지구 위원회로 '근린민주주의에 관한법률'에 의하여 체계화된 근린자치조직으로서의 conseil de quartier는 지구평의회로 구분하여 사용하고자 한다.

2) 구성[3)]

가. 지구평의회 설치근거

지구(quartier)뿐만 아니라 전 기초지방자치단체(commun)의 정책방향 결정시 시정을 지원하는 자문기관으로서 지구평의회(conseil de quartier)는 프랑스의 대표적인 참여민주주의 기관이라 할 수 있다. 지구평의회(conseil de quartier)는 2002년 2월 27일 제정된 「근린민주주의에 관한법률(Loi Relative à la Démocratie de Proximité)」에 의해 창설되었으며, 인구 8만 이상의 코뮌은 의무적으로 설치하며, 2만에서 8만 사이의 코뮌들은 선택적으로 설치하도록 되어 있다.

코뮌의회는 지구평의회의 지구 범위, 조직과 운영에 관한 규칙을 정하고, 코뮌의 장이 지명하는 의원이 대표자가 된다. 나머지 위원은 코뮌의원과 지역주민 중에서 코뮌의장이 위촉하는 형태로 구성된다.

나. 구성단체

지구평의회 구성은 코뮌을 구성하고 있는 관련 지역단체로 이루어지며, 세부구성은 지정된 코뮌의회 의원, 이익단체 및 시민단체(association), 기타 주민대표 등으로 구성된다. 코뮌의회는 코뮌 또는 구(3대도시의 구)의 지구평의회 운영뿐 아니라 조직에 대한 책임을 지며, 각 지구평의회의 조직 구성 및 운영방식은 해당 코뮌이나 구에 따라 상이하다. 지구평의회 내부 조직은 코뮌의회가 구성원을 지명하고 조직과 규정을 정한다. 지구평의회의 대표자는 지명 받은 코뮌의회 의원들 중에서 선출되며, 코뮌의회의원은 전체 지구평의회 위원의 10%를 초과할 수 없도록 제한되어 있으며, 지구평의회의 주민대표는 주민투표를 통해 결정된다.

---

3) 한국지방행정연구원(2008). 읍면동 중심의 주민자치 강화방안을 정리하여 수정하였다.

3) 기능[4]

지구평의회는 코뮌의 장 또는 구청장에게 자문을 할 수 있고, 지구나 도시의 모든 문제와 관련하여 제안할 수 있다. 코뮌의 장 또는 구청장은 지구에 관련된 사업, 특히 도시정책과 관련한 입안, 시행 및 평가에 지구평의회를 참여시킬 수 있다. 「근린민주주의에 관한법률(Loi Relative à la Démocratie de Proximité: 2002)」에서는 구의회와 구청장에게 재정적 측면에서의 지원이 가능하도록 추가적인 사항을 인정하였다.

지구평의회는 기본적으로 지역과 지구문제에 대한 주민 의견을 코뮌에 전달하는 역할을 수행하며, 그 외에도 지구사업의 계획과 추진에 대한 평가 의견을 제시하는 등 다양한 활동을 한다. 또한 코뮌이 시행하는 정책에 대하여 주민의 불만이 발생하는 경우에는 이에 대한 개선을 요구하기도 하고, 코뮌의 정책방향 결정에 대해 지구평의회가 자문을 하기도 한다.

4) 재원

지구평의회의 운영 재원은 「통합지방자치법전(L.2143－1조)」에 의해 모금되는 비용으로 집행한다. 주 세입원은 중앙정부, 광역자치단체, 코뮌 등으로부터 지원되는 보조금과 평의회 회원이나 단체의 회비가 주된 재원이 된다. 예산 대분류는 경상예산과 투자예산(혹은 주민참여기금)으로 구성된다.

또한 금전적인 재원 외에 코뮌으로부터 활동에 필요한 장소로 공영주택의 일부 공간을 무상으로 임대받기도 하며, 활동에 필요한 정보도 제공받는다. 또한 해당 공동체를 관할하는 행정조직이 코뮌에 설치되어 있어 사회문제·체육 등 주민생활과 밀접한 부문에서 있어서 지구평의회에 참여하는 등 자치단체의 관련 부서에서 지원하고 협의에 응하기도 한다(한국지방자치학회, 2011).

---

4) 한국지방행정연구원(2008)과 배준구(2013). 프랑스의 지방분권 이후 근린자치와 특징. 한국프랑스학논집 81을 정리하여 수정하였다.

5) 대외관계

역사적으로 교구(교회)를 중심으로 이루어져 왔으며, 관계법률 제정 이후 인구수에 따라 의무적으로, 혹은 자발적으로 각 지구에 설치되는 프랑스의 지구평의회(conseil de quartier)는 주민의 의견을 지방자치단체에 전달하는 전달자의 역할을 수행하며, 지방자치단체의 계획과 정책 평가에 적극적으로 참여한다. 이와 같은 프랑스의 대표적 근린자치 조직으로서 지구평의회(conseil de quartier)는 비영리법인으로 지방자치단체와 평의회에 참여하는 개인 및 단체 회원의 회비로 재원을 충당하고 있다. 이는 프랑스 지구평의회(conseil de quartier)가 지방자치단체나 시민단체와 상호보완적인 관계를 유지하고 있음을 의미한다.

특히 지구평의회(conseil de quartier)는 비영리법인으로 독립적인 법인격을 부여받고 있으며, 회비로 재원을 충당하고 있으므로, 지방자치단체와 동등하고 체계화된 관계를 맺고 지방자치단체와의 의견교류가 가능하다. 또한 자치단체의 계획과 정책평가에 참여함으로서 지방자치단체와 견제 관계를 형성하기도 한다.

6) 사례

가. 리옹시 사례

리옹시는 19세기 말 지구위원회(Comités de Quartier)에 해당하는 '지방이익위원회(Comités d'intéret local: CIL)가 구성된 이후, 1980년대에는 '제안 및 자문 구위원회(Comités d'initiatives et de consultations d'arrondissement: CICA)'가 구성되었다.[5] 지구 평의회(conseil de quartier)는 1995년부터 설치하였다.

---

5) 「CICA는 1982년 12월 31일에 제정된 3대 도시(파리, 리옹, 마르세이유) 법」에 근거하여 설치된 법제화된 주민조직체로 연간 4회 정도 지역 내 단체(association) 또는 단체연합체를 대표하여 구청에 각종 제안과 협의를 하였다.

표 3-3 리옹시의 지구평의회(conseil de quartier)의 변천과 참여헌장 제정

구분	구성 시기
'지방이익위원회(Comités d'intéret local: CIL)	19세기 말에 설치
제안 및 자문 구위원회(Comités d'initiatives et de consultations d'arrondissement: CICA)	1980년대 설치
지구평의회(conseil de quartier)	1995년 제8구에서 설치, 2002년 2월의 법률에 따라 리옹시 전체에 34개 위원회 설치
참여헌장(charte de participation)	2003년 제정
참여 및 대민 담당 부구청장adjoint délégué) 직책	2008년 신설

리옹시는 2002년 2월 27일 「근린민주주의에 관한 법률」이 제정됨에 따라 34개 '지구평의회(conseil de quartier)'를 설치하였다. 2003년에는 '참여헌장(charte de participation)'을 채택하고, 2008년에는 참여 및 대민 담당 부구청장(adjoint délégué) 직책을 신설했다. 이는 참여민주주의 발전을 위해 새로운 단계로 나아가기 위한 리옹시의 의지표명이라고 볼 수 있다. 또한, 리옹시는 참여민주주의를 한 단계 제고하기 위해 향후 10년간의 장기 발전전략을 마련하여 주민참여를 강화하고 있다(한국지방자치학회, 2011).

나. 지구평의회(conseil de quartier) 설치 사례(파리시 제12구)

파리시는 인구기준 8만명을 초과하는 3대 도시(파리, 리옹, 마르세이유)에서는 구의회에게 지구평의회(conseil de quartier)의 신설을 법으로 의무화하고 있다. 2009년 12월 파리시의회는 파리 지구평의회(conseil de quartier) 운영의 근거가 되고 있는 '파리참여헌장(Charte parisienne de la participation)'을 도입하였다. 파리참여헌장에 따르면, "참여민주주의는 정책결정을 도와주고, 주민의 보다 많은 참여를 통해 대의제 민주주의를 보완하는 제1차적 목적"이 있다. 파리참여헌장이 채택된 후, 20개 구에서도 '지구평의회 헌장(Charte des conseil de quartier)'이 채택되었다(배준구, 2013).

파리시의 제12구 '지구평의회 헌장'은 2010년 5월 31일 구의회에서 채택되었다. 지구평의회 헌장은 지구평의회(conseil de quartier)에서 자체적으로 만들었으며, 행위의 범위와 수단을 정하고 있다. 헌장은 크게 헌장의 취지, 참여

표 3-4 파리시 제12구 지구위원회 헌장의 내용 구성

구분	내용
서문	헌장 취지, 참여민주주의와 지구평회의 관계
제1조-제3조	지구평회의 역할과 권한
제4조-제12조	지구평회의 및 위원의 구성, 임기, 개선
제13조-제18조	지구평회의 운영(집행부, 분과위원회), 회계, 예산
제19조-제21조	헌장시행위원회, 평가
부록	7개 지구평회의 분과위원회, 지구간 위원회 구성 내용

표 3-5 파리시 제12구의 지구위원회 구성과 운영

법적 근거	근린민주주의법률(2002.2.27.), 파리시 참여 헌장(2009.12.31.), 파리시 제12구 지구평의회 헌장 (2010.5.31)
역할	지구의 주민생활에 유대를 보장하고, 활력을 부여함으로써 주로 지구에서 사회적 관계를 발전시킴
운영	▶지구평의회 회의는 1년에 적어도 3회 개최하고 공개 ▶구체적인 주제에 대하여 분야별로 작업위원회 설치 가능: 7개 지구평의회는 모두 작업위원회(최소 1개, 최대 8개)를 두고 있으며, 1개 지구간 위원회(Commissions Interquartier)도 구성하고 있음 ▶회계보고는 구청의 게시판과 안내소 이용 가능
지구	▶위원회의 수는 주민수 약 20,000명을 기준으로 투표사무실과 지구의 도면(plan)을 감안하여 구분함 ▶파리제12구(인구 14만 4천명)는 7개 지구평의회 설치
구성	▶구청장은 지구평의회의 법적 위원장이고, 구청장이 임명하는 2명의 구의원이 의장과 운영 ▶위원수 40명(10명은 정당별 비례로 구의회 임명, 10명은 지구의 협회, 문화, 경제 및 사회 분야 대표 중에서 구청장이 추천을 맡되 투표는 불참, 20명은 주민 중에서 추첨) ▶지구위원 중에서 사무장 선출, 집행위원회 구성함

자료: http://mairie12.paris.fr/mairie12/jsp/site/Portal.jsp?page_id=203; 한국지방자치학회(2011) 재인용

민주주의와 지구평의회의 관계가 제시된 지구평의회 역할과 권한, 구성, 임기, 개선, 집행부, 분과위원회, 회계, 결산, 평가 등이 제시된 본문, 7개 지구평의회(conseil de quartier)의 분과위원회, 지구간 위원회 구성 내용이 포함된 부록으로 구성되어 있다(배준구, 2013).

먼저, 지구평의회(conseil de quartier)의 역할은 지구의 주민생활의 유대를 보장하고, 활력을 부여함으로써 주로 지구에서의 사회적 관계를 발전시키는 데 있다. 운영사항으로는 1년에 적어도 3회 회의를 개최해야 하며, 회의는 공개되고, 회의시간은 미리 공지되어야 한다. 또한 지구평의회(conseil de quartier)는 위원과 고정 초청자(invitée permanente)에게 공개되는 구체적인 주제에 대하여 작업위원회(commission de travail)를 설치할 수 있으며, 운영 중 회계보고

는 구청 게시판과 안내소를 이용해야 한다(한국지방행정학회, 2011).

지구평의회의 위원수는 주민 수 약 2만 명을 기준으로 하여 투표 사무실과 행정 구역의 도면(plan)를 감안하여 총 7개로 구분한다. 지구평의회는 총 30명의 위원으로 구성되며, 이 중에서 10명은 구의회에서 임명되는 정당별 비례 대표이고, 10명은 주민 중에서 추첨에 의하여 선정되며, 10명은 지구의 협회, 문화, 경제 및 사회 분야의 대표 중에서 구청장에 의하여 추천된 자로 구성된다. 구청장은 부구청장의 보좌 하에 지구평의회의 법적 위원장 역할을 하게 된다. 구청장에 의하여 임명되는 2명의 구의원은 지구평의회의 의장을 맡고, 운영을 하지만, 투표에는 참여하지 않는다(http://mairie12.paris.fr/mairie12/jsp/site/Portal.jsp?page_id=203).

또한 지구평의회의 위원 중에서 사무장을 선출하고, 집행부를 구성한다. 지구평의회의 운영에 필요한 사무공간이 제공되고, 사업 추진을 위한 예산(경상비 3,306유로, 투자비 8,264유로)이 매년 책정되어 지원되고 있다.

7) 기타

프랑스는 과도하게 중앙정부에게 집중되었던 권한을 지방으로의 이전을 추진하였으며, 이 과정에서 근린자치가 발전하게 되었다. 중앙정부의 권한이 행사되기 어려운 부분을 지방자치단체에서 행사할 수 있도록 보충성의 원칙을 도입한 프랑스는 지방자치단체의 권한이 주민들의 가장 가까운 수준에서 가장 효과적으로 행사되고 배분될 수 있도록 지방분권제도를 설계하였다. 또한 지방자치단체의 책임성을 강화하고 지방민주주의를 강화하기 위해 주민의 참여를 강화하는 의사결정형 주민투표제를 도입하는 등 직접민주주의적 요소를 도입하였다.

특히, 프랑스는 근린자치 강화를 위해 지방자치단체별 '참여헌장'과 '지구평의회 헌장'을 채택하고, 참여민주주의와 지구평의회의 관계, 역할, 권한, 구성, 임기, 개선, 집행부, 분과위원회, 회계, 결산, 평가 등에 대하여 상세히 규정하고 제도화하고 있다. 뿐만 아니라, 프랑스의 지구평의회에 참여하는 사람들은 자발적으로 참여하고, 주도적으로 역할을 수행한다. 이는 일정한 공간 내에서 함께 생활하는 주민 간 상호작용이 활발하게 이루어지기 때문이다.

    우리나라 역시 근린자치 활성화를 위해 주민자치위원회 운영이 이루어지고 있으나, 이는 중앙정부의 권고사항으로 지방자치단체에서의 활동이 미약한 바, 이를 활성화시킬 수 있는 방안 모색이 필요하다. 우리나라의 주민자치위원회는 지역의 현안에 관한 내용이 아닌 주민자치센터 운영에 집중적인 역할을 수행하고 있다. 요컨대, 우리나라의 주민자치위원회도 프랑스 지구평의회처럼 주민뿐만이 아닌 지역 내 단체들도 함께 참여하여 다양한 의견을 교류할 수 있는 장(field)을 마련할 필요가 있다.

4

독일의 근린자치

서재호(부경대학교)

1) 개관

연방제 국가인 독일은 연방헌법에 지방자치의 근거를 두고 있다. 헌법 제28조에 따라 각 주는 연방헌법 정신을 침해하지 않는 범위 내에서 각 주 헌법을 제정할 수 있으며, 주와 지방자치단체에 주민에 의해 선출되는 의회를 두도록 하였다. 또한 기초자치단체에게는 지역공동체와 관련된 모든 사무를 법률의 범위 내에서 스스로의 책임하에 규율할 권리를 보장하고 있다.[6] 연방 헌법의 근거에 따라 각 주는 주헌법을 통해 주의 지방행정체제를 규정하고 있으며, 각 주별로 지방자치법(Gemeindeordnung)을 제정하여 주 관할구역 내의 지방자치에 대해 규율하고 있다(오준근, 2014).

독일에서 지방행정체제는 3개의 도시주(Berlin, Bremen, Hamburg)와 13개

---

[6] 독일연방헌법(Bonn 기본법) 제28조는 지방자치를 다음과 같이 규율하고 있다(Scholler, 1990, 김해룡 역, 1994, p. 31).
(1) 각 주의 헌법적 질서는 기본법이 표방하는 바의 민주제적 그리고 사회적 법치국가의 기본 원칙에 부합되어야 한다. 주(Land)와 군(Kreise) 그리고 게마인데에서는 주민이 일반, 직접, 자유 그리고 비밀선거에 의해 선출한 의회를 두어야 한다. 게마인데에서는 게마인데 주민총회가 주민에 의해 설출된 기구를 대신할 수가 있다.
(2) 게마인데에게는 지역공동체와 관련된 모든 사무를 법률의 범위내에서 그 스스로의 책임하에 규율할 권리가 보장되어야 한다. 게마인데 연합(Gemeindeverbände)도 법률의 근거에 따라 주어지는 법적인 사무영역 범위내에서 자치행정의 권한이 있다.
(3) 연방은 주의 헌법에 부합되는 법질서가 동 헌법상의 기본권 조항과 제1항 및 제2항의 규정에 부합되도록 보장한다.

의 일반주(13개 Land)로 구성되어 있으며, 도시주에는 하위행정기관으로서 법
인격이 부여되지 않은 준자치단체로서 구(Bezik)가 설치되어 시의 사무뿐 아니
라 일정 범위내에서 고유사무를 처리토록 하고 있다. 또한 일반주의 경우 크라
이스(Kreis)와 게마인데(Gemeinde)가 설치되어 있으며, 관할구역 내에 일정한
구역을 정하여 근린자치가 구현될 수 있는 기반을 조성하여 두었다. 독일의 근
린자치는 지방정부 관할 하에 있는 각 구역(Bezik 또는 Ortschaften)을 중심으로
이루어지며, 구역설치에 대해서는 각 주의 지방자치법에 규율되어 있다. 구역
은 지방자치단체의 내부적인 행정계층으로 법인격이 없다(이기우, 2004).

독일 지방자치에서 근린자치가 부각된 것은 1970년대 행정구역 개편과
정에서 이루어진 기초자치단체(Gemeinde)의 통폐합 이후이다. 행정구역을 통
폐합하게 되면 분권과 주민참여에 부정적인 영향을 주는데, 구역(Beziek 또는
Orstschaft)제도는 기초자치단체 통폐합 과정에서 발생하는 부작용을 완화하기
위해 지방자치단체 내 보다 분권화된 하위의 참여단위를 통해 이를 보완하는
기능을 수행하게 된다. 독일 근린자치제의 기반인 '구역'은 각 주별로 제정된
주 지방자치법에 따라 달라지기 때문에 상이한 형식의 근린자치제도가 주별
로 다양하게 설치되어 있다. 주별 지방자치법에 따라 통상적으로 주민수 10
만 이상의 지방자치단체에서는 구역(Beziek) 구분이 필수적인 경우가 있지만,
주법에 의해 임의적으로 설치되도록 한 경우도 있다. 인구 10만보다 작은 규
모의 지방자치단체는 특히 지역적으로 나뉜 부분지역을 갖는 경우 이를 지역
(Ortschaften)으로 구성할 수 있다.[7]

구역은 기초자치단체인 각 게마인데 또는 베를린과 같은 대도시의 준자
치구 관할 하에 설치된다. 구역설치의 기준으로는 역사성, 자연조건, 인구, 면
적 등을 고려하여 다양하게 활용되고 있으며, 각 기초자치단체의 관할하에 설
치되는 구역의 개수 또한 주별로 각 기초자치단체별로 다양하다. 예컨대 베를
린시 리히텐베르크구(Lichtenberg-Bezirk)의 경우 13개의 지역(Ortschaften)으
로 구분되어 있으며, 바덴-뷔르템베르크(Baden-Württemberg)주의 프라이부

7) Baden-Württemberg주 지방자치법 제64조(Gemeindebezirk), 68조(Ortschaften) 규정 참조.

그림 3-7 독일 지방행정체제

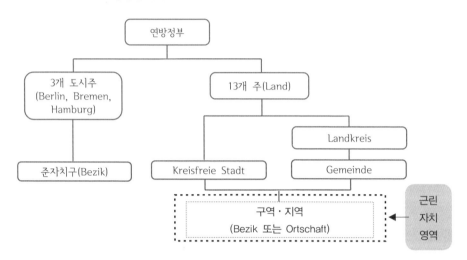

르크(Freiburg)는 8개의 지역(Ortschaften)으로 구분되어 있다. 노르트라인－베스트팔렌(Nordrhein－Westfalen)주의 뒤셀도르프(Düsseldorf)는 10개 구역(Bezirk)으로 나뉘어 있고, 10개 구역에 총 50개의 근린마을(Stadtteile)이 구분되어 있다.

독일의 근린자치제도를 소개함에 있어 본서는 바덴－뷔르템베르크주와 노르트라인 베스트팔렌주의 대표적인 도시 프라이부르크와 뒤셀도르프를 사례로 선정하였다. 이들 두 지역을 사례로 선정한 이유는 각 주별로 지방자치제를 다르게 규율하고 있는 독일의 지방자치관련 법은 대체적으로 북독일형과 남독일형의 두 가지 법체계가 존재한다고 보는 것이 일반적인데, 노르트라인 베스트팔렌주는 북독일형 법체계를 가지고 있고, 바덴－뷔르템베르크는 남부독일형 법체계를 가지고 있는 대표적인 지역이기 때문이다. 이들 두 지역의 근린자치제도를 다룰 경우 독일 근린자치제도의 주요 형태를 살펴볼 수 있다(Scholler, 1990, 김해룡 역, 1994, p.34).

2) 구성과 운영

근린자치제도로서 각 지역과 구역의 집행기구에 대해서는 주(Land) 의회가 제정하는 지방자치법에 각각 규율되어 있다. 일반적으로 근린자치구역 내의 자치행정을 수행하는 주체로 구역의회(district council)와 집행부가 구성되어 있다. 경우에 따라서는 구역행정청(Bezirksverwaltungsstellen)이 설치되어 있는 경우도 있다. 구역의회의 명칭은 Ortsbeirat, Ortsausschuss, Ortschaftsrat, Ortsrat, Beirat, Ortsteilvertretung, Bezirksvertretung 등 주별로 각기 다양하다.

근린자치제도의 핵심 기구는 구역의회이다. 구역의회는 하나의 구역의 근린행정 기구의 성격을 가지며, 각 구역의회는 기초자치단체 전체에 대해 특정 구역의 이익을 대변한다. 바덴-뷔르템베르크주, 브레멘시, 헤세주 등의 구역의회는 집행을 위한 고유 예산 배정에 영향을 미친다. 기초자치단체에 따라서는 지방의회와 구역의회가 유사한 기능을 수행할 수 있는 법적 근거를 제시하는 경우도 있다. 특히 예산배정과 관련된 중요한 기능을 담당할 경우가 있는데, 이 경우 구역의회는 기초자치단체 전 영역에 걸쳐 영향을 행사할 수 없으며, 제한된 항목의 정해진 규모의 예산 수립에만 영향을 줄 수 있다. 근린자치제도의 구성은 각 주별로 지방자치법에 따라 상이하다. 노르트라인-베스트팔렌주의 뒤셀도르프시와 바덴-뷔르템베르크주 프라이부르크시의 사례를 통해 근린자치기구의 구조와 기능에 대해 살펴볼 수 있다.

가. 북독일형: 노르트라인-베스트팔렌주의 뒤셀도르프시의 근린자치 기구

노르트라인-베스트팔렌주는 지방자치법(Gemeindeordnung) 제3부 제35조부터 39조까지 지방자치제도를 규율하면서 자치시(Kreisfreie Stadt)에 두는 구역(Stadtbezirke)과 자치시에 속하지 않는 지역(Ortschaften)을 구분하여 두 가지 형태의 근린자치제도를 규정하였다.

자치시의 관할구역 전체는 구역으로 구분되어야 하며, 구역을 나눌 때

사회간접시설, 인구분포, 도시개발 방향 등이 고려되어야 한다. 또한 행정사
무를 균등하게 담당할 수 있도록 인구와 면적에 따라 구역간 관할구역이 확
정되어야 한다. 자치시에 두는 구역은 최소 3개 이상 설치되고 최대 10개를
넘지 못하도록 되어 있다.[8]

　　자치시에 속하는 구역의회(Bezirksvertretung)는 모든 구역에 설치되어야
하며, 구역의회의 의원의 임기는 5년으로 시민들에 의해 일반, 직접, 자유, 평
등, 비밀선거로 선출된다. 구역의회는 의장을 포함한 11인 이상 19인 이하의
의원으로 구성되며, 의원의 수는 주민의 수에 따라 증감될 수 있으나 의원의
정수는 반드시 홀수로 구성하도록 하였으며, 자세한 사항은 각 자치시의 조례
(Satzungen)로 정하도록 하였다.[9]

　　구역의회의 의원은 의정활동에 참여함에 따라 발생하는 손실에 대해 보
상(수당)을 받도록 되어 있으며, 자치시의 내무부(Home affairs ministry)에서 수
당의 최고액이 일정금액을 넘지 못하도록 명령(ordinance)으로 정하도록 되어
있다. 구역의회는 별도의 위원회를 구성해서는 아니 되며 운영을 위해 일반적
으로 자치시의회 운영관련 규정이 준용된다. 자치시의 시장은 구역의회의 심
의에 참여할 권한을 가지고 있으며 언제든지 시장의 발언권이 보장받는다. 시
장 이외에도 해당 구역의 주민, 지방의회 의원 또한 심의에 참여할 수 있는
권리를 가진다.

　　모든 자치시의 구역에는 구역행정청(Bezirksverwaltungsstellen)이 설치되
어야 한다.[10] 구역행정청은 예산의 범위 내에서 지역에 밀접한 행정업무를
효율적으로 수행할 수 있도록 설치되고 운영되어야 한다. 구역행정청장과 부
장들은 구역의회에 참여할 의무를 가지고 있다.

　　자치시에 속하지 않는 구역(Gemeindebezirk)은 마을의 분산 구조, 인구 분
포, 지방자치의 발전방향 등을 고려하여 지역(Ortschaften)으로 관할구역이 나

---

8) Gemeindeordnung, Land Nordrhein－Westfalen, §35.
9) Gemeindeordnung, Land Nordrhein－Westfalen, §36.
10) Gemeindeordnung, Land Nordrhein－Westfalen, §38.

년다.11) 지역으로 구분되는 모든 기초자치단체의 구역에서는 지방의회가 지역 의회를 구성하거나 지역의장을 선출할 수 있으며, 지역의회가 구성되는 지역 에서는 지역행정청이 설치될 수 있다. 지역위원회는 지방의회의 관할사무의 범위 내에서 해당 지역의 행정사무를 처리할 수 있는 결정권이 위임된다.

지역의회의 구성은 지방의회에 의해서 이루어지는데, 해당 지역에서 지 방선거시 이루어진 투표율을 기초로 위원회 위원을 임명한다. 의원의 수는 지 방의회 의원보다 많을 수 있다. 지역의회는 지역위원을 구성하는 지방의회 의 원 가운데 1인의 의장과 1인 이상의 부의장을 선출한다. 지역의회의 의장은 지방의회에 대해 자신의 지역의 이익을 대표해야 하며, 지방의회 의원이 아닌 지역의장의 경우 의회 회의 또는 의회위원회의 결정 및 심의에 참여한다. 지 역위원회 의장은 해당지역의 일반행정 관련 사무를 위임받아 처리할 수 있으 며, 의정활동에 따른 비용을 변상(수당)받되 내무부가 정하는 최고액을 넘지 못하도록 하고 있다.

노르트라인 – 베스트팔렌주의 주도인 뒤셀도르프시는 자치시(Kreisfreie Stadt)로 217㎢ 면적에 598,686명(2013년 12월말 기준)이 거주하고 있는 비교적 규모가 큰 도시다. 자치시인 뒤셀도르프는 주의회의 지방자치법에 따라 자치 시인 관할 하에 구역(Bezirk)과 구역행정청을 두고 있다. 뒤셀도르프시의 구역

표 3-6 뒤셀도르프시를 구성하는 10개 구역의 기본 현황

구역	면적(km²)	인구(명)	인구밀도(명/km²)
Bezirk 1	11.35 km²	74,875	6,597
Bezirk 2	05.59 km²	24,909	4,456
Bezirk 3	07.18 km²	56,207	7,828
Bezirk 4	24.2 km²	109 320	4,517
Bezirk 5	12.77 km²	39,582	3,100
Bezirk 6	50.9 km²	32,358	636
Bezirk 7	19.49 km²	58,988	3,027
Bezirk 8	227.91 km²	44,119	1,581
Bezirk 9	21.04 km²	56,523	2,685
Bezirk 10	6.57 km²	89,162	2,438

11) Gemeindeordnung, Land Nordrhein – Westfalen, §39.

표 3-7 뒤셀도르프의 구역 및 마을

구역구분	구역 내 50개 근린마을(Stadtteile)
Bezirk1	Altstadt, Carlstadt, Derendorf, Golzheim, Pempelfort, Stadtmitte
Bezirk2	Düsseltal, Flingern-Nord, Flingern-Süd
Bezirk3	Bilk, Flehe, Friedrichstadt, Hafen, Hamm, Oberbilk, Unterbilk, Volmerswerth
Bezirk4	Heerdt, Lörick, Niederkassel, Oberkassel
Bezirk5	Angermund, Kaiserswerth, Kalkum, Lohausen, Stockum, Wittlaer
Bezirk6	Lichtenbroich, Mörsenbroich, Rath, Unterrath
Bezirk7	Gerresheim, Grafenberg, Hubbelrath, Knittkuhl, Ludenberg
Bezirk8	Eller, Lierenfeld, Unterbach, Vennhausen
Bezirk9	Benrath, Hassels, Himmelgeist, Holthausen, Itter, Reisholz, Urdenbach, Wersten
Bezirk10	Garath, Hellerhof

자료: http://www.prospektverteilung－hamburg.de/?p＝duesseldorf－stadtteile

그림 3-8 뒤셀도르프 구역 지도

위원회는 1975년 주 관할구역 내 지방자치단체간 재구조화에 따라 지방자치단체의 자치권을 강화하는 차원에서 새로운 기반을 조성하였다. 기초자치단체 수준에서 시민의 참여와 영향력을 증대시키기 위해 구역의회가 출범한 것이다. 뒤셀도르프 시는 주 지방자치법이 자치시에 둘 수 있는 최대구역수인 10개 구역(Bezirk)으로 관할구역을 구분하였으며, 각 구역의회는 의원 수를

19명으로 정하였다.

　각 구역의 관할구역 내에는 다수의 근린마을(Stadtteile)이 있으며, 뒤셀도르프 내의 10개 구역에 총 50개의 크고 작은 마을이 편재해 있다. 각 마을은 자치행정기능이 부여되어 있지 않다. 각 구역의회는 1979년 선거를 통해 선출되고 구성되어 현재에 이르고 있다. 뒤셀도르프의 근린자치제도로서 10개의 구역(Bezirk)에는 각각 구역의회(의장 및 의원), 구역장(mayor) 및 부장, 구역행정청이 설치되어 근린자치 업무를 수행하도록 되어 있다. 구역의원은 주민의 투표를 기반으로 선출되고, 구역행정청은 시에 의해서 설치되고 운영된다.

　뒤셀도르프 시의회가 제정한 자치조례에 따르면 구역의회는 도시개발에서 다양한 주민의 욕구를 반영할 수 있도록 시정에 시민의 참여를 촉진시키는 것을 목적으로 하고 있다. 구역의회는 의사결정권한과 청문권, 주 지방자치법이 정하고 있는 다양한 권한을 가지고 있다. 구역의회의 의사결정을 집행

그림 3-9　뒤셀도르프시 근린자치 구조

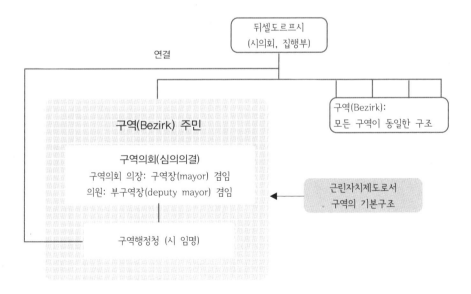

자료: 뒤셀도르프 자치조례를 토대로 작성

하는 집행기구로 구역장(Mayor)이 있다. 뒤셀도르프 시의회 또는 위원회의 회기중에 특정한 구역과 관련된 사안이 논의 될 때에는 반드시 구역의회의 의견을 듣거나, 구역의회가 제출한 제안을 토대로 결정해야 한다.

　　구역의회는 19명의 선출 의원으로 구성되며, 의원 중 의장이 선출되고, 구역장과 부구역장(deputy mayor)들은 구역의회에 의해 구역의원 중 선출된다. 구역행정청은 구역의회와 뒤셀도르프시의 집행부를 연계하는 연결기구이다. 구역행정청은 구역의회가 사무를 처리하는 데 필요한 행정지원을 담당한다. 구역행정청의 행정관은 구역의회의 회의에 참여할 자격과 의무를 가지고 있다. 구역장(mayor)의 요청이 있을 경우 구역행정청의 다른 직원들도 의회의 회의에 참여할 수 있다.

나. 남독일형 : 바덴-뷔르템베르크주 프라이부르크시의 근린자치 기구

　　바덴-뷔르템베르크주는 지방자치법(Gemeindeordnung) 제64조부터 66조까지 구역(Bezirk)에 대해 규정하고 있으며, 제67조부터 제73조까지 지역(Ortschaften)에 대해 규율하고 있다. 시구역의 경우 주민수가 10만을 넘는 지방자치단체와 자치시는 시구역(Gemeindebezirk 또는 Stadtbezirk)을 구성할 수 있으며, 시구역에는 구역의회(Bezirksbeiräte)와 구역행정기관(örtliche Verwaltung)이 설치될 수 있다.[12]

　　구역의회는 지방의회가 구성된 이후 관할구역에 거주하는 주민 중 지방의회에 의해 임명된다. 구역의원의 수는 각 자치단체의 조례로 정해지는데, 구역의원의 임명에는 지역의 정당에 대한 득표율을 고려하도록 되어 있다. 구역의회의 운영에 자문하기 위해 전문지식을 가진 시민들을 자문의원(advisory members)으로 임명할 수 있으나 구역의회 의원수를 초과할 수 없다. 구역의회는 구역의 행정과 관련된 중요한 안건을 심의할 권한을 가지며, 시의회에서 다루는 구역의 중요사안에 대해 청취할 수 있다. 시의회에서 구역과 관련된 안건이 심의될 경우 구역의회는 의원 1인을 파견하여 회의에 참여시킬 수 있

---

12) Gemeindeordnung, Land Baden-Württemberg, §64.

다. 구역의회의 의장은 구역장(mayor)이 된다. 의장은 연간 3회 이상 구역의
회를 개최해야 한다. 인구 10만명 이상이 되는 시에서는 지방의원 선거규정
을 준용하여 구역장(mayor; Bezirksvorsteher)을 선출해야 한다.13)

지방자치단체는 지역(Ortschaften)을 설정할 수 있다. 지역은 해당 자치단
체의 조례로 구성할 수 있으며, 지역에는 지역의회(Ortschaftsräte)가 구성되며
지역장과 지역행정청(örtliche Verwaltung)을 설치할 수 있다.14) 지역 근린자치
의 핵심 기구는 지역의회(Ortschaftsrat)이다. 지역의회의 구성원인 지역의원의
선출은 지방의회의원 선거 규정을 준용하며, 그 지역에 거주하는 시민은 선거
권과 피선거권을 갖는다. 지역의회 의원의 수는 조례로 정하며 임기는 지방의
회 의원의 임기와 동일하다.

구역에서와 마찬가지로 시장이 지역의회의 회의에 참여할 경우 지역의회
의장은 시장에게 발언권을 부여해야 한다. 해당지역에 주소를 둔 지방의회 의
원은 지역의회 의원은 아니지만 지역의회의 심의에 참여할 수 있다. 지역의회
는 지역행정사무를 심의할 권한이 있으며, 지역에 관련된 이슈에 대한 제안권
을 가진다. 지방의회는 지역의회에게 조례로 지역에 관련된 중요한 행정사무
의 결정권한을 위임할 수 있다. 지역의 장(mayor: ortsvorsteher)은 지역의회 선
거 종료 후 지역의원 피선거권이 있는 시민 중에서 지역의회의 추천에 의해
지방의회에서 선출되며, 지방의회 의장을 겸한다. 지역장은 명예직 공무원으
로 임명될 수 있다. 지역의 행정을 담당하는 시정대리인은 지역의회 의원 중
에서 선출된다. 경우에 따라서 단일의 지역행정기관을 가지는 지역은 지방의
회의 승인을 받아 지방자치단체 공무원을 지역장으로 임명할 수 있도록 조례
로 정할 수도 있다. 지역장은 지역의회의 결정을 집행하고 지역행정사무를 총
괄 수행하는 역할을 시로부터 위임받는다.

프라이부르크시는 바덴-뷔르템베르크주 관할하에 있는 자치시(Kreisfreie
Stadt)로 153.07㎢ 면적에 218,043명(2013년 12월말 기준)의 주민이 거주하고

13) Gemeindeordnung, Land Baden-Württemberg, §65④.
14) Gemeindeordnung, Land Baden-Württemberg, §68.

있다. 자치시인 프라이부르크는 시조례를 통해 인정되는 8개의 지역(Ebnet, Hochdorf, Kappel, Fiefdom, Munzingen, Opfingen, Tiengen, Waltershofen)을 부분적 자치권이 인정받는 근린자치지역(Ortschaften)으로 인정하였다.

1970년대 초 프라이부르크 시는 이들 8개 지역을 시 관할로 합병하면서 시조례를 통해 8개의 지역의 자치 헌장을 인정했다. 자치헌장에는 지역의회, 지역장(mayor)과 의장, 지역행정청(local administration)이 규정되었다 5년 임기의 지역의회 의원은 각 구역에 거주하는 주민의 선거로 선출되며 지역과 관련된 중요한 행정사무에 대해 심의하고 제안하는 기능을 수행한다. 지방의회의 의장은 지역의 장을 겸하고 있으며, 지역행정청을 통해 기본적인 지역의 행정사무를 처리한다. 지역장은 지역의회의 추천으로 지방의회가 선출한다. 지역행정청은 도시관리와 관련된 다양한 행정서무를 위임받아 처리한다. 지역행정청이 처리하는 사무에는 결혼증명, 공증, ID카드의 발급, 주민등록말소와 재등록 등이 포함된다. 프라이부르크시는 5년 주기로 지방선거를 실시하고 있으며, 지방선거에서는 지방의회 의원, 구역의원(Bezirksbeirat)과 지역의원(Ortschaftsrat)을 선출한다.

Ebnet 지역헌장을 통해 Ebnet 지역의 근린자치제도의 구성과 운영방식을 살펴보면 다음과 같다.[15] 지역의회의 의장은 지역장(mayor)이 된다. 지역의회는 분야별 위원회를 구성할 수 있다. 의장은 의회의 심의안건을 확정해 의원들에게 의회개최 1주 전에 서면으로 배포해야 한다. 회의는 의장과 의원 1/4의 요청이 있을 때 개최된다. 지역의회의 회의진행은 공개를 원칙으로 한다. 의장은 운영규정을 관리하며 지역내 사무를 처리한다. 의회의 공개회기 시작에 앞서 지역 주민들은 지역의 행정사무에 대해 의회에 질의할 수 있다.

각 지역별로 설치되는 지역행정청(지역행정사무소)의 구성을 Ebnet지역의 행정청을 기준으로 살펴보면 다음과 같다. Ebnet 지역행정청은 지역의회의장

---

15) Geschäftsordnung für den Ortschaftsrat Ebnet (검색일: 2015년 6월 15일, 자료출처 http://www.freiburg.de/pb/site/Freiburg/get/documents_E-89350437/freiburg/daten/orts recht/03%2520Ortschaften/OrtsR_03_01_04.pdf&usg=ALkJrhiVdj9vfSyGNGqoyvfg3MLrAU ALSQ)

표 3-8 프라이부르크시 관할구역 내 지역(Ortschaft)

지역명	면적(㎢)	주민수	인구밀도
Ebnet	6.87	2,587	366
Hochdorf	10.11	5,139	497
Kappel	13.82	2,742	194
Lehen	3.38	2,389	677
Munzingen	6.77	2,787	395
Opfinger	14.62	4,440	281
St.Georgen	10.67	11,730	999
Tiengen	8.38	3,205	386
Waltershofen	6.29	2,199	359

자료 : http://www.frsw.de/littenweiler/lehen.htm

그림 3-10 프라이부르크시의 구역 및 지역 지도

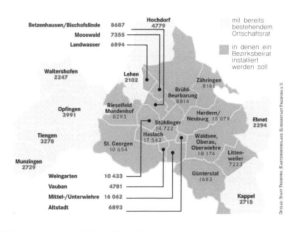

주: 연한 음영 지역 – Ortschaft, 진한 음영 구역 – Bezirk
　　독일어 명칭은 각 지역과 구역 명칭, 숫자는 인구수

인 지역장(mayor)이 대표하며, 행정청장, 지역서기(Hauptsachbearbeiterin), 서
기, 커뮤니티워커, 시설관리인으로 구성된다. Ebnet 지역의 지역행정청 사무
실은 통상의 행정조직처럼 사무실을 운영하지 않으며 업무량에 따라 탄력적
으로 운영할 수 있다.16)

---

16) 실제 Ebnet 지역의 행정청은 월요일, 화요일, 목요일, 금요일은 오전 8시 30분부터 12
　　시까지 3시간 30분 가량 운영되며, 수요일은 오후 2시부터 5시까지 3시간만 운영된다.

3) 기능

독일 근린자치기구가 담당하는 근린행정사무는 각 자치단체의 조례에 따라 다르게 정해진다. 통상적으로 각 근린자치기구가 설치된 구역과 지역에는 지역행정청(local administration)이 설치되어 구역의회의 심의·결정사항을 지방의회와 집행부에 전달하고, 자치단체가 위임한 사무를 다양하게 수행한다.

가. 북독일형 뒤셀도르프시의 구역(Bezirk)의회와 구역행정청의 기능

뒤셀도르프시의 조례는 관할구역 내에 있는 구역(Bezirk) 의회와 구역행정청이 수행하는 사무를 매우 폭넓게 규정하고 있다.[17]

구역의회와 구역행정청의 주된 기능은 구역에 대한 시정부의 행정활동에 구역주민의 의견을 반영하고, 구체적인 운영방안을 구역행정청을 통해 제시하는 기능과, 시정부가 조례를 통해 구역의회에 위임한 행정사무를 구역의회 의장을 겸하고 있는 구역장을 중심으로 구역행정청의 도움을 받아 처리하는 기능으로 나뉜다.

뒤셀도르프시의 구역의회 및 구역행정청 조례에는 구역의회가 담당해야 할 사무를 다양하게 제시하였다.[18] 우선 구역의회와 구역행정청이 담당하는 구역내 자치 및 행정사무는 아래 표와 같이 매우 방대하다.

표 3-9 뒤셀도르프시 구역(Bezirk)의 사무

① 구역 관내 학교와 공공시설(공공 체육공간, 공립묘지, 공공도서관 분관, 문화회관 등)의 예산범위 내 (12,5000유로 규모)에서 시설과 활용에 대해 결정할 수 있는 권한(다만 학교시설, 지역대학, 성인교육센터 등은 제외)

(http://www.freiburg.de/pb/,Lde/206696.html)

17) Satzung über Bezirksvertretungen und Bezirksverwaltungsstellen.

18) 노르트라인-베스트팔렌주 지방자치법은 구역의회가 담당할 주된 기능을 6가지로 제안하고 있다. 첫째, 공립학교와 공립 체육시설, 유치원, 공동묘지와 도서관의 환경과 시설에 관한 사항, 둘째, 구역경관의 관리와 유지, 보존에 관련된 사항, 셋째, 도로와 공용공간의 개선, 확장 및 활용 등에 관련된 사항, 넷째, 지역 내 시민단체의 지원, 다섯째, 공동예술, 구역 축제 등 문화 예술과 관련된 사항, 여섯째, 구역과 관련된 문서와 정보의 발간 등과 관련된 기능을 수행하도록 되어 있다.

② 구역의 경관과 역사유적의 관리
  - 구역내 경관과 관련해서는 공공시설(관공서, 공공도로, 시건물 등)에서의 공공미술작품 전시, 분수, 기념물 배치, 기념패의 게시 등
  - 도시경관디자인과 조화를 이루는 차원에서 나무의 식재 등
  - 녹지, 공원, 공원묘지 등의 설계와 조성
  - 공공도로의 유지와 보수 뿐 아니라 확장과 개선과 관련된 사항
  - 계약도로(contract streets)의 건설 등
③ 관내 클럽과 협회, 민간조직 등의 지원
  - 문화 영역의 조직은 예산 제한 없이 지원가능
  - 스포츠 영역의 조직은 회당 5,000유로 미만의 지원가능
④ 문화행사, 공공예술, 도시축제 등의 지원
  - 지역축제 지원의 내용에는 문화 목적으로 특정 공간을 장기 임대하는 기능이 포함됨
  - 문화협회와 기구와 장기 계약을 체결하는 기능이 포함됨
⑤ 구역의 중요사안에 대한 정보제공, 문서화, 발표 등의 기능
⑥ 특히 지역행정청의 경우 다음과 같은 사무를 담당
  - 공용도로의 수용
  - 명예시민 선정 및 수상
  - 도시 역사 출판 사업
  - 행사와 전시
  - 문화행사 목적의 공간임대
  - 학교와 관련된 기능으로 : 학교명 부여, 학교부지와 시설의 교육커리큘럼 이외의 활용
⑦ 지역의 교통과 관련된 사항
  - 주차미터기의 설치와 제거
  - 거주자 주차구역의 설치와 제거
  - 주정차 제한구역의 설치와 제거
⑧ 거주자를 위한 교통 소음방지 사무
⑨ 구역 내 교통개념의 정립
⑩ 뒤셀도르프 전등(Dusseldorf lights)의 설치와 제거
⑪ 저수지의 확장
⑫ 관내 스포츠클럽의 장기임대와 관련된 사무
⑬ 관내 공공 스포츠 공간의 목적외 사용
⑭ 공용도로와 시설의 작명
⑮ 25,000유로 미만의 기부금 수령
⑯ 도로 관리 등과 관련된 주요 의사결정
⑰ 건축물 승인과 관련된 사항
⑱ 기타 예산의 범위 안에서 뒤셀도르프 시의회가 위임한 사무
⑲ 뒤셀도르프 시의회가 구역에 대해 의사결정에 앞서 구역의회의 의견을 청취하거나 의견서를 제출받도록 되어 있는 사항은 아래와 같음
  - 지역 행정관의 임면에 대한 의회 결의
  - 도시개발계획
  - 개발계획의 착수, 변경 등
  - 건축코드의 재조정

- 환경개선을 위한 현장사업의 수립과 폐지
- 연방과 주 규제에 따른 계획과 인허가 절차에서 시의 참여에 관한 사항
- 수자원관리법에 따른 저수지의 폐지 등 수자원 계획과 승인
- 토양과 지하수 오염 정화와 관련된 사항
- 폐기물처리법에 의한 폐기물처리계획과 승인 과정
- 공공기관의 건설계획, 건축과 관련된 사항
- 학교구역의 설정
- 대중교통 이용촉진에 대한 사항
- 자연경관의 보호를 위한 규제 도입, 변경, 폐지등에 관한 사항
- 장례구역의 변경
- 공공도로의 개명
- 환경오염원의 제거

자료: http://www.duesseldorf.de/buergerinfo/01_16/index.shtml(뒤셀도르프시 조례)

나. 남독일형 프라이부르크시의 지역(Ortschaft)의회와 지역행정청의 기능(Ebnet 지역)

프라이부르크시 근린자치조직으로서 지역의회의 기능은 구역의회의 기능과 대동소이하다. 지역의회는 주민의 의견을 모아 시의회에 제시하여 간접민주주의를 보완하는 기능을 수행하며, 의장이 겸임하는 mayer를 수장으로 지역행정청이 시와 연방의 사무를 위임받아 처리하는 행정기능을 수행하고 있다. 지역의회의 자치기능은 구역의회의 자치기능과 매우 유사하나 지역행정청의 기능은 시의회의 위임사항에 따라 다양하다. 앱넷(Ebnet) 지역의 지역행정청이 수행하는 행정사무는 아래와 같다.

표 3-10 프라이부르크시 지역행정청의 사무

① 폐기물 처리에 관한 사무
② 라디오 TV 수신료의 면제 요청과 관련된 사무
③ 소득세 환급 신청서류의 배포
④ 건물조사와 관련된 사무 및 건물번호 부여와 관련된 사무
⑤ 연방의 아동보호수당 신청 등 사무
⑥ 부모양육수당의 신청
⑦ 운전면허와 관련된 사항

⑧ 낚시 면허와 관련된 사항
⑨ 장묘와 관련된 사항
⑩ 유실물 처리
⑪ 식당의 법적 허가 사항
⑫ 애완견 등록에 관한 사항(등록비 수수 등)
⑬ 국제운전면허증 발급 사무
⑭ 사냥 면허에 대한 사항
⑮ 성인 여권 및 아동의 여권사무
⑯ 주교육지원 신청에 관한 사항
⑰ 지역청사의 임대와 관리
⑱ ID카드에 대한 사항
⑲ 출생, 결혼, 사망 관련 사항
⑳ 그 이외 사항: 인감, 선거, 공인 증명서 사본 발급 사무, 경찰 통관 증명서 등

자료: http://www.freiburg.de/pb/,Lde/206696.html(Ebnet 지역의 행정사무 목록)

4) 재원

독일 근린자치기구로서 각 지역과 구역의회의 독자적인 과세권은 인정되지 않는다. 근린자치기구의 운영을 위한 재원은 기본적으로 지방자치단체의 보조금이며, 각 자치단체의 조례가 인정하는 범위 내에서 다양한 재원이 근린자치기구의 운영재원으로 활용된다. 예컨대 뒤셀도르프시 조례는 구역의회가 지역주민 또는 기업으로부터 25,000유로 미만의 기부금을 수령할 수 있도록 되어 있다. 경우에 따라서는 수수료를 받아 근린자치기구의 운영에 활용할 수도 있다. 구역의회가 받을 수 있는 대표적인 수수료는 프라이부르크 앱넷(Ebnet) 지역헌장에서 규정되어 있는 바와 같이 애완동물 등록수수료이다.

5) 독일 근린자치 제도의 함의

독일의 근린자치제도는 각 주의회가 제정한 지방자치법을 근거로 지방정부의 조례에 의해 구체적으로 운영되고 있다. 독일 연방을 구성하는 각각의 주와 주를 구성하는 지방자치단체는 도시마다 상이한 고유한 역사와 사회경제적 배경, 자연적 상황 등이 반영되어 조례에 의해 근린자치기구와 운영방

식, 사무가 다양하게 인정되고 있다. 이러한 독일 지방자치단체의 근린자치제도는 중앙정부 주도로 획일적으로 추진되고 있는 우리나라의 근린자치제도 개혁과 큰 차이가 있다.

독일 지방행정체제에서 근린자치제도로서 독일의 구역제도의 기능과 의의는 다음과 같다. 첫째, 각 구역은 법인격을 가지고 있지는 않지만, 주민에 의해 구성된 구역의회가 관할구역 주민의 이슈를 모아 기초자치단체에 전달하는 기능을 수행하기 때문에 구역제도는 주민의 지방자치단체에 대한 참여의 통로로 기능한다. 둘째, 지방자치단체의 경우 주민투표로 구성된 지방행정의 간접 대표성을 구역제도를 통해 보완해 풀뿌리 민주주의를 보완하는 기능을 수행한다. 셋째, 지방자치 행정의 효율성과 대응성·민주성을 조화시키는 기능을 수행한다. 독일의 지방자치행정의 효율성과 규모의 행정을 구현하는 과정에서 소규모의 게마인데가 통합되어 중대규모의 게마인데로 개편되면서 지역주민에 대한 밀접한 행정이 저해될 수 있는 우려를 소규모 단위의 구역제도를 통해 민주성을 확보해 준다. 또한 구역에서 수행하는 지역밀접 행정사무(예를 들면, 애완견 등록(dog license fee) 사무)를 처리하게 되어 행정의 효율성과 대응성을 제고시킨다.

우리나라 근린구역인 읍면동의 근린자치는 지방자치가 발달한 독일의 근린자치와 큰 차이가 있어 독일의 근린자치제도가 우리나라에 그대로 적용되는 것은 부적절하다. 다만 우리나라의 근린자치 발전을 위해 독일의 근린자치제도가 가진 몇 가지 함의를 찾는다면 다음과 같다. 첫째, 독일의 근린자치기구로서 구역의회는 우리나라의 주민자치위원회와 유사하지만 선임방식에서 매우 큰 차이가 있다. 우리나라의 경우 주민자치위원회의 선임이 공개모집을 통해 읍면동장이 임명하도록 되어 있으나, 독일은 지역주민의 참여를 통한 선출을 기본으로 하고 있으며, 지방의회가 관여하기 때문에 주민의 대표성과 책임성 면에서 큰 차이를 보인다. 따라서 우리나라의 근린자치를 활성화시키기 위한 전제로서 주민에 의한 근린자치기구의 구성이 필요하다.

둘째, 우리나라의 읍면동 주민자치위원회는 대개 시군구의회와 무관하게 운영된다. 그러나 독일의 구역의회는 지방의회와 쌍방향적인 관계를 맺으며 운영된다. 지방의회는 구역에 관련된 계획수립시 근린자치기구로서 구역의회의 참여를 보장해 주고 있으며, 구역의회의 회기 중에 지방의회와 시장의 참여 또한 보장하고 있다. 이러한 쌍방향의 의사소통은 근린자치의 활성화에 큰 기반이 되고 있다. 따라서 우리나라의 근린자치를 활성화시키기 위해서는 전체 관할구역 주민에 의해 구성된 지방의회와 읍면동 주민자치회간 밀접한 쌍방향적인 소통체계를 구축할 필요가 있다.

셋째, 우리나라의 주민자치위원회의 권한은 지극히 제한적이지만 독일의 구역의회는 다양한 사무를 위임받아 처리할 수 있는 권한을 가지고 있다. 우리나라 읍면동 주민자치위원회의 회의안건은 대개 읍면동사무소의 주민자치회 담당 공무원에 의해서 작성되고 그 내용도 주민자치센터에서 운영하는 프로그램에 대한 것으로 매월 형식적으로 개최되는 주민자치위원회의 회의를 통해 결정된다. 그러나 독일은 관할지역의 도시운영에 직접 관련된 안건을 자체적으로 수립하고 구역의회에서 실질적인 논의를 진행하기 때문에 구역의회의 의견개진은 지방정부의 도시개발의 내용을 구성한다. 우리나라의 주민자치위원회가 근린자치를 활성화한다는 명분으로 당장 독일 근린자치기구의 사례와 같이 자체적인 사무를 처리토록 할 수는 없을 것이다. 다만 근린지역의 정체성을 부여하는 상징적인 일에서부터 시작해 점차 주민자치위원회의 역할을 확대하고, 주민자치위원에 대한 교육과 훈련을 통해 자율적인 심의 의결사항을 확대해 간다면 우리나라 주민자치위원회 또한 독일의 구역의회와 같은 실질적인 근린자치기구로 변화할 수 있을 것이다.

5 스위스의 근린자치

안성호(대전대학교)

1) 개관

가. 정체에 대한 스위스인의 남다른 애정과 헌신

스위스 정체에 대한 스위스인들의 관심은 가히 경이로운 것이다. 한 설문조사에서 "당신이 스위스인으로서 자부심을 느끼는 가장 중요한 이유가 무엇입니까?"라는 개방형 질문에 대하여, 60% 이상의 스위스인들이 정체를 지적했다. 일견 스위스인들에게 긍지를 느끼게 하는 가장 중요한 요인이 세계최고 수준의 1인당 국민소득이나 높은 삶의 질 또는 알프스의 수려한 경관일 것이라고 생각하기 쉽다. 그러나 대다수 스위스인들은 이런 요인보다 스위스 정체를 가장 자랑스럽게 여긴다고 응답했다. 정체에 대한 스위스인들의 남다른 애착을 보여주는 또 하나의 증거가 있다. 이상하게도 유럽 한복판에 위치한 스위스는 유럽연합(EU) 회원국이 아니다. 국민투표에서 번번이 EU 가입이 거부되었기 때문이다. 1992년 유럽경제지역(EEA) 가입을 묻는 국민투표가 부결된 데 이어, 2001년 EU 가입을 위한 협상재개를 묻는 국민투표까지 부결되었다. 연방정부의 설득에도 불구하고, 대다수 스위스인들이 EU 가입을 반대한 까닭은 스위스가 EU 회원국이 되는 경우 현재 국(주)민투표에 부쳐지는 사안들 중 대략 10~20%가 국(주)민투표 대상에서 제외될 것을 우려했기 때문이다. 세계 어느 나라 국민이 정체를 이보다 더 소중히 여길까? 실로 스위스국민을 결속시키는 힘은 민족이나 언어 또는 종교가 아니라 헌정질서에 대한 스위스인의 깊은 애정과 헌신, 곧 헌정애국심(Verfassungspatriotismus)이다.

나. 스위스 번영을 견인한 정체

2014~2015년 세계경쟁력보고서(GCR)는 스위스를 국가경쟁력 1위 국가로 평가했다. 2015년 세계행복보고서(WHR)도 스위스를 2012~2014년 행복도 1위 국가로 꼽았다. 스위스는 인구 823만의 소국이지만 증권거래시가총액으로 세계 11위이며, 1인당 보유주식은 세계 1위다. 은행대부금액으로는 세계 3위, 해외직접투자액으로는 세계 5위다. 유럽의 다른 국가들이 10~50%의 높은 실업률로 허덕이는 상황에서 스위스의 실업률은 4~5%를 넘지 않으며, 스위스의 빈곤율은 주변 선진국의 3분의 1 내지 2분의 1에 불과하다. 그리고 OECD의 평균국가부채가 GDP의 110%를 훌쩍 넘겨 위기적 징후를 보이지만, 스위스의 국가부채는 45% 미만으로 양호하다.

일찍이 영국의 저명한 역사학자이며 정치가였던 James Bryce는 1905년과 1919년 두 차례 스위스를 직접 방문한 후 펴낸 고전 「현대 민주주의」(1921)에서 "스위스가 연구할 가치가 가장 큰 나라"라고 지적했다. 그는 언어와 종족이 다르고 여러 세기에 걸쳐 심각한 신·구교 종교분쟁을 겪었으며 한때 용병의 삯전으로 가계와 나라살림을 보태야 했던 스위스가 가난을 딛고 번영을 구가하게 된 비결이 지방의 자유와 직접참정을 보장하고 소수권익을 존중하는 정체에 있음을 강조했다. 그는 스위스 정체도 흠결이 없지 않지만 고도의 정치안정, 보스정치와 패거리정당의 부재, 정책의 일관성, 고품질 입법, 효율적 행정, 충실한 교육·국방·도로 등 기본 공공서비스 제공, 개인자유의 존중이란 측면에서 여느 민주국가에서 찾아보기 어려운 수많은 장점이 있음을 확인했다. Bryce는 제1차 세계대전 이후 주변 강대국들의 각축장으로 변해가는 심상치 않은 국제정세에서 스위스가 어려움을 겪을 것이지만 스위스인의 드높은 애국심과 고품격 시민정신으로 이 위기를 능히 극복해낼 수 있을 것으로 낙관했다. 그의 예견은 제2차 세계대전 때 히틀러의 가공할 침공위협을 막아낸 '고슴도치 국방'을 통해 현실이 되었다. 미국의 역사학자 Steven Halbrook(2000)은 제2차 세계대전 때 스위스 고슴도치 국방의 비결이 지방분권적 연방주의와 직접민주주의 전통 및 그 연장인 시민군에 있다고 분석했다.

다. 아래에서 위로 세워진, 무게 중심이 아래 있는 정체

스위스인들이 그처럼 소중히 여기는 정체란 한마디로 '아래에서 위로 세워진, 무게 중심이 아래 있는' 헌정질서를 말한다. 먼저 '아래에서 위로 세워진' 정체란 상생을 추구하고 자유를 애호하는 마을·도시·공국(公國)의 자발적 결사에 의해 세워진 정체를 뜻한다. 그리고 '무게 중심이 아래 있는' 정체란 중앙과 관청을 견제하고 압도할 만한 강력한 권력이 지방과 시민에게 있는 정체를 의미한다.

그리하여 스위스 정체는 정복(征服)에 의한 피라미드형 정체나 오랜 세월 진화(進化)를 통해 형성된 중심부−주변부형 정체와는 근본적으로 다르다. 지역공동체 구성원의 자유의지로 세워진 스위스는 권력공유민주주의를 헌정질서로 정착시켰다. 오늘날 정체의 무게 중심을 아래에 둔 스위스 권력공유민주주의는 ① 캔톤과 코뮌의 준주권적 자치권을 존중하는 연방주의, ② 각급 정부의 의사결정과정에서 대의민주주의와 직접민주주의가 적절히 결합된 준직접민주주의, 그리고 ③ 소수의 권리를 보호하는 비례주의를 특징으로 한다.

라. '원초적' 정부단위로서의 코뮌

스위스 정체를 이해하기 위해서는 스위스 정체성의 뿌리인 코뮌을 이해하지 않으면 안 된다. 코뮌은 스위스의 독특한 산물이기 때문에 적절한 번역어를 찾기 어렵다.[19] 코뮌은 캔톤과 연방이 생기기 전부터 존재했다. 시민주권은 코뮌에서 가장 직접적이고 명백하게 드러난다. 이런 의미에서 코뮌은 스

---

19) 오늘날 스위스 코뮌과 가장 유사한 사례로는 타운미팅 민주주의(town meeting democracy)를 운영하는 약 1,100개의 미국 뉴잉글랜드 타운을 들 수 있다.

위스의 '원초적' 정부단위다.

코뮌의 원초적 정부단위로서의 위상은 시민권 부여가 코뮌의 고유권한이라는 사실에서 극명하게 드러난다. 스위스에서 시민권 부여는 중앙정부의 법무부 관료가 사무적으로 결정하지 않고 코뮌주민이나 코뮌의회가 투표로 결정한다. 코뮌의 시민권을 부여받은 후보주민은 캔톤과 연방의 시민권을 자동적으로 얻게 된다.

스위스인은 코뮌에 대해 남다른 뿌리의식을 갖고 있다. 자신이 거주하는 지역의 거주코뮌(Einwohnergemeinde)는 말할 것도 없고 가문이 유래한 출신코뮌(Bürgergemeinde)에 대한 애착은 거의 동물적 귀소본능에 가깝다. 지금도 스위스인의 여권에는 '출생지' 난이 없는 대신 출신코뮌을 기입해야 한다. 연방의회가 연방각료를 선출할 때는 지역적 안배를 위해 출신코뮌을 중요하게 고려한다. 오늘날 정치적 단위로서 거주코뮌에 거주하는 주민의 3분의 1만 출신코뮌의 자격을 갖기 때문에 출신코뮌이 과거보다 덜 중요해진 것은 사실이다. 그러나 출신코뮌의 주민은 어려움에 처했을 때 최후 수단으로 출신코뮌에 도움을 요청할 수 있다.

스위스인은 코뮌에 대해 정서적으로 강하게 결속되어 있다. 고향코뮌을 떠나 다른 지역에 가서 사는 것은 가족적 분위기와 정신적 고향의 상실을 의미한다. 따라서 설혹 다른 지역에 더 나은 일자리가 있어도 그보다 못한 고향 직장에서 일하길 마다하지 않는다. 공직 때문에 부득이 베른 등 외지에 살다가 임기가 끝나면 반드시 고향코뮌으로 되돌아오는 것은 스위스인의 불문율이다.

마. 한국 읍면동보다 작은 스위스 코뮌

스위스 정체의 두드러진 특징은 코뮌의 높은 분절성이다. 2015년 6월 현재 인구 824만 명의 스위스에는 2,324개의 코뮌이 있다. 코뮌당 평균인구가 3,546명인 셈이다. 이는 우리나라 기초지방자치단체의 평균인구 227,571명(= 총인구 51,431,100명÷시군자치구 226개)의 64분의 1에 불과하다. 심지어 코뮌의 평균인구 3,546명은 우리나라 읍면동 평균인구 14,745명(=총인구 51,431,100 명÷읍면동 3,488개)의 4분의 1도 안 된다. 코뮌의 평균인구 3,546명은 우리나라 농촌지역 면의 평균인구 4,250명보다도 704명이나 적다.

　물론 코뮌 중에는 40만 명에 달하는 최대도시 취리히[20]가 포함된다. 그러나 5만 명 이상의 도시는 취리히를 비롯해 제네바(19만 명), 도시바젤(16.4만 명), 로잔(13만 명), 베른(12.6만 명), 빈트투르(10.3만 명), 루체른(7.8만 명), 장크트갈렌(7.4만 명), 루가노(5.5만 명), 비엘 등 10개뿐이다. 더욱이 2,324개 코뮌 중 약 95%가 5천 명 미만의 마을이다. 그리고 스위스 총인구 중 4분의 3은 한국의 기준으로 보면 농촌지역에 해당되는 2만 명 이하의 작은 도읍에 산다.

바. 코뮌합병의 진실과 오해

　여느 나라에서처럼 지방정부의 적정규모에 대한 논의가 있었지만 코뮌합병을 삼가던 스위스는 1990년대 이후 적잖게 코뮌합병을 단행했다. 코뮌 수가 스위스연방이 출범한 1848년 3,205개에서 1990년 2,955개로 142년 동안 고작 250개 감소했다. 그러나 스위스에 1990년대 이후 코뮌합병이 늘기 시작해 2015년 6월 현재 2,324개로 25년 간 631개나 감소했다. 오랜 세월 코뮌합병을 삼간 스위스의 관점에서 중대한 변화라고 볼 수 있다.

　혹자는 스위스의 코뮌합병 사례를 들어 한국의 시군합병과 대도시 자치구(군) 폐지를 정당화하려고 한다. 그러나 이런 논리는 터무니없는 견강부회(牽强附會)일 뿐이다. 코뮌합병은 대부분 수십 명 내지 수백 명 미만의 초미니 코뮌에서 이루어진 것이다. 스위스 코뮌합병은 주민 수 3천 명의 코뮌을 목표로 추진되어왔다. 이는 이미 22만 7천 명의 세계최대 기초지방정부를 갖는 한국의 시군합병과 대도시 자치구(군) 폐지와 질적으로 다르다. 한국이 스위스만큼 분절된 정체를 가진다고 가정하면, 기초지방자치단체 수가 14,505개에

---

20) 취리히시는 40만 명의 인구를 관할하기 위해 12개의 구(Kreis: districts)와 구 산하에 34개의 동네로 세분하고 구청과 동네사무소를 설치해 운영하고 있다.

달한다. 만일 이런 상황에서 시군합병과 대도시 자치구(군) 폐지론이 제기되었다면 한국의 대다수 전문가들은 지금과 상당히 다른 의견을 가졌을 것이다.

당분간 스위스에서 초미니 코뮌들을 중심으로 합병이 좀 더 이루어지겠지만 머지않아 잦아들 것으로 예상된다. 이미 많은 전문가들은 코뮌통합이 기대했던 만큼 행정효율을 높이지 못하면서 지역정체성와 민주주의를 약화시킨다고 비판해왔다. 더욱이 그동안 특별보조금 지급 등을 통해 코뮌합병을 유도해온 캔톤정부가 코뮌합병의 효과에 부정적 시각을 갖기 시작했다. 예컨대 최근 취리히 시정부는 시의회 질의에서 학계의 연구결과를 인용해 행정효율이 '규모'의 문제라기보다 '구조'의 문제이므로 향후 주민을 코뮌정체성의 뿌리로부터 격리시키는 코뮌합병 대신 코뮌협력을 강화할 필요가 있다고 답변했다.

사. 작은 도읍의 글로벌기업 본사

스위스인 중 4분의 3이 사는 인구 2만 명 미만의 작은 도읍은 하찮은 농촌 도읍이나 마을이 아니다. 1~2만 명 규모의 스위스 코뮌을 방문한 여행객은 누구나 종종 농촌의 쾌적함과 도시의 편리함을 두루 구비한 매력적인 작은 도읍에서 여생을 보내고 싶다는 욕구를 느낄 만큼 매력적이다.

스위스의 소 도읍이 이런 매력을 갖추게 된 데는 무엇보다 코뮌의 건강한 경제생활을 뒷받침하는 견실한 기업 덕분이다. 이를테면 레만호수 동편에 자리 잡은 인구 1만 5천 명의 뷔베 코뮌에는 197개국에 447개 사업장을 가진 제약식품제조 분야의 초국적기업 네슬레(Nestlé) 본사가 있다. 취리히에서 기차로 30분 거리에 위치한 인구 1만 7천 명의 바덴 코뮌에는 100개국 이상에서 15만 명의 직원을 거느린 기계제조 분야의 초국적기업 아베베(ABB) 본사가 입지한다. 스위스 건국의 모태 역할을 담당한 인구 1만 6천 명의 슈비츠 코뮌에는 세계적 명성을 자랑하는 스위스 나이프 제조회사가 있다. 이런 견실한 기업이 곧바로 코뮌재정의 든든한 토대가 된다. 코뮌정부의 조세수입 몫이 적지 않은 데다 그 대부분이 코뮌정부가 부과해 징수하는 개인소득세와 기업이윤세이기 때문이다. 스위스 소 도읍의 윤택함은 크고 작은 견실한 기업과 지방의 막강한 과세권이 뒷받침한다.

아. 특별한 형태의 코뮌

코뮌구역을 관할하는 통상적 의미의 '정치적 코뮌' 이외에도 아직 여러 코뮌에 역사적 유산으로 존치되어온 스위스 특유의 출신코뮌이 있다는 사실은 이미 앞에서 언급했다. 출신코뮌은 거주지와 상관없이 고향연고권에 근거해 구성원 자격이 주어지는 인적 사단법인으로서 재산을 관리하고 구성원을 부조하는 역할을 수행한다.

스위스에는 이 밖에도 교회코뮌, 학교코뮌, 삼림코뮌 등이 있다. 교회코뮌은 정치적 코뮌과 마찬가지로 조세권을 행사한다. 학교코뮌과 삼림코뮌은 종합행정 서비스를 제공하는 정치적 코뮌과 별도로 초중등 교육과 산림자원 관리를 위해 설립된 공법인이다. 학교코뮌은 취리히, 드루가우, 장크트갈렌, 아펜젤내곽, 니드봘덴 등 5개 캔톤에 존재한다. 학교코뮌에 소속한 주민은 학교의회의원과 학교관리자를 선출한다. 학교코뮌 수는 그동안 상호합병이나 정치적 코뮌에 통합되어 감소되었지만 아직 3백여 개 남아 있다.

2) 구성

가. 다양한 코뮌정부형태

코뮌은 코뮌법의 범위 내에서 제각기 다양한 정부형태를 선택한다. 주민총회 중심의 직접민주주의 전통은 독일어권과 레토로만어권 코뮌에서 강하다. 반면 프랑스어권과 이탈리아어권 코뮌은 의회를 갖는 대의민주주의를 선호한다. 그러나 코뮌정부형태를 결정하는 가장 중요한 기준은 인구규모다. 일반적으로 작은 코뮌은 주민총회와 소수의 선출된 시간제 공무원으로 구성되며, 큰 도시코뮌은 별도의 의회와 행정사무를 처리하는 전업직원으로 구성된 집행부를 가진다.

표 3-11 작은 코뮌과 큰 코뮌의 정부형태

	작은 코뮌	큰 코뮌
입법 기관	주민총회: 18세 이상의 코뮌주민이 주민총회에 참여할 권리를 갖는 집회민주주의를 실행함.	코뮌의회: 주민이 선출한 의원들로 구성된 코뮌의회와 주민투표와 주민발의 등이 결합된 준직접민주의를 실행함.
	주민총회는 행정위원회와 주민이 제출한 의안을 결정함. 모든 주요 현안이 주민총회에서 논의될 수 있음.	코뮌의회의 중요한 사안은 반드시 주민투표에 회부됨. 그 밖의 사안도 일정수 주민의 청구로 주민투표에 회부될 수 있음. 대다수 캔톤의 코뮌에서 주민발안권이 인정됨.
행정 위원회	행정위원회: 행정을 총괄적으로 감독·관장하는 수뇌기관으로서 행정위원을 주민이 선출함. 다만 네샤텔 캔톤의 코뮌에서는 예외적으로 코뮌의회가 행정위원을 선출함.	
	행정위원은 보통 무보수 시간제로 근무함. 행정위원의 정당소속은 중시되지 않음.	행정위원은 소액의 보수를 받으며 전일제로 근무함. 행정위원의 정당소속이 다수 중시됨.
행정	코뮌행정이 전반적으로 또는 부분적으로 자원봉사자의 비전문적 서비스에 의존함.	전문행정이 이루어짐.

나. 코뮌주민총회

2,324개 코뮌 중 약 5분의 4는 코뮌의 최고 입법기관으로 주민총회를 운영한다. 18세 이상(일부 캔톤에서는 16세 이상)의 주민은 매년 4~5회 열리는 주민총회에 참여할 권리를 갖는다. 일부 캔톤에서는 코뮌주민총회에 참여하는 것을 주민의 의무로 간주하여 불참하는 주민에게 소액의 벌금을 물리기도 한다. 일정 수의 유권자들이 의제를 선정해 주민총회 개최를 요구할 수 있다.

주민은 주민총회에 참석하여 행정위원을 비롯한 주요 공직자들을 선출하고 행정위원회와 주민이 제출한 의안과 주요 법안 및 청원을 결정한다. 주민은 주민총회에서 발안권을 행사할 수 있다. 그라우뷘덴 캔톤과 발레 캔톤에서는 코뮌주민총회가 열리는 현장에서 한 명의 유권자가 발안권을 행사할 수 있다. 취리히 캔톤과 니드발덴 캔톤 등에서는 한 명의 유권자가 코뮌주민총회가 열리기 전에 코뮌행정위원회에 의안을 발의할 수 있다.

인구 2만 명 이상의 코뮌에서는 종종 입법권이 부분적으로 주민에 의해 선출된 코뮌의회의원에게 위임된다. 그러나 코뮌의회의 주요 결정은 반드시 주민투표에 회부된다. 이 밖에도 코뮌의회의 크고 작은 결정은 주민의 요구가 있는 경우 주민투표에 회부된다.

주민총회제도를 채택하는 코뮌은 거의 대부분 주민이 직선한 위원으로 구성되는 회계감사위원회를 둔다. 회계감사위원회는 집행기관의 활동에 대한 평가와 대안을 제시하고 총회 보고와 주민에 대한 의견제시 등을 통해 집행기관을 감시하고 주민권익을 보호하는 정치적 역할을 수행한다.

다. 코뮌의회

2,324개 코뮌 중 약 5분의 1에 해당되는 큰 코뮌은 주민총회와 함께 또는 주민총회를 대신해 의회를 둔다. 코뮌이 합병 등으로 규모가 커지면서 주민총회를 대신해 의회를 설치하는 경향이 있다. 그러나 의회를 폐지하고 주민총회를 부활시킨 사례도 있다. 코뮌의회의원은 캔톤이나 코뮌이 정한 선거방법에 따라 다수제나 비례대표제로 선출된다. 일반적으로 캔톤법은 코뮌이 코뮌의회의원의 선거방법을 코뮌이 자율적으로 선택하도록 규정한다.

코뮌의회의 의원정수는 대체로 코뮌인구에 비례하며 서부의 프랑스어권 코뮌이 동부의 독일어권 코뮌보다 많은 편이다. 다만 1만 명 이상 코뮌에서는 독일어권 코뮌의 의원정수가 많다. 이를테면 독일어권의 취리히, 바젤, 베른의 코뮌의원정수가 각각 125명, 130명, 80명인 데 비해, 서부 프랑스어권 제네바와 로잔의 코뮌의원정수는 각각 80명과 100명이다.

코뮌의회의원은 전원 명예직이다.[21] 코뮌의회의원의 약 절반은 정당과 관련을 맺지 않은 무소속이다. 전체 코뮌의 절반에 해당되는 1,000명 미만의 작은 코뮌의 의회의원이 정당원인 경우는 드물다.

코뮌의회의 권한은 코뮌에 따라 다양하다. 코뮌의회의 조례에는 일반적으로 경찰조례와 코뮌세금조례가 포함된다. 코뮌주민총회가 열리고 주민투표가 일상화된 스위스에서 코뮌의회의 입법활동은 활발하지 않다.

코뮌의회는 코뮌행정을 감시·감독하는 광범위한 권한을 행사한다. 예산

---

21) 스위스에서 15만 명의 스위스 선출직 공직자 중 대다수를 차지하는 의회의원은 모두 명예직이다. 국회의원조차 다른 생업을 가진 자원봉사자들로서 회의수당 등 최소한의 금전적 보상을 받는다.

을 채택하고 결산을 승인하며 일정 금액 이상의 지출에 대한 재정권을 행사
한다. 토지이용계획, 도로, 광장, 공공건축물 등 사회기반시설의 설치에 관한
권한도 행사한다. 코뮌 소유 부동산의 건설·해체·취득·양도를 결정한다. 코
뮌의회가 특정 코뮌공무원과 목사의 임명권을 행사하는 경우도 있다. 예컨대
네사텔 캔톤에서는 코뮌의회가 행정위원을 선임한다.

라. 코뮌행정위원회

코뮌의 행정위원회는 주민이 직접 선출한 5~10명의 행정위원으로 구성
된 동료제 집행기관(collegiate executive)이다. 행정위원은 투표소 선거를 통해
선출되지만 주민총회를 운영하는 코뮌에서는 주로 주민총회에서 선출된다.
행정위원은 대다수 캔톤에서 다수대표제로, 주그 캔톤과 티치노 캔톤에서는
비례대표제로 뽑힌다. 행정위원의 임기는 4~5년이다.

코뮌수장은 '동료 중의 수석'(a primus inter pares)으로서 행정위원회 회의
를 주재하고 코뮌정부를 대외적으로 대표하며 작은 코뮌의 경우에 주민총회
의장 역할을 수행하기도 하지만 이 밖에는 다른 행정위원과 동일한 권한을
갖는다. 코뮌수장은 스위스 전통에 따라 각 행정위원이 1년씩 윤번제로 맡는
다. 2년 또는 4년 임기의 코뮌수장의 연임은 금지된다.

코뮌행정위원회는 다양한 정치집단을 참여시키고 위원의 전문지식을 얻
기 위해 산하에 집행기능을 담당하는 위원회, 예컨대 예산을 작성하는 재정위
원회나 사회부조위원회 등을 둘 수 있다. 흔히 코뮌행정위원회 산하 위원회의
위원장은 행정위원이 맡고 위원은 행정위원회가 선출한다.

마. '작은 정부'와 공직자원봉사

이처럼 작은 코뮌이 큰 어려움 없이 기초정부로서 살림을 꾸려나가는 비
결은 '작은 정부'를 유지하고 공직자원봉사(Milizverwaltung)를 적극 활용하는
데 있다. 현재 스위스 전체 코뮌공무원은 약 18만 명인데, 최대도시 취리히시
의 공무원은 2만 명에 달하지만, 인구 5백 명 이하의 초미니 코뮌의 행정공무

표 3-12 코뮌 규모에 따른 행정위원의 근무형태(2008년)(단위: 명/%)

	5백 미만	5백-2천	2천-5천	5천-1만	1만-2만	2만 이상	계
명예직	87.5	87.5	77.6	72.0	52.0	4.8	81.5
반일제	12.5	12.3	20.3	24.0	42.1	47.9	16.7
전일제	0.0	0.3	2.1	3.9	5.9	47.3	1.8
계	100.0	100.0	100.0	100.0	100.0	100.0	100.0

원은 흔히 단 두 명뿐이다. 코뮌의 규모가 클수록 행정인력도 늘어난다. 이 밖에 공기업 등 외곽조직과 학교에 근무하는 코뮌공무원이 있다.

주 몇 시간에서 며칠에 이르기까지 자원봉사로 공무를 수행하는 전통은 연방·캔톤·코뮌에 두루 일상화되어 있지만 코뮌 수준에서 가장 두드러진다. 작은 코뮌의 대다수 공무원은 아주 적은 수당을 받는 시간제 자원봉사자다. 현재 코뮌정부 공무원 중 94%가 다른 생업을 가지면서 시간제 자원봉사로 공직을 수행한다. 주민 1천 명 미만의 초미니 코뮌은 보통 전임직원이 행정관과 서기 단 두 명뿐이고, 나머지 선출직 행정위원들을 비롯해 사회서비스요원, 소방대원, 토지이용계획위원, 교직원 등은 모두 시간제 직원이나 자원봉사자다. 전일제로 근무하며 제대로 봉급을 받는 공무원들은 인구 5만 명 이상의 큰 코뮌에서나 볼 수 있다.

<표 3-12>는 코뮌행정위원의 근무형태를 코뮌의 규모에 따라 명예직과 반일제 및 전일제로 구분한 것이다. 스위스 전체 코뮌의 16,200명에 달하는 행정위원은 중 280명(2%)은 전일제로, 2,700명(17%)은 반일제로, 나머지는 명예직으로 근무한다. 코뮌정부 수장 중 80%도 시간제 공무원들이다.

3) 기능: 막강한 코뮌자치권

코뮌의 평균인구 3천 5백여 명만 보고 이렇게 작은 코뮌이 누리는 자치권은 미미할 것으로 지레 짐작하는 사람들이 많다. 얼토당토않은 오해다. 스위스의 코뮌은 인구 1천만 명이 넘는 우리나라 서울은 물론이고 여느 선진국 기초정부보다 훨씬 강력한 자치권을 누린다.

스위스 연방헌법 제50조는 "코뮌의 자치는 캔톤법이 정한 바에 따라 보장"되며, "연방은 행위를 함에 있어서 코뮌에 미칠 영향을 고려하여야 한다."(동조 제2항)고 천명한다. 이에 따라 코뮌의 자치권은 캔톤법률로 규정되어 캔톤마다 다소 다르지만 일반적으로 코뮌은 캔톤이 연방 내에서 누리는 준주권적 권한에 버금가는 막강한 자치권을 보유한다. 예컨대 주그 캔톤의 코뮌법 제2조는 "코뮌은 연방 또는 캔톤에 배타적으로 배정된 사무 이외에 코뮌의 복지에 영향을 미치는 모든 사무를 처리할 수 있다"고 명시한다. 이는 연방헌법 제3조의 보충성원칙에 입각한 연방 – 캔톤 간 권한배분을 캔톤 – 코뮌에 연장한 것이다.

캔톤에 따라 다소 상이한 사무처리 권한을 갖는 코뮌은 연방과 캔톤으로부터 집행을 위임받은 사무와 더불어 광범위한 고유사무를 처리한다. 코뮌이 연방법률의 집행을 위임받아 처리하는 사무는 수질보호, 식품경찰, 민방위 등이며, 캔톤의 법률집행을 위임받아 처리하는 사무는 교육사무 등이다. 코뮌이 위임사무와 달리 집행권뿐만 아니라 입법권과 행정권 및 때로 사법권(코뮌조례 위반 시 형벌 부과권한)까지 행사하는 고유사무에는 유아교육, 초등교육, 중등교육, 사회부조, 사회보험, 노인복지, 보건, 주택, 교통, 지역사회계획, 건축경찰, 소방경찰, 교통경찰, 환경, 문화, 스포츠, 가스, 전기, 상수도, 하수도, 토지이용계획 등이 포함된다. 아울러 코뮌은 코뮌정부의 조직인사권과 예산과 결산 및 세율을 결정하는 광범위한 자치재정권을 행사한다.

이 중에서 특히 토지이용계획권과 과세권은 코뮌이 보유한 가장 중요한 자치권이다. 스위스에서는 주민이 수십 명에 불과한 코뮌일지라도 완벽한 토지이용계획권을 갖는다. 방문객들은 스위스의 작은 마을을 방문할 때 잘 정비된 도로와 조화로운 건축물 및 아름다운 경관에 감명을 받게 된다. 이런 성과는 바로 코뮌주민이 직접 결정한 토지이용계획의 결과다. 스위스 코뮌의 토지이용계획의 특징은 주민총회나 주민투표로 결정되며, 계획이 매우 구체적이라는 것이다. 스위스 코뮌의 도시발전계획은 흔히 건물 지붕의 높이와 각도, 색깔 선정에 이르기까지 상세하게 규정한다.

4) 재원

가. 과세권은 코뮌자치권의 백미

과세권은 코뮌자치권의 백미(白眉)다. 코뮌은 공공서비스 제공에 필요한 재원을 조달하기 위해 캔톤법이 정한 범위 내에서 주민의사에 따라 정해진 세율로 소득세를 비롯해 부유세, 인두세(또는 가구세), 순이윤·자본세, 상속증여세 등을 자유롭게 부과한다. 그 결과 코뮌의 조세수입은 거의 모두 소득세와 부유세이고, 이 중 70% 이상이 개인소득세, 약 10%는 기업이윤세다.

코뮌이 누리는 이런 막강한 과세자치권은 중앙정부의 법령이 규정한 지극히 한정된 범위 내에서 탄력세율을 정할 수 있는 우리나라 지방정부의 과세자치권과 질적으로 다르다. 더욱이 최근 우리나라 중앙정부가 지방정부의 반대를 무시하고 연 2조 5천억 원에 달하는 취득세율 50%를 일방적으로 감축한 집권주의 폭거는 스위스에서는 상상할 수 없는 일이다.

연방·캔톤·코뮌 간 세금수입은 대략 30:40:30으로 배분된다. 이런 튼튼한 지방세 수입구조가 평균인구 3천 5백여 명에 불과한 코뮌정부의 평균재정자립도를 무려 87% 수준으로 끌어올린다. 이런 건강한 스위스 지방재정은 국세와 지방세 비율이 8:2를 맴돌고 평균지방재정자립도가 40%대로 곤두박질친 한국의 빈약한 지방재정과 극적 대조를 이룬다.

표 3-13 연방과 캔톤 및 코뮌의 세금

	소득·부유세	재화·서비스세
연방	소득세, 순이윤세, 예납세, 군복무 및 공무면제세	부가가치세, 인지세, 담배세, 맥주세, 증류주세, 광유세(鑛油稅), 자동차세, 관세
캔톤	소득세, 순부유세, 인두세 또는 가구세(家口稅), 순이윤 및 자본세, 상속증여세, 부동산세, 부동산이전세	자동차세, 유흥세, 견세(犬稅), 인지세, 수력발전소세, 기타 조세
코뮌	소득세, 순부유세, 인두세 또는 가구세, 순이윤 및 자본세, 상속 및 증여세, 자본소득세, 부동산세, 부동산이전세, 영업세	견세, 유흥세, 기타 조세

자료: Swiss Federal Tax Administration (2014).

반면 스위스에서 연방은 연방헌법에 구체적으로 명시된 과세권만을 행사할 수 있다. 더욱이 연방의 직접세와 부가가치세 부과권한은 한시적으로 인정된다. 현재 연방이 누리는 직접세와 부가가치세 부과권한은 2004년 국민투표를 통해 다수 투표자와 다수 캔톤의 찬성으로 2020년까지 시한부로 인정된 과세권이다. 그리고 연방의 조세수입 중 소득세와 부유세는 절반을 넘지 않는다.

그리고 연방을 구성하는 26개 캔톤은 연방을 능가하는 과세자치권을 누린다. 캔톤은 연방헌법에 위배되지 않는 한 광범위한 과세권을 자유롭게 행사할 수 있기 때문이다. 그 결과 캔톤은 연방보다 훨씬 많은 조세수입을 소득세와 부유세로 거두어들인다.

이처럼 광범위한 과세권이 주어진 코뮌정부의 과세권 남용을 우려할 필요는 없다. 자신이 낼 세금을 마구 늘릴 주민은 아무도 없기 때문이다. 실제로 스위스에서는 질 높은 행정서비스가 제공되지만, 조세부담률은 여느 선진국보다 훨씬 낮다. 2012년 GDP 대비 조세부담률(사회보장적립금 포함)은 OECD 평균보다 8~9% 낮은 26.6%였다.

세금을 주민총회나 주민투표로 결정하기 때문에 코뮌의 조세수입이 현격히 낮을 것으로 걱정하는 것도 기우다. 코뮌의 평균 재정자립도는 80% 중반에 달한다. 다만 가난한 코뮌의 세입에서는 소득세 수입 이외에 캔톤정부가 배정하는 코뮌재정균형화교부금이 큰 몫을 차지한다.

나. 재정주민투표 vs. 돼지여물통정치

스위스 재정연방주의의 두드러진 특징은 대다수 캔톤과 코뮌에서 활용되는 재정주민투표다. 동계올림픽 유치와 관련한 베른코뮌(시)의 재정주민투표는 지방정부를 정부지원금에 매달리게 만드는 한국의 돼지여물통정치(pork-barrel politics)와 극명한 대조를 이룬다.

2002년 9월 베른시는 2010년 동계올림픽 개최지 선정을 위한 마지막 심사과정을 앞두고 대회유치 신청을 돌연히 철회했다. 이미 국제올림픽위원회

(IOC)에 10만 달러를 납부했고 대회유치를 위해 노력해온 베른시가 갑자기 신청을 포기한 데는 속사정이 있었다. 베른시는 IOC가 요구하는 경기장 설치에 1천 5백만 프랑과 대회준비에 7백 5십만 프랑이 필요했다. 그런데 베른시에서는 이런 대규모 예산이 소요되는 사업은 반드시 주민투표를 통해 주민동의를 얻어야 했다.

투표운동과정에서 뜨거운 찬반토의가 전개되었다. 베른시정부와 찬성논자들은 동계올림픽 유치가 베른시와 스위스를 동계올림픽의 중심지로 부각시킬 것이며, 대회개최로 약 1천 개의 새로운 일자리 창출로 14~26억 프랑의 순이익을 낼 것이라고 주장했다. 반면 반대론자들은 베른시의 재정이 동계올림픽을 개최할 만큼 넉넉지 못한 상태에서 대회를 치르려면 다른 항목의 예산을 크게 줄이고 코뮌세금도 늘려야 하며, 대회개최로 순이익이 날 것이라는 주장도 과장된 것이라고 반박했다.

2002년 9월 22일 주민투표가 실시된 결과, 올림픽경기장 건설사업과 대회준비사업은 각각 투표자의 77.6%와 78.5%의 압도적 다수로 거부되었다. 이에 따라 베른시정부는 동계올림픽 대회신청을 철회했다. 동계올림픽 개최에 소요되는 경비를 개최도시가 자체 조달하고 경비조달 결정권을 주민투표로 결정하는 베른시의 불가피한 조치였다.

그러나 우리나라 평창군의 의사결정방식은 전혀 달랐다. 평창군은 동계올림픽 대회개최 경비문제를 베른시와 같이 고민할 필요가 없었다. 오히려 평창군은 동계올림픽 대회유치가 그 성패와 관계없이 중앙정부와 강원도의 특별지원으로 획기적 지역발전을 도모할 천재일우의 기회였다. IOC에 동계올림픽 개최지 신청하기 전에 무려 3조 6천억 원의 중앙정부 자금지원 보증이 예견되었다. 이런 상황에서 이미 대규모 스키장 시설을 갖춘 무주군이 국내신청권 확보경쟁에 뛰어들었으나 결국 국내신청권은 평창군에 주어졌다. 이어 평창군은 동계올림픽 유치경쟁에 나섰으나, 2002년 IOC는 캐나다 벤쿠버시를 2010년 개최지로 최종 선정했다.

평창군의 탈락소식이 전해지자 차기 대회개최 신청권을 놓고 평창군과

무주군 간에 심각한 갈등이 빚어졌다. 평창군은 아깝게 실패했으니 다시 도전
하겠다고 발표했고, 무주군은 지난 번 국내 신청권 경쟁 때 체결된 협약에 의
해 인정된 차기대회 신청권을 양보할 수 없다고 주장했다. 이 분쟁은 양측의
극단적 대립이 격화되는 상황에서 중앙정부가 평창군에게 재도전의 기회를
주는 대신 무주군에는 막대한 예산이 소요되는 태권도공원[22]을 지어주겠다는
타협안을 제시함으로써 가까스로 일단락되었다.

　　동계올림픽 유치경쟁이라는 미명 하에 빚어진 이 분쟁은 실은 정부특혜
쟁탈을 위한 소모적 이전투구 사례다. 중앙정부가 세금을 걷어 지방에 나누어
주는 중앙집권적 재정운영방식에 길들여진 한국에서 정부특혜쟁탈정치의 폐
해는 심각하다. 국회의원과 지방자치단체장들은 정부지원금을 챙기는 일에
골몰한다. 이들에 대한 유권자의 평가가 이들이 따온 정부지원금에 달려 있기
때문이다. 그 결과 정부지원금이 불요불급한 전시성 사업에 과잉 투자되고 재
원의 효율적 배분이 왜곡되기 일쑤다. 정부지원금을 '눈먼 돈'으로 여기는 도
덕적 해이가 만연하고, 정부지원금 쟁탈과정에서 빚어지는 관관부패와 지역
갈등의 폐해도 크다.

---

22) 2014년 무주군에는 중앙정부의 보조금으로 대단위 태권도공원이 완공되었다.

6

일본의 근린자치

오승은(제주대학교)

1) 개관

일본에서 지방자치의 단위로 가장 기본이 되는 기초자치단체는 시정촌 (市町村)이나, 이보다 더 작은 단위이면서 예로부터 존재하여 온 정내회·자치 회와 같은 주민자치회[23])가 있다. 이러한 주민자치회는 우리나라의 반상회에 비견할 수 있는 것으로, 공식화된 제도로서는 존재하지 않으나 현실에서는 임 의조직으로 존재한다. 즉, 촌락이나 도시의 작은 구역(町)에서 친목, 공동이익 의 촉진, 지역자치를 위해 주민 등에 의해 조직된 임의단체·지역단체의 성격 을 가지는 조직으로 정회(町會), 정내회(町內會), 자치회(自治會), 구(區), 구회 (區會), 지역진흥회(地域振興會), 상회(常會), 부락회(部落會), 지역회(地域會), 지구회(地區會) 등 다양한 명칭으로 불리고 있다.

표 3-14 주민자치회(地緣団体)의 명칭별 현황

구분	자치회	정내회	정회	부락회	구회	구	기타	합계
단체수	122,916	66,905	17,634	6,903	3,980	38,880	37,141	294,359
구성비	(41/8)	(22.9)	(6)	(2.3)	(1.4)	(13.2)	(12.6)	(100)

출처: 福田厳(2009), p. 122.

---

23) 일본의 주민자치회는 정내회라는 명칭으로 잘 알려져 있으나, 최근 자치회라는 명칭을 쓰 는 조직의 수가 많아지면서 학자에 따라 자치회라는 명칭을 사용하기도 한다(김병국 외, 2014). 이 책에서는 통칭의 의미로 주민자치회라는 명칭을 사용하기로 하겠다.

일본 위키피디아(http://ja.wikipedia.org)에서는 주민자치회를 "일본의 집락 또는 도시의 일부분(町)에서 주민들에 의해 조직된 친목, 공통이익의 촉진, 지역자치를 위한 임의단체·지연단체(地緣團體)와 그 집회·회합을 말한다. 또한 그 관할지역을 칭하는 경우도 있다"고 정의하고 있다. 한국행정학회의 행정학 전자사전에서는 "일본 지역주민의 자치적 친목조직으로 정회(町會), 자치회(自治會)로도 불린다. 일정 지역에 거주하는 모든 세대 또는 일정 지역에서 영업하는 모든 사업소가 가입할 수 있는 임의단체로서, 지역 내에서 일어나는 다양한 문제들에 공동으로 대처하고 지역대표로서 지역관리를 담당하는 자치적 주민조직을 의미한다"고 정의하고 있다. 또한 나카다 등(中田實 외, 2011: 57)에 의하면 '주민자치회는 원칙적으로 일정의 지역적 구획에서 거주하고 영업하는 모든 세대와 사업소를 조직하는 것을 목표로 하여, 그 지역적 구획 내에 생기는 여러 공동의 문제에 대처하는 것을 통해 지역을 대표하고 지역의 관리를 담당하는 주민자치조직'으로 정의하고 있다.

제도적 설치근거를 살펴보면 주민자치회는 전술한 바와 같이 민법상으로는 임의단체이나, 재해대책기본법[24]에는 지역주민에 의한 자주방재조직(自主防災組織)의 설치에 관한 규정이 마련되었는데, 이것이 사실상 정내회·자치회를 모태로 하여 설치하는 것을 상정하고 있었다. 또한 최근에 지역공동체의 중요성이 인식되면서 지방자치법 제260조2에서 지연(地緣)에 의한 단체로 규정되어, 지방자치단체장의 인가를 얻어 법인격을 취득하고 단체명으로 부동산 등기 등을 행하는 것이 가능해졌다. 또한 구 중간법인법(中間法人法)에 기반하여 중간법인[25]으로서의 법인격을 취득하는 경우도 있었다.

<hr>

24) 재해대책기본법은 1959년에 발생한 이세만 태풍을 계기로 지역 공동체 주민들에 의한 방재활동이 중시되면서 제정되었다.
25) 중간법인이란 영리(구성원에의 이익배분)을 목적으로 하는 법인(회사)이 아니며, 공익법인인정법(公益法人認定法)이 정하는 '공익을 목적으로 하는 법인'도 아닌, 비영리·비공익법인을 말한다. 예를 들면 의료법인, 법인인 노동조합, 관리조합법인, 신용금고와 각종 협동조합, 상호회사 등이 이에 포함된다. 平成20년(2008년)에 시행된 공익법인제도개혁관련3법(公益法人制度改革關聯3法) 중 관련법률정비법(關聯法律整備法)의 규정에 의해 일반사단법인에 흡수되어 중간법인제도는 폐지되었다.

주민자치회의 연원을 살펴보면, 1937년 중·일전쟁 때부터 일본 각지에 주민자치회가 조직되기 시작하였고, 1940년에 도시지역(市)에 정내회, 농촌지역(町村)에 부락회가 국가에 의해 정비된 것이 기원이라고 한다.[26] 전쟁 때에는 내부에 인조(隣組)가 있었고, 국민들을 전쟁에 협력하게 하고자 하는 목적으로 제도화되었으며 큰 역할을 담당했다. 1943년 시정촌제(市·町村制)가 개정되어 정내회장이 시장의 승인을 받도록 되면서 정내회는 시정촌 행정기관의 하부기관화되었다.

그 후 전후의 민주화와 일본국 헌법에 따라 1947년 5월 3일 소위 포츠담 정령 15호가 공포되어 정내회·부락회 및 이들의 연합회의 결성이 금지되게 되었다가, 샌프란시스코 강화조약의 발효에 따라 1952년 10월 25일에 금지가 풀리면서 자치조직으로 재조직화되어 오늘날에 이르고 있다. 해금 이후 일부 지방의 훈령에는 사실상의 존재로서 주민자치회가 문헌에 등장하는 예가 몇 개 있지만, 일반 국민들에게 법적 구속력이 있는 법률·시행령·부령 상에는

---

26) 주민자치회의 원형을 어디에서 찾을 것인지에 관해서는 아직 학자들간에 합의를 보지 못했다. 에도시대 이전부터 생성되었던 집락공동체로부터 원형을 찾기도 하고, 지역사회학에서는 일반적으로 자치회의 기원은 근세의 오인조(五人組)이며, 근대에 들어 확실하게 형성되었다고 하고 있다. 또한 제2차 세계대전 후 GHQ(연합국 최고사령부)의 연구에서는 주민자치회의 기원이 다이카개신(大化改新, 645년) 당시의 오인조(五人組)·인보(隣保)제도의 도입까지 거슬러 올라간다. 학설상의 평가는 주로 다음과 같은 입장으로 나뉜다(吉原, 2000: 238−241).
① 근대화론: 근대화론은 전후 민주주의적인 문제에 대한 관심으로부터 정내회·자치회 등을 근대화(도시화)에 역행하는 봉건제의 유물로서 논하는 입장으로, 정내회·자치회가 국가 의사를 위로부터 침투시키기에 적합하였다는 것을 강조한다(행정주도설). 이러한 입장은 봉건제와 봉건 이데올로기를 혼동하여 스스로 근대이데올로기에 사로잡혀 있다는 비판을 받았다.
② 문화형론: 근대화론에 대해 대조적인 입장을 취한 것이 문화유형론이다. 내부적 견해에는 다소 차이가 있는데, 예를 들어 정내회·자치회라고 하는 집단형식의 편재성, 계속성을 강조하는 입장(近江, 1961), 정내회가 가지고 있는 지연(地緣)우선, 전호(全戶)가입제, 포괄적인 성격을 보수적 전통의 온존기반 또는 행정유착조직(지자체 보완 기능)과 연관짓는 근대화론에 대해 포괄적으로 반증하는 입장(中村, 1965), 정내회가 근대에 성립된 독자적인 것이며 정내회가 곧 봉건유물이라는 논의의 단순성을 지적하는 입장(田中, 1990) 등이다. 이른바 일본의 문화로서 정내회를 긍정적으로 평가하는 것이며, 대표적인 학자로서는 오미 테츠오(近江哲男), 나카무라 하치로(中村八朗)를 들 수 있다. 이 이론은 근대화론이 중시하지 않았던 지역의 자율성에 주목하는 데에는 성공하였으나 그 원형성을 주장한 나머지 역사적 변용을 고려한 동태적 분석에는 이르지 못하고, 역시 일종의 이데올로기성을 띨 수밖에 없었다.

주민자치회에 관한 규정이 전혀 없고, 행정조직(중앙정부 및 지자체)과는 법적으로 무관한 존재가 되었다.

전쟁 시의 주민통제·동원수단으로 이용되었다는 이유로 금기시되었던 주민자치회의 중요성이 다시금 재조명된 것은 시정촌 합병과 관련이 깊다. 행정효율성의 논리하에 기초자치단체의 합병이 진행되면서 관공서와의 물리적 거리가 멀어지고 행정의 공백이 발생하자, 이를 메우기 위한 주민자치회의 역할이 다시금 강조된 것이다.[27)

오래전부터 있었던 주민자치회를 비롯하여 많은 조직의 경우는 지명 또는 주거표시의 명칭을 그대로 조직명으로 사용하는 경우가 많고, 지역의 자연환경과 지리적 특성, 상징을 명칭에 넣은 경우, 주거명(아파트명), 개발업자의 회사명을 조직명에 넣은 경우도 있다. 조직의 명칭에 대해 정해진 원칙이 없고, 조직개요와 사무소의 소재지를 행정기관에 신청하면 되기 때문에, ~자치회, ~아파트자치회라고 불리는 경우도 있으며, 단순히 ~회라고 칭하는 것도 있다. 일부지역에서는 상점가나 관리조합 등의 조합이 동일조직으로서 자치조직의 기능을 겸하는 경우도 있다.

개발이 덜 되어 있는 지역에서는 주민자치회의 범위와 구역이 옛 마을과 일치하는 경우도 있으나, 개발이 활발한 교외지역에서는 기본적으로 입주자의 대부분이 기존 조직에 가입하지 않고, 개발된 지구·주거단위(아파트, 연립단위)로 새로운 조직을 만들기 때문에 지역이 세분화되어 있다. 또한 독신자용 임대아파트, 학생용 아파트가 많은 지구, 단지가 많은 지구, 별장지 등에서는 자치조직 자체가 존재하지 않는 경우도 드물지 않다.

일본의 주민자치회의 특성은 다음과 같다(遠藤, 1992; 鳥越, 1994; 中田實, 2007; 中田實, 2009).

첫째, 설립의 자발성이다. 주민이 자체적으로 지역의 자치활동에 참가하

---

27) 이시미(石見, 2014)는 보완성의 원리를 중심으로 주민의 역할을 자조(自助), 주민자치회의 역할을 공조(共助), 행정기관의 역할을 공조(公助)로 표현하고, 주민 스스로 지역의 문제를 해결하는 것이 원칙이며, 그것이 어려울 때에 주민자치회가 맡고, 그것도 어려우면 행정기관에 맡기는 것을 상정하고 있다.

기 위해 설립한 조직이며 원칙적으로 구획내의 전 주민이 자동가입(적어도 가입 자격을 취득하게)하게 된다.

둘째, 지역구획성(지역점거성)이다. 주민자치회는 일정한 지역단위를 가지며, 이 구획은 상호 중복되지 않는다. 이는 일정 구획내의 세대를 구성원으로 하여 그 구획에는 동종(同種)의 단체가 존재하지 않는 것을 의미한다. 과거에 부락 등의 집단이 토지를 공동 점유하였던 데에서 유래한 것으로 부락과 정내에는 경계를 설정하여 안과 밖을 구분하는 '영토'적 개념이 존재한다(鳥越, 1994: 182).

셋째, 세대를 단위로 구성된다. 주민자치회는 공동생활에 기초한 조직이므로 생활의 단위인 세대가 단위가 되며, 주민자치회가 그 구획 내 모든 주민의 권리를 지키므로 실제의 활동의 단위는 지역에서의 생활단위인 세대라는 것이다.[28] 규모는 50세대부터 200세대까지 다양하고, 경우에 따라 지역 내 기업체나 변호사 사무실 등 단체회원의 가입도 가능하다. 관할지역 내의 모든 세대는 자동 가입되며, 거주지역 이외 지역의 주민자치회에도 가입이 가능하다. 그러나 법적인 강제성이 없이 가입·탈퇴가 자유롭기 때문에 실질적인 가입률은 지역에 따라 다르고, 주거형태의 변화와 독신가구의 증가로 가입률이 점차 낮아지는 경향이 보인다.

넷째, 지역에서 일어나는 다양한 문제에 관하여 포괄적으로 관여한다. 즉, 행정으로부터의 위탁사무, 공동협력에 의한 사무의 수행은 물론 개인적인 영역까지를 활동범위로 한다. 이는 특정문제의 해결보다는 주민들이 생활에서 겪는 다양한 문제에 효율적으로 대응하기 위함이다(中村, 1979: 29).

다섯째, 행정기관과 제3자에 대해 지역(주민)을 대표한다. 주민자치회의 임원들은 간담회의 참여 등을 통해 주민의 수요를 행정기관이 파악하도록 하고, 행정기관의 의도를 주민에게 전달하는 파이프라인 기능을 하고 있다.[29]

---

28) 세대 단위 가입은 종래의 호주중심주의라는 봉건적 특성이 남아있는 것이라는 비판도 있으며, 지방자치법에서는 인가지연단체(認可地緣團體)에 개인단위로 가입하는 것을 인정하도록 하고 있다(伊藤, 2007).

29) 이러한 관계로부터 시정촌에 따라서는 연합자치회 조직이 의회에 견줄 정도의 의사결정

하지만 주민자치회가 지역을 대표할 수 있는 조직이라는 것은 세대의 과반수
가 참여하는 것을 전제로 하기 때문에, 과반을 넘지 못하는 경우에는 일반 주
민에 의한 임의단체에 지나지 않는다.

주민자치회를 보는 입장에는 다음과 같은 몇 가지가 있다(中田, 1993:
13－20).

첫째, 주민자치회를 전근대집단이라고 보는 입장이다. 세대단위 가입과
반강제적 참가라는 특성에서 보이는 주체성의 결여를 문제로 하여, 주민자치
회를 전근대적·봉건적인 조직으로 부정하고, 그것의 해체가 일본 사회의 근
대화·민주화로 나아가는 길로 본다. 지역주민조직이 전시 체제하에 지역지배
의 말단으로서 법제화되었고, 전후에도 다시 지주(＝구 중간층)의 지배하에 행
정기관의 하청기능을 담당해온 것은 사실이며, 이것은 이런 면만을 강조하는
입장이다.

두 번째는 주민자치회를 특수한 일본적 집단으로 보는 입장이다. 일본인
이 집단을 만들 때에는 집단주의적 원리에 지배되는데, 주민자치회는 그 표현
이므로 이것은 일본고유의 문화형으로 받아들어야 한다는 입장이다.

세 번째는 주민자치회를 생활기능집단으로 간주하는 입장이다. 주민자치
회가 완수하는 기능의 포괄성·미분화성은 오히려 장점이며 지역생활에 있어
그 존재가 불가피하다는 것을 나타낸다는 입장이다.

네 번째는 주민자치회를 지역공동 관리조직으로 보는 입장으로, 주민자
치회의 본질적 기능을 지역공동관리로 보고, 지역관리의 주체와 양태를 공동
체형, 소유자 지배형, 공동관리형이라는 역사적인 발전단계로 구분한다. 공동
체형 지역관리는 생산·소비수단의 공동소유를 기초로 공동체조직이 이용자
인 동시에 관리주체가 되는 관리 형태로, 여기서의 공동체는 전원참가의 즉자
적이고 자연적인 자치조직이다.

소유자 지배형은 생활조건의 소유·비소유에 의해 계급분화가 생기고 공

기관이며 주민자치회의 장이 기초의원에 필적할 권위를 가지는 지역도 있다(中川, 1989).
국제비교적론적 관점에서 일본의 주민자치회가 다른 나라의 유사한 조직에 비교해 볼 때
국가로부터의 독립성이 높다는 견해도 있다(Pekkanen, 2006: 119).

동체가 해체된 단계에서의 관리형식이다. 여기서는 소유자가 관리주체이고, 이용자에 불과한 비소유자는 관리의 객체가 된다. 전전(戰前)·전후(戰後)의 지주·명망가 등 소유자층에 의한 지역지배가 그 구체적인 현상이다.

공동관리형 지역관리는 도시화에 의한 생활의 사회화에 따라, 소유가 아닌 공동적 이용이 중심이 되면서 현실성을 띠게 된 방식이다. 공동관리가 가능하게 되기 위해서는 불특정 다수의 이용자의 요구가 소유자의 자의성을 제한할 수 있는 권력이 확립되어 있어야 한다. 소유·비소유를 불문하고 이용자가 관리주체이며, 공동관리조직은 지역사회의 공공성의 담당자로서 목적달성을 위해 조직화되어 있어야 한다. 현재의 주민자치회는 소유자 지배형에서 공동관리형으로의 이행기에 있다고 생각할 수 있다.

2) 구성

주민자치회의 대부분은 법인이 아닌 임의단체이며, 가입은 의무가 아니지만 지역 내의 모든 세대가 가입하고 있는 경우가 많고, 1인 가구나 맞벌이가 많은 공동주택단지의 경우 가입률이 낮은 등, 해당 지역의 거주형태나 취업형태를 반영하고 있다. 도시지역에서는 자치단체로부터 사무의 위임을 받아 지자체 하부조직에서 정내회로 직원을 파견하는 경우가 있는데, 이 경우 주민자치회의 장이 지구장을 겸하는 경우가 있고, 일부에서는 공금으로 보수가 지급되는 등 지자체 조직에 속하는 경우도 있다.

주민자치회는 기본적으로 거주지역 내의 전 주민에게 관련된 문제에 대처하는 조직이므로 참가조건이 없고, 각 세대의 대표자에 의한 전원회의(총회)이며, 회원이 되면 거주지역의 문제에 의견을 개진할 수 있는 권리를 가진다(中田實 외, 2012: 58). 가입은 자동가입이지만 지역사회의 운영에 실질적으로 관여할 수 있는 회원은 토지소유를 기반으로 한 명망가 층에 한정되어 있었으나, 최근의 도시화에 의해 이러한 구조는 무너지고 도시중산층을 주축으로 합의형성을 위한 조직구조로의 변경, 규약에 기초한 운영이 추진되고 있다.[30]

위임, 일부구성원만의 참가가 일상화되어 있는 곳도 있으며, 회의에 참가하지 않고 정례활동만 참가하는 주민도 있어, 의결과 집행은 분리되지 않는다.

정내회·자치회는 근처의 정내회와 공동으로 정내회연합회, 연합 정내회 등으로 불리는 연합체를 조직하는 경우도 있다. 이 연합조직의 기능은 구성주민조직의 연락조정과 시정촌 행정기관으로부터의 의뢰사항의 전달, 연락사무 등이다. 이러한 조직의 기능은 주로 광역적 과제에 대해 연결조정사무이며, 정내회와 상하관계에 있는 상부조직은 아니라는 점에 유의할 필요가 있다. 그러나 저출산 고령화 등의 이유로 지역사회에 따라서는 과제처리, 행사수행 등을 광역적인 협력에 의해 수행해야 할 필요도 있다.

회의의 장소는 마을회관, 지자체 지원으로 건설된 마을회의장, 아파트에 구비된 집회장, 임원의 집 등이다. 조직으로는 회장을 비롯하여 부회장, 부시장, 회계담당(회계), 총무 등의 임원을 두며, 드물지만 최고임원명이 서기장인 사례도 존재한다. 구성원이 많은 정내회 혹은 인조(人組)의 흔적으로 거주지를 보다 구분하여 조(組), 반(班) 등을 두고 조장, 반장 등의 임원을 두는 경우도 있다. 이러한 임원의 선출은 선거에 의하는데 정년퇴직한 남성이 돌아가며 하는 것이 관례인 경우가 많다. 아파트 건설에 의해 새로운 조를 설치한 경우 등은 집주인이 조장을 맡는 사례가 있다.

새롭게 주민이 된 사람이 주민자치회에 가입하는 일은 드물지 않으나, 관공서나 주민자치회의 임원이 조직률의 저하를 막기 위해 아파트 분양시 주민자치회 가입을 조건으로 계약하는 경우도 있다. 또한 가입은 하고 있으나 행사에는 참가하지 않고 회비만 내는 경우도 있고, 드물게는 가입해도 주민자치회비를 체납하는 경우도 있다. 주민자치회의 활동단위로 가족을 상정하고 있으므로 독신자의 생활환경을 고려하지 않은 스케줄 때문에 독신자는 가입하지 않거나 가입해도 활동에 참가할 수 없는 경우가 많다.

또한 회원(주민)의 교류를 촉진하기 위해 다양한 행사를 하는 곳도 있는

---

30) 이러한 현상은 최근의 세대규모의 축소, 고령자 독거세대의 증가, 소유관계의 복잡화, 격차의 확대, 외국인 주민의 증가 등 지역사회 구성원의 변화에 따른 것이다(中田實, 2012: 58)

반면, 주민의 고령화 등의 이유로 행사를 하지 않는 경우도 있고, 지금까지 없었던 새로운 행사가 기획되는 경우도 있다(불꽃놀이, 신사축제, 운동회 등). 비교적 규모가 큰 주민자치회에는 특정분야의 문제에 대해 전문부서(문화부, 체육부, 복지부, 홍보부 등)와 위원회를 두고 각종 과제에 대응하는 방식을 취하기도 한다(中田實, 2012: 104).

3) 기능

주민자치회는 일부의 사람들에 의해 만들어지는 것이 아니라 그곳에 사는 사람들의 총의로 만들어지고 활동하며 성장해 나가는 것이다. 지역의 발전을 위해서는 무엇보다도 그곳에 사는 사람들의 적극적인 참여가 필요하다.

주민자치회는 지역주민의 여러 가지 요구에 대응하여 환경정비활동과 복지활동, 친목활동, 또 주민생활에 관한 행정에의 협력 등 다양한 활동을 하고 있으며, 주민자치회의 주요한 활동은 다음과 같다.

가. 지역내 자치·친목활동

이는 자연발생적으로 지역주민간의 친목·교류에 기초하여 형성된 기능으로 지역에 있어 공동생활을 위한 기반을 관리하는 역할을 수행하는 것을 말한다. 즉, 주민상호관계에서의 연락조정과 여가활동 등의 친목행사 등이다.

✓ **정내 자치활동**
  - 지역 내 주민의 의견조정
  - 행정에의 제언
  - 경조사 사업
✓ **친목활동**
  - 각종 스포츠대회
  - 여름축제 등
✓ **지역 부조사업**
  - 경로회의 개최
  - 독거노인 등 지역의 음지 지원(복지자원봉사)

- 건강증진에 관한 학습회와 교실의 개최
- 각종모금활동에의 협력(일본 적십자사, 사회복지협의회활동에의 협력)

나. 사회서비스 제공

주민자치회는 지역문제의 해결과 지역기반의 확보라는 면에서 환경위생, 방재, 고령자와 육아 지원, 방재, 방범, 교통안전 등의 활동을 수행한다. 최근에는 환경문제에의 의식이 높아지고 저출산 고령화가 진행되는 것을 반영하여 환경미화활동과 복지활동이 중점적으로 행해지고 있으며 특히 동일본 대지진을 계기로 하여 방재에 관한 주민자치회의 기능이 주목받고 있다. 이러한 활동은 각 지역의 실정에 맞추어 주민들의 협동 하에 담당하고 있는 것으로, 공익적 활동으로 자리매김하는 것이 가능하다.

모두가 잘 살 수 있는 마을만들기를 추진하기 위해서는 도로와 공원의 미화와 청소, 어두운 곳을 밝히는 방범 등의 유지관리, 화재와 범죄의 예방 등 행정기관과 협력하는 부분에서 한걸음 나아가, 모두의 참여하에 즐거운 문화, 여가활동, 건강만들기와 지역 복지활동 등이 요청되며, 이러한 활동은 남에게 맡기는 것이 아니라 '스스로의 마을은 스스로의 손으로'라는 자주적인 생각에서 실천하여 가는 것이 중요할 것이다.

✓ 교육문화활동
- 어린이회에 대한 지원
- 지역운동회의 개최
- 전통행사, 지역축제 등에의 참가

✓ 교통안전, 방범, 방화, 방재활동
- 교통안전교실 · 강습회의 개최
- 야간 방범등의 유지관리
- 방범 순찰(아동 · 학생 지킴이, 통학로의 순찰 등)
- 지역 소방단의 활동지원
- 자주방재조직의 설립 · 운영

✓ 환경보전활동
- 자원 회수와 재활용의 촉진 · 계발

- 쓰레기 집하장의 설치와 유지관리
- 쓰레기 감량화 운동
- 시내 청소
- 하천 청소
- 공원 미화 · 청소

✓ **보건위생활동**
- 해충구제
- 헌혈운동 등

다. 시로부터의 의뢰사무 수행

지역기반조직인 정내회 · 자치회 등의 주민자치회에는 행정기관으로부터의 의뢰에 따라 행하는 업무가 있다. 주로 주민의 생활에 밀접한 관계가 있는 시 및 관계기관간행물을 회람, 배포, 행정위원회와 심의회의 위원추천, 각종 조사 등에의 협조 등이다.

✓ **지역진흥활동**
- 시 및 관계기관 간행물의 배부, 회람
- 광고판의 관리

✓ **행정에의 참여**
- 행정 간담회 등에의 참가
- 각종 위원회의 참여

도시화가 진전되고 핵가족화가 진행됨에 따라 지역의 연대의식이 희박해지는 경향이 있으나, 한편으로 지역복지의 추진과 재해 발생시의 원호자 대책 등 많은 분야에서 주민자치회의 필요성과 중요성이 높아지고 있다.

또한 주민의 라이프스타일과 가치관이 변화하여 행정에의 수요가 다양화, 개별화되고 있는 한편, 행정기관에서는 심각한 지방재정의 위기 상황 속에서 재정개혁과 직원정수의 삭감, 사무사업의 개선이 추진되고 있으며, 저출산 고령화의 진행상황을 보면 앞으로 공공서비스를 종래처럼 행정기관만의 힘으로 제공하는 것은 곤란한 상황이다.

지구·자치회·정내회 등의 주민자치회와 지방자치단체가 대등한 입장에서 적절한 역할분담 하에 협력해서 공공의 문제에 대처하여 나가는 것은 매우 중요한 과제이다. 이러한 의미에서 공동체만들기는 마을만들기의 기초이며 공동체 활동을 실질적으로 추진해 나가는 것이 주민자치회의 가장 큰 역할이다.

4) 재원

주민자치회에서는 다양한 지역의 특색을 살린 활동을 하고 있으며 이와 같은 자치회의 다양한 활동에 들어가는 경비는 거의 정회비와 보조금 등의 수입에 의해 충당되고 있다. 재정상황을 파악하고 재정집행을 관리하기 위해 회계연도가 설정되어 있는데, 대부분 지자체의 회계연도와 일치하여 4월 1일부터 다음 해 3월 31일까지로 되어 있는 경우가 많으며, 사업연도 또한 동일 기간이다.

가. 주민자치회의 수입

주민자치회의 수입은 대부분 회비, 기부금, 보조금, 사업·재산수입 등으로 구성된다.

① 회비수입

주민자치회의 주요한 재원은 주로 주민들로부터 징수한 회비인데, 일반적으로는 정액제를 택하고 있으나 토지와 가옥에 대한 자산할제를 함께 채택하고 있는 지역도 농어촌지역에 존재하며, 액수는 세대수, 운영방법, 지역성에 따라 각기 다르게 나타나고 있다.[31]

---

[31] 주민자치회비의 경우 최고재판소의 판결에 따라 비가입자에 대해서는 공익적 경비의 부담을 하지 않는 것이 인정되었다(中田實, 2012: 106). 징수한 정회비로 당해 정내 세대의 주소, 전화번호를 기재한 명부장을 발행하는 주민자치회도 있다. 개인정보의 보호에 관한 법률에는 저촉되지 않는다고 하나 장부에 기재되기를 거부하는 세대도 증가하고 있다. 지역기업 등의 광고를 모집하여 무료로 발행하고 있는 주민자치회도 있지만, 마찬가지로 개인정보기재를 거부하는 경우가 많다.

② 기부금수입

주민자치회의 수입으로 기부금이 있는데, 이는 주민자치회가 행하는 운동회와 마을축제 등의 행사에 대한 기부금과 일반적 기부수입이다. 기부는 주민이 행사를 지원한다는 의미에서 행해지는 것으로 회비와는 별도로 모금된다. 또한 정내의 기업과 각종 시설로부터 지역에의 공헌한다는 의미와 부담금적인 성격의 기부금도 포함되어 있다.

③ 보조금 수입

주민자치회의 행정협력활동에 수반되는 보조금 수입도 일정 비중을 차지하고 있다. 시정촌으로부터 홍보지 배포 등의 행정사무를 수탁하고 있는 경우, 사무 수에 비례해서 보조금의 형태로 수입이 생기는 것이 일반적이다. 최근 주민자치회에 행정사무의 위탁이 증가하고 있는데, 주로 홍보지·연락문서 등 인쇄물의 배부, 각종 모금의 협력의뢰, 시정촌의 연락사무이다. 사무위탁의 증가에 따라 주민자치회장이 비상근 특별직 공무원처럼 되는 현상도 나타나고 있다. 실질적으로는 주민자치회 조직을 이용하는 것을 기대하지만, 형식적으로는 조직외의 행정협력의 형태를 취하고 있다.

주민자치회의 행정사무의 수탁증가가 본연의 자치활동에 지장을 가져온다는 지적이 있지만, 보조금은 마을만들기라는 종합적인 목적을 위한 용도로 사용하도록 하고 특정하지 않는 포괄보조금의 형태가 증가하고 있어, 이후 주민자치회의 제안에 따라 사용의 자유화가 확대될 것이며, 따라서 지자체의 재정지출의 효용수준을 높여갈 것으로 생각된다.

④ 사업·재산수입

집회시설을 주민자치회가 소유하고 있는 경우, 임대에 따른 이용료 수입과 폐품회수에 의한 수입 등이 있다. 지역에 따라서는 신사의 유지관리를 행하는 주민자치회도 있고 그 헌금수입이 주민자치회에 수입으로 산입되기도 한다.

⑤ 지역커뮤니티세의 도입과 폐지

주민자치회의 쇠퇴로 지역의 공동사무(지역청소 등)를 주민들이 담당하는 것이 불가능해지는 것을 해결하기 위해, 이런 지역공동관리 비용을 지역커뮤니티세(법정외 보통세)로 징수하는 지자체도 있다. 미야자키시(宮崎市)에서는 2009년 4월에 전국 최초로 지역커뮤니티세를 도입한 바 있는데, 시민세 균등할(소득에 무관하게 일률적으로 징수하는 인두세로서의 성격을 지님)로 1인당 500엔을 부과하여 수입을 전액 지역자치구(18지구)에 배분하면, 지역자치구에 설치된 지역협의회가 정한 방침에 근거하여 지역만들기 추진위원회가 용도를 정하는(지역커뮤니티활동교부금) 구조이다. 시 당국은 지역커뮤니티세의 재원을 방범, 방재, 지역복지, 환경과 각종 지역과제해결 등에 배분하였는데, 원래 시 당국이 의도하였던 용도는 주민자치회가 행정기관과 공동으로 수행하였던 분야이다. 과세제도로서의 방식에 논쟁이 많았던 이 세는 2011년 새로 선출된 시장이 폐지하였고, 지역커뮤니티활동교부금은 일반재원으로 계속 교부되고 있다.

나. 주민자치회의 지출

지출은 성격상 총무비와 사업비로 나눌 수 있는데, 총무비는 주민자치회의 운영에 드는 지출로 회의비, 교통비, 통신비, 소모품비, 위생비(정내 청소 등), 인건비(임원 수당, 사무원급여), 예비비 등이다. 사업비는 회의 행사 등 사업비와 전문부의 활동비다. 그 외 분담금으로 모금과 다른 단체에의 기부금 지출이 있다.

다. 회계감사

주민자치회에는 회계·사업의 집행상황에 대해 감사를 행하고 총회에 보고하기 위한 회계감사가 있다. 회계감사의 역할은 회계의 감사를 통해 주민자치회의 목적에 따라 사업이 진행되고 있는가를 확인하는 것이다. 감사를 통해 부적절한 재무처리나 회계처리가 발견되는 경우, 그 개선을 권고하고 이후 활동에 환류하는 것이 필요하다. 문제점을 방치해 두는 것은 전원의 회비부담을 불합리하게 지속시키는 것이 되어 주민자치회의 존속을 위협하는 결과가 되기 때문이다.

라. 법인격 취득에 의한 재산관리

주민자치회는 역사적으로 정촌 합병에 있어 지구재산을 인계하기도 하고 독자적으로 집회소 등의 건물과 토지를 소유하는 예가 많다. 주민자치회가 임의단체이기 때문에 부동산 소유를 단체명으로 등기하는 것이 불가능하여 회장이나 임원의 이름으로 등기가 되는 경우가 많았다. 대표자의 교체에 의한 이전등기가 불완전하게 되거나 상속시 대표자의 개인재산에 포함되어 버리는 등의 문제가 발생하기도 하고, 과세상의 문제와 공동소유로 되어 있는 경우 지분의 매각, 개인적 대출의 담보 설정, 금융자산에의 이자과세 등의 문제가 발생하였다. 이러한 문제를 해결하기 위한 조치로 1991년 지방자치법을 개정하여 주민자치회 등 지연에 의한 단체에 대해 시정촌의 신청에 의한 법인격 인가조치가 행해지고,[32] 단체명으로 부동산 등기가 가능해졌다.

5) 대외관계

주민자치회의 중요성이 재조명된 것은 시정촌 합병과 관계가 깊다. 시정촌 합병에 의해 관공서와의 물리적 거리가 멀어지고 과소화·고령화에 의한 지역격차의 심화 등의 문제가 심각해지자, 이러한 문제를 해결하기 위한 주민들의 자주적 노력의 필요성이 대두되었다.

한편 행정기관에서도 합병 후의 지역사회운영을 위해 기존의 행정구역을 단위로 주민조직을 재편하여 '지역자치구'를 설치하였는데,[33] 현실적인 활동

---

32) 지방자치법상 법인격 인가의 요건은 다음과 같다(지방자치법 제260조2②).
　　첫째, 그 지역의 주민 상호 연락, 환경의 정비, 집회시설의 유지관리 등 양호한 지역사회의 유지 및 형성을 위한 지역 공동활동을 행하는 것을 목적으로, 현재 그 활동을 행하고 있다고 인정될 것.
　　둘째, 그 구역이 주민에 있어 객관적으로 명백한 것으로 인정되고 있을 것.
　　셋째, 그 구역에 주소를 두는 모든 개인이 구성원이 되는 것이 가능한 것으로 상당수의 사람이 현재 구성원이 되어 있을 것.
　　넷째, 규약을 정하고 있을 것.

기반으로서 주민자치회의 역할이 중요해졌다. 지방에서는 합병되지 않고 소규모로 남은 시정촌과, 합병할 수 없었던 시정촌에서도 재정적인 문제가 심각해지면서 주민자치회와 학교·커뮤니티와의 연계, 주민활동의 강화와 같은 행정기관과 주민조직과의 관계에서의 질적인 변화가 필요해졌던 것이다.

가. 행정기관과의 관계

주민자치회는 지역민들이 자주적인 자치활동을 행하는 단체이며, 지역의 발전과 보다 좋은 지역환경을 만들기 위해 행정기관과 자치회가 역할을 분담하면서 협력, 협동하는 관계에 있을 필요가 있다. 지자체 행정을 민주적으로 행하기 위해서는 행정의 각 수준에서 주민참여를 보장하고, 일반적으로 행정기관에 요청되는 정보제공 조성금·보조금의 확대, 연수회의 개최 등에 힘쓰면서 주민자치회와의 협동이 필요하게 된다. 이러한 협동이 계속됨에 따라 지역사업의 실시주체는 ① 전적으로 지역주민이 지역의 공동관리로써 행하는 사업(지역의 청소, 생활도로의 관리, 고령자의 상호지원 등) ② 주민과 행정기관이 협동하여 행하는 사업(커뮤니티 버스 등 지역교통수단의 정비·운행, 지역산업진

---

33) 2004년 지방자치법 개정으로 주민자치의 강화를 위해 시정촌내에 일정 구역을 단위로 하여 시정촌의 판단에 따라 지역자치구를 둘 수 있는 규정이 신설되었으며, 시정촌 합병시에는 특례를 두어 기존의 시정촌단위로 설치되었던 지역자치구는 법인격을 가지지 않지만 합병특례구의 경우는 법인격을 가진다(시정촌의합병의특례등에관한법률 제26조). 2014년 4월 현재 일반 지역심의회는 177개 단체에 645개, 지역자치구는 45단체에 210개(일반 145, 특례 65), 합병특례구는 2단체에 3개가 설치되어 있다(제도의 개요는 부록 1 참조).

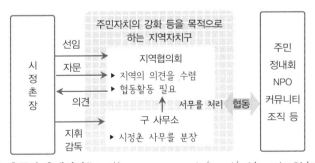

출처: 총무성 홈페이지(http://www.soumu.go.jp/gapei/seido_gaiyo01.html)

흥, 고령자지원 등) ③ 전적으로 행정기관이 행하는 사업(특히 사회보장과 시설면의 정비)으로 구분할 수 있다. 이런 정비에 의해 행정기관의 역할이 실로 보완성의 원리에 기초하여 유효, 적절하게 집중하여 발휘하는 것이 가능해지는 것이다.

전술한 바와 같이, 주민자치회가 전국에 일률적으로 조직된 것은 제2차 세계대전 전인 소화(昭和) 15년인데, 그 이후에는 행정기관의 말단조직으로서 행정보조단체라는 성격이 강했고, 기초지자체(市町村)뿐만 아니라 광역지자체(府縣), 경찰·소방관계, 공사 등의 외곽단체에까지 걸쳐 있었다. 주민자치회 활동에서 행정사무의 비중이 높아지면서 자치에 관련된 활동을 약화시키는 측면이 지적되고 있는 한편, 행정업무의 지역적 분임이 행정시스템의 학습과정이 되기도 한다. 주민자치의 강화라는 관점에서 지자체와의 협력·협동관계가 확립될 필요가 있다.

행정기관으로부터의 수탁사무를 살펴보면 행정기관의 홍보지와 회람문서 배포가 가장 많은 비중을 차지하며, 그 외는 징세, 국민건강보험, 국민연금보험 등의 증서교부와 선거표의 교부 등으로 개인정보에 관련된 것이기 때문에 최근에는 우편으로 대체되어 감소하고 있는 한편, 교통재해공제관계의 사무 의뢰는 증가하고 있다. 민생위원, 보호사, 국세조사원, 선거입회인 등 각종 행정협력위원의 추천도 주민자치회에의 중요한 위탁사항이다. 이들 행정협력요원은 행정과 주민을 잇는 파이프 역할을 하고 있으나 규모가 큰 주민자치회에서는 인재에 관한 정보를 얻기 힘들기 때문에 인선에 곤란을 겪는 경우도 있다.

이러한 행정기관으로부터의 홍보와 사무문서 등에는 주민의 생존권과 알 권리에 속하는 것도 포함되어 있기 때문에 주민자치회에 가입하지 않은 주민에게도 확실히 전해질 수 있는 경로가 필요하다. 따라서 주민자치회가 제 활동을 추진하여 지역의 문제를 해결하기 위해서는 행정기관의 구체적인 수단과 프로그램을 적극적으로 활용하는 것이 중요하다.

이러한 자치회활동과 행정기관과의 파이프역할을 하고 있는 것이 대부분 주민자치회장이며, 그 지역의 마을만들기, 공동체만들기 활동을 돕는 것이 행정기관의 역할이다.

행정기관은 지역의 상황을 조사, 연구하고 시정에 반영하기 위해 자치회와 상부단체인 자치진흥위원회와의 연계를 유지하는 데 힘쓰고 있다. 일반적으로 자치진흥위원회에 주민자치의 활성화 및 지원을 위한 경비로서 자치진흥위원회보조금, 회람문서 등의 배포위탁료를 지급하고 있으며, 자치회에는 방범등 정비보조금, 방범등 전기료보조금, 생활환경미화용 도구 구입보조금 등을 교부하고 있다.

나. 시민단체와의 관계

시정촌 합병에 의해 관공서와의 물리적 거리가 멀어진 반면, 지역사회의 공공문제가 다양화되면서 주민자치회가 다양한 시민단체·NGO 등과 연계하여 대응하는 형태도 생겨나고 있다.

지역의 문제가 다양화되면서 전국적 내지 글로벌한 측면에서 복잡한 문제가 직접 지역에 영향을 미치는 경우가 증가하고 있다. 이러한 문제에 대응하고 주민의 복지를 실현하기 위해서는 주민자치회가 상응하는 조직형태를 가지도록 기능적으로 조직될 필요가 있다. 주민자치회가 본래 지역문제에 종합적으로 대응하기 위한 성격의 것이기 때문에 행정기관과의 연계, 협동이 고안되고 있다. 지방재정의 압박과 시정촌 합병의 결과로 행정단위가 광역화되면서 지역사회가 주민자치회에 기대하는 역할이 커졌기 때문에 종래의 조직운영방식으로는 주민자치회의 활동에도 한계가 있을 것이 분명하다. 따라서 포괄적으로 문제에 대처하는 것을 임무로 하는 지연형(地緣型) 조직과 개별문제에 대해 보다 전문적으로 대처할 수 있는 비영리조직으로서의 NGO 등이 연합하여 지역문제의 해결을 위해 공동대응 하는 형태로 정비되고 있다.

다. 기타 주민조직과의 관계

아파트와 같은 공동주택에는 개별소유인 공간 외에 복도나 계단 등의 공동공간이 존재한다. 이러한 공유부분의 공동관리와 거주조건유지를 위해 설립된 것이 관리조합이다. 구분소유등에관한법률[34] 제3조에서는 구분소유자 전원에 의해 주택관리조합을 설립하도록 정해져 있으며, 소유자가 아닌 임차인은 주택관리조합의 구성원이 될 수 없다.

주택관리조합의 역할은 건물의 유지관리(청소, 수선보수 등), 조합의 운영관리사무(거주자에 의한 각종집회와 관리비의 징수사무 등), 거주자의 생활과제의 공동관리(생활상의 제 문제 – 애완동물, 소음, 주차장, 쓰레기 관리 등)로 구분되나 그 외에도 많은 역할을 담당하고 있다.

주택관리조합의 역할 중 생활과제의 공동관리에 대한 것은 주민자치회 활동으로서의 기능도 있다. 일반적으로 50호 미만의 소규모 집합주택의 경우 주택관리조합에 의한 건물 등의 자주적 관리가 행해지며 주민자치회의 역할도 겸하는 경우가 많다. 거꾸로 200호 이상의 비교적 대규모 집합주택에서는 주민자치회 등을 병설하고 있는 경우가 많다.

그러나 관리조합이 거주여부에 상관없이 소유자 전원의 조직으로서 설치 의무가 있는 데에 비해, 주민자치회는 거주자를 대상으로 한 조직으로 원칙적으로 전 세대 가입이 강제되는 것은 아니다. 또한 주민자치회의 임원은 소유자 이외의 임차인도 취임할 수 있다.

또한 아파트 관리비와 자치회비를 일률적으로 취급하면 안 된다. 이 점에 대해 국토교통성이 작성한 아파트표준관리규약에는 '자치회비, 정내회비 등은 거주자가 임의로 부담하는 것으로, 아파트라고 하는 공유재산을 유지·관리하기 위한 비용인 관리비와는 별도의 것'으로 구분하고 있다.

6) 시정촌 합병 이후 주민자치회의 변화

시정촌합병 이후의 주민자치회의 양상에 대한 연구를 살펴보면 우선 이리야마(入山, 2004)의 연구에서는 새로운 주민자치회를 병설형, 포섭형, 계층

---

34) 구분소유법은 아파트 등의 집합주택의 공동관리를 위해 시행된 법률이다.

형의 3가지 유형으로 구분하고 있다. 우선 병설형은 기존의 정내회·자치회와 병설되는 형태로 새로운 지역자치회가 설치되는 형태이다. 새롭게 기대되는 역할을 기존 조직에 부여하는 것이 무리인 경우, 기존 조직을 활성화시키면서 새로운 조직을 병설하는 것으로 문제에 대처하려고 하는 형태이다.

포섭형은 정내회·자치회를 포섭하는 형태로 새로이 주민자치회가 설치되는 것이다. 이 경우는 정내회·자치회측에서도 새로운 조직의 일원으로서 자각하면서 새로운 역할을 맡는 체제가 확립되어 있는 상태이다. 원래 재편단계에서 정내회·자치회와의 관계성을 충분히 배려하면서 각 지역의 중지를 모아 조직재편을 행하기 때문에 포섭형을 이념으로 하여 설립된 경우에도 실제로는 병설형으로 운영되고 있는 경우가 많다.

계층형은 복수의 초등학교구에 걸치며 중학교구 정도의 범위에 해당하는 것으로 특히 인구가 많은 도시부에서 주로 나타나는 형태이다.

한편, 후쿠시마(福嶋, 2005)의 연구는 주민자치회의 재편방법의 차이에 중점을 두고 일제이행형(一齊移行型)과 모델파급형의 두 종류로 대별하여 각각의 예를 들어 설명하고 있다. 우선 일제이행형은 지역주민과 행정기관과의 의견조정의 축적을 전제로 하여 시정촌내 전역에서 새로운 주민자치회가 일제히 만들어지는 형태이다.

한편 모델파급형은 모델지역을 설정하여 중점적으로 지원하면서 그 성과를 축적하여 타 지역으로의 조직화를 유발해 가는 형태로, 호시노(星野, 2004)의 연구에서처럼 지역주민들이 자발적으로 주민자치회를 조직하는 경우가 우수사례로 취급되며, 시내 전역에서 동일한 형태의 조직이 설립되는 케이스도 포함하고 있다.

7) 주민자치회의 과제

이상에서 살펴본 바와 같이 일본의 주민자치회는 일정지역(주로 초등학교 학군)을 지역적 단위로 하여 지역문제의 해결을 위해 자발적으로 생겨난 조직

그림 3-11 주민자치회의 설립 패턴

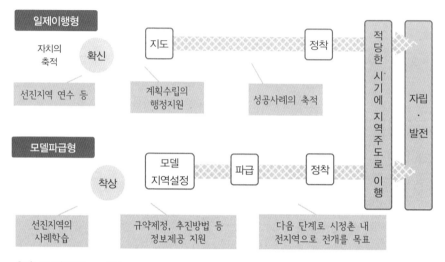

출처: 福嶋(2005), p. 147.

이다. 그러나 최근의 지역사회의 환경변화는 주민자치회의 운영에 다음과 같은 어려움을 가져왔다.

가. 가입률의 저하경향

아파트나 연립 등의 집합주택의 주민을 중심으로 하여 가입률이 낮아지는 경향이 있다. 주민자치회는 임의단체이므로 탈퇴는 자유이지만, 탈퇴는 곧 주민자치회의 관리능력저하를 가져오는 동시에 지역사회에의 관심과 관여의 기회 상실로 이어진다. 주민자치회가 주민들의 회비를 재원으로 운영되기 때문에 가입율의 저하는 또한 재정상의 한계로 이어진다.

나. 지역의 고령화와 활동참가율의 저하경향

젊은 세대가 지역 외로 이주하는 경우가 많아지고 출생률이 감소함에 따라 지역 전체의 고령화가 급속하게 진전되고 있으며, 독거노인 세대가 증가함으로써 존속 자체가 위험해진 주민자치회도 있다. 세대를 불문하고 주민들의

자치회 활동에 대한 관심이 적어지면서 청소활동을 비롯하여 지역 활동에의
참가자가 매년 감소하고 있다.

다. 임원선출의 곤란

회사에 출근하거나 맞벌이 등을 이유로 많은 주민들이 지역 활동에 참가
하기 어렵기 때문에 임원을 할 수 있는 주민이 적다. 지역 활동에 참가하는
사람들을 살펴보면 고령자, 퇴직자, 전업주부에 편중되어 있으며,[35] 특히 젊
은 연령층의 관심이 희박하여 자주적인 참여라기보다는 강제적인 당번제로
일정 활동을 유지하는 곳도 적지 않다(小瀧, 2007: 330).

라. 행정의존적 성격의 강화

오타키 교수는 그의 저서에서 근대국가성립 이래 지방행재정제도가 정비
되는 과정에서 주민자치회가 중핵적인 문제처리활동으로부터 단계적으로 퇴
보하여 압력단체기능과 행정기관의 말단보완적 조직기능만이 남았다고 비판
하면서, 그 결과 주민자치회 조직내에서도 의사결정이 상의하달 일변도이며,
지역주민에게 중요한 문제의 설명회나 홍보로부터 비자치회원은 소외되고 있
다고 비판한다(小瀧, 2007: 329). 본연의 자치기능인 지역문제의 해결방안을 지
자체에 요구하거나 주민의 요구를 전달하기 보다는 행정하청기관으로서의 성
격이 강해지는 현상이 나타나고 있는 것이다.

마. 시민단체과의 연계 필요성

주민생활의 다양화에 따라 종래의 주민자치회에 가입하고 있는 주민들
사이에도 생활과 가치관의 다양화가 증폭되고 있으며 다양한 수요가 발생하
고 있어, 주민자치회와 같은 지연조직(地緣組織)만으로 지역문제를 해결하는
것이 매우 어려운 상황이다. 따라서 문제의 효율적 해결을 위해서는 지리적인

---

35) 주민자치회 회장의 평균적인 모습은 거주연수 25년 이상, 단독주택을 소유하고 거주하며,
연령 60세 이상의 무직이며, 일상적으로는 과반수 이상이 수당도 실비지급도 없이 활동
하고 있다(吉原, 2000: 260).

경계를 넘어 특정문제의 해결을 위해 결성된 시민단체와의 연계가 필요하다.

요컨대, 세계적인 경제의 기조가 성장위주로부터 지속적 발전형으로 전환하고, 지역에서의 활동도 전문분화에 기초한 국가주도형 효율지상주의로부터 인구구조의 변화(특히 고령화)를 반영하고 지역의 환경적 특성을 고려한 종합적, 내발적인 발전으로 초점이 이동하면서, 일본에서도 지역단위의 주민에 의한 주체적, 기능적인 조직이 필요해지고 있으며, 그 주요한 대안이 바로 주민자치회인 것이다.

소위 단체자치의 최적화(행정의 효율성)를 이유로 행정단위가 광역화하고 물리적 · 심리적인 거리가 멀어지면서 주민자치의 최적화(참정 기능과 지역적합 기능의 향상)를 위한 대안으로써, 또한 동일본 대지진을 계기로 방재 · 위기시의 근린 주민들과의 연대가 중요해지면서 주민자치회의 역할이 재조명되고 있으며, 주민자치회의 존속을 위한 다양한 노력이 계속되고 있다.

이상에서 살펴본 주민자치회의 과제를 해결하기 위해 최근 지방의원, 관공서, 주민자치회 임원들이 입회촉진활동, 자치회 활성화 추진계획의 수립, 자치회 운영매뉴얼의 작성 및 배포, 지자체의 새로운 지원방법의 발굴 등을 전개하는 등, 지자체와 주민자치회가 협력하여 다양한 해결방법을 모색하고 있다.

〈부록 1

구분	지역심의회	지역자치구		합병특례구
		일반제도	특례제도	
근거법령	舊합병특례법 제5조의4, 합병실법 제22조	지방자치법 제202조의3 등	舊합병특례법 제5조의5 등, 합병신법제23조등	舊합병특례법 제5조의8 등, 합병신법 제26조등
법인격	무 (지방공공단체의 부속기관)	무 (지방공공단체의 집행기관)		유 (특별지방공공단체)
설치구역	舊시정촌단위	시정촌이 정한 구역	舊시정촌단위(합동도 可)	舊시정촌단위(합동도 可)
설치방법	합병관계 시정촌의 협의로 정하되, 각 의회 의결이 필요	조례로 정함	합병관계 시정촌의협으로 정하되, 각 의회의 의결이 필요	합병관계 시정촌의협으로 정하되, 각 의회의 의결을 거쳐 지사의 인가 필요
설치기간	합병관계 시정촌의 협의로 정함	-	합병관계 시정촌의 협의로 정함	합병관계 시정촌의 협의로 정함(5년 이하)
협의회 등의 설치	-	지역협의회		합병특례구협의회
협의회 등 구성원의 선임	합병관계 시정촌의 협의로 정함 (임기도 협의로 정함)	지역자치구의 주민중에서 수장이 선임. (임기) 4년 이내로 조례로 정한 기간	左同 (임기) 4년 이내로 합병 관계 시정촌의 협의로 정한 기간	구성원은 합병특례구의 주민 으로 합병 시정촌 의회의원 피선거권자중에서 규약으로 정하는 방법에 의해 수장이 선임 (임기) 2년 이내로 규약으로 정한 기간
분장사무	무	시정촌 조직의 일부로서 사무를 분장		합병관계 시정촌에 있어 처리된 사무로 일정기간 합병특례구에서 처리하는 것에 의해 효과적이라고 판단되는 것 및 기타 합병 특례구가 처리하는 것이 특히 필요하다고 인정되는 사무에 대해 설치규약에서 정한 대로 처리

출처: 總務省(2007)에서 재구성.

7

중국의 근린자치

모설문(중국 란주대학교)

1) 개관

중국의 근린자치와 관련하여 다수의 법 규정을 찾아볼 수 있다. 「중화인민공화국헌법」 제110조는 '도시와 농촌에서 주민의 거주지에 설립한 주민위원회와 촌민위원회는 기층의 대중성 자치조직이다. 주민위원회와 촌민위원회의 주임, 부주임과 위원은 주민의 선거에 의하여 선발된다. 주민위원회, 촌민위원회와 기층정권과의 관계는 법률에 의하여 규정된다'고 정하였다.

1990년 1월 1일부터 실행한 「중화인민공화국 도시주민위원회 조직법」제2조는 '주민위원회는 주민들이 자체적으로 관리하고, 교육하며, 서비스하는 기층 대중성 자치조직으로 구(區)를 설치하지 않은 시, 시에 속하는 구의 인민정부 혹은 정부의 파견기관은 주민위원회의 사업을 지도하고 지원하며 도와준다. 주민위원회는 구를 설치하는 시와 시에 속한 구의 인민정부 혹은 정부의 파견기관의 사업을 협조한다'고 규정하였다.

한편, 2000년 11월, 중공중앙판공청, 국무원판공청은 「전국에서 도시 사구(社區)건설을 추진하는 데 관한 민정부(民政部)의 의견」을 전달함으로써 도시에서의 사구건설을 추진하는 원칙적인 지도의견을 발표하였다. 이 문건에 따르면 '사구란 일정한 지역 범위 내에 집거하는 사람들로 구성된 사회생활공동체이다.' 현재 도시사구의 범위는 일반적으로 사구체제개혁을 통하여 규모를 조정한 주민위원회의 관할구역이다. 예전에는 가도판사처(街道辦事處)나 주민위원회의 관할구역을 보통 '가도'나 '주위회'라고 약칭하여 부르지만 이제는 '도시사구'나 '사구'라고 부르는 경우가 더 많다. 사구의 기능은 매우 다양한데 전통적인 사구는 경제, 사회 및 정치를 포함한 기능들을 담당하였다. 하지만 현대에 사구는 공평정의(公平正義)의 원칙과 서로 돕는(相助) 이웃관계에 바탕을 두고 형성되어 있으며, 다양한 기능보다는 사회기능이 주요 기능으로 자리 잡았다. 현재 주민위원회는 보통 사구주민위원회 혹은 사구라고 불린다.

현대의 사구건설은 예전의 도시 기층관리체제를 개혁함은 물론, 사구주민위원회가 사구를 관리하는 역할을 두드러지게 함으로써 진정으로 자체적인 관리, 교육, 서비스, 감독을 진행하는 사구자치조직으로 형성되는 것을 요구한다. 현재의 사구자치는 정부가 지도하는 사구자치이고, 가도판사처는 기층정부의 파견기관으로 사구의 행정관리조직으로 사구와 직접 맞닿아있다. 주민위원회는 주민들과 밀접하게 연결된 조직이기 때문에 주민들의 목소리를 직접 들을 수 있고, 주민들의 실제 수요를 잘 파악할 수 있으며, 주민들에게 질 높은 공공서비스를 제공하는 것이 그의 주요 기능이다. 현실에서 사구주민위원회는 행정조직과 비슷하고, 조직구조가 가도판사처의 기능 과실(科室)과 맞물려 있어 업무내용이 정부업무와 매우 흡사하다. 주민위원회의 구성원들

그림 3-12 중국정부 구조도

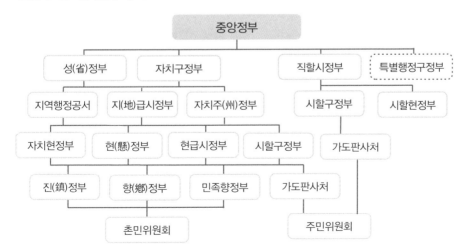

은 정부로부터 '보조금'을 받으며 기층정부 체계에서의 일부분이 된 것이다. 다음은 중국정부의 구조도이다.

가. 현황

중화인민공화국 민정부에서 발표한 「2013년 사회서비스 발전 통계공보」에 따르면 2013년 말까지 전국에는 모두 68.3만 개의 기층 대중성 자치조직이 있었고, 그중에서 촌민위원회는 58.9만 개, 촌민위원회 구성원은 232.3만 명이었다. 주민위원회는 94,620개로 전년도 대비 3.8% 증가하였고, 주민위원회 구성원은 48.4만 명으로 전년도 대비 3.2% 증가하였다.[36]

또한, 중화인민공화국 민정부에서 발표한 「사회서비스 통계계보」에 따르면 2015년 1분기까지 전국에는 모두 7697개의 가도판사처가 있고, 9.7만 개의 주민위원회가 있다.[37]

표 3-15 중국 주민위원회와 촌민위원회 수

	2006년	2007년	2008년	2009년	2010년	2011년	2012년	2013년
주민위원회	80,717	82,006	83,413	84,689	87,057	89,480	91,153	94,620
촌민위원회	623,669	612,709	604,285	599,078	594,658	589,653	588,475	588,547

나. 배경

신중국이 설립된 이후 강대한 사회주의 국가를 건설하기 위하여 중국은 사회화 대개조(大改造)를 진행하고 새로운 중국에 걸맞은 경제와 사회체계를 구축하려 하였다. 당시 미소패권(美蘇爭霸)의 국제환경 제약 아래 중국은 소련식 공유제와 계획경제라는 사회주의 경제체제와 고도로 일원화된 정치적 영도(領導)하에 국가가 사회 전반을 지도하고 통제하였다. 이런 관리방식은 중국정부를 소위 '전능한' 정부로 만들었고, 정부가 전부의 사회자원을 통제하여 계획적으로 분배하였다. 이를 통해 사회를 전면적으로 통제하고, 제도와

---

36) http://www.mca.gov.cn/article/zwgk/mzyw/201406/20140600654488.shtml

37) http://files2.mca.gov.cn/cws/201504/20150429113520825.htm

자원 면에서 다른 사회조직의 생존공간을 박탈하였다. 최종적으로 도시와 사회 영역에서 국가가 모든 것을 통제하고, 도시사구의 내부통합기제도 억압 받았다. 따라서 이런 제도는 상응한 사회적 지지를 얻지 못하였다(陳嬌, 2012). 이런 일원화관리라는 국가모델에서 국민의 권리는 완전히 국가의 이익에 복종해야 했다. 국민 사이에 모순이 발생하면 자체적으로 해결할 수 있는 사회역량이 부족하기 때문에 국가의 권력을 빌어 규제할 수밖에 없고, 국민들은 국가의 배치에 따라야 했다. 이런 제도는 국민의 합법적인 권리의 행사를 억압하여, 대립된 불만 정서가 쉽게 나타나도록 했다. 따라서 정부는 이에 대한 사회개조를 할 수밖에 없었다. 개조를 통하여, 특히 사상과 의식의 주입을 통하여 계급투쟁이라는 방식으로 국민들의 주의력을 이전하고, 다른 한편으로 정권에 대한 국민들의 지지를 강화하여 새로운 정권이 국내외의 어려운 환경 속에서 완강하에 생존하고 발전할 수 있도록 보장하였다. 이런 '전능한' 정부모델은 비록 사회의 가치를 박탈하였지만 당시의 사회환경에서는 효과적이었고, 필요한 조치였다.

　　사회가 발전함에 따라 국내외 환경은 큰 변화가 발생하였고, 특히 개혁개방 정책의 실행은 시장경제가 계획경제를 대체하여 새로운 경제발전모델로 자리잡게 하였다. 시장경제의 도입은 사회자원의 기초가 국가로부터 시장으로 전환하게 하여 시장의 기초적인 배분 역할을 충분히 발휘할 수 있게 하였다. 따라서 현실과 세계의 경제가 서로 연결되고, 원래의 '전능한' 정부가 자원을 완전히 통제하던 모델은 더 이상 지속되지 못하였고, 정부도 사회에 대하여 전면적인 통제를 할 수 없게 되었다. 정부권력이 퇴출한 공간에 사회역량으로 보충해야 했다. 정부권력에 대한 제약으로 '작은 정부 큰 사회'라는 발전모델은 전 세계의 발전 추세가 되었고, 시장경제에서 필요한 시장과 사회라는 두 가지 역량은 정부의 권력을 제약하는 데 효과적이었다. 국민 권리의 부활은 사회역량의 발전을 이끌었고, 사회조직의 발생에 매우 좋은 사회환경을 마련하였으며, 새로운 시대에 주민위원회의 발전에도 유리한 조건을 마련하였다.

주민위원회의 출현은 신중국이 원래의 보갑제(保甲制)38)를 개조한 결과로 국가가 사회를 개조하는 수단으로 사용되었다. 사회화 대개조를 통하여 새로운 정권에 위협이 되는 사회조직을 없애고, 도시 사람들을 두 그룹으로 나누어 도시기층사회체계를 재구성하였으며, 국가의 행정과 결합하여 단위제(單位制)39)와 가도제(街道制)40)를 형성하였다(姜方炳, 2015). 한편으로 단위제는 단위라는 조직으로 대부분의 도시주민들을 관리하고, 다른 한편으로 가도제는 나머지 주민들을 관리함으로서 국가가 전체 도시의 기층사회를 통제할 수 있었다. 주민위원회도 자연스럽게 '대중성 기층 자치조직'이라는 신분으로 국가권력을 감독하게 통제하는 임무를 맡게 되었다.

---

38) 보가제는 군사관리의 성격이 있는 호적관리제도이다. 중국 오래 봉건시대에 연면히 이어져 내려오는 사회통제수단이다. 그의 주요 특징은 개인이 아닌 '호(가정)'를 사회조직의 기본단위로 하는 것이다. 송나라 때는 10호(戶)는 1보(保), 5보는 1대보(大保), 10대보는 1도보(都保)로 관리한다. 원나라 때는 '갑(甲)'이 만들어서 20호는 1갑으로 한다. 청나라 때 패갑제(牌甲制)를 실행하여 10호는 1패, 10패는 1갑, 10갑은 1보로 하는 것으로 봉건왕조의 엄밀한 통제를 완성된다. 중화민국시기 '보갑제도'라고 하여 농촌지역에서 10호는 1갑, 10갑은 1보이다. 실행할 때 약한 유연하게 할 수 있다. 도시에서 한 문패(門牌)는 1호로 한다. 만약 한 문패 안에 두 가정이나 살아도 1호로 계산한다. 제*보제*갑제*호로 번호를 매겨 호장(戶長)을 선정한다.

39) 개혁개방 전에 중국 도시주민들은 자기가 취직하고 있는 공장, 판매점, 학교, 병원, 문화단체, 정부기관 등을 포함한 사회조직과 기관단체를 '단위(單位)'라고 총칭하여 부른다. 당시 자업단위는 보통 말하는 자업장소가 아니다. 단위는 도시의 생산조직과 사회관리의 기본 조직형식이자 개인의 기본 사회생활 공간과 상징이다. 단위제는 단위조직에 기초를 두고 생산과 사회관리를 진행하는 체계이다.

40) 가도제는 가도판사처를 기초로 한 도시 기층관리 체제이다. 1949년 해방 후에 중국공산당은 도시정권을 인수하여 관리하며 보갑제도를 폐기하였다. 당시 심각한 기층사회관리 수요가 있기 때문에 새로운 정권의 안전을 위하여 공산당은 신생 도시정권의 조직을 가도(街道)까지 확장하여 가도조직은 도시기층관리의 중점으로 한다. 1954년 12월 31일, 전국인민대표대회가 「도시 가도판사처 조직 조례」를 통과하였다. 10만 인구 이상의 시에 속하는 구와 구를 설치하지 않은 시에서 가도판사처를 설치해야 한다. 10만 인구 이하 5만 이구 이상의 시에 속하는 구와 구를 설치하지 않은 시에서 업무가 필요하다면 정부 파출기관으로 가도판사처를 설치할 수 있다. 가도판사처의 관할구역은 보통 공안파출소의 관할구역과 일치한다. 1958년에 가도판사처부터 흥기한 '도시인민공사운동(城市人民公社運動)'이 가도판사처의 성격, 구성, 직무권한 등을 바꿨었다. 인민공사는 주로 단위 직원들의 가족과 다른 사회 유휴인원을 조직하여 생산과 복지 사업에 참석하여 '모든 사람이 노동하고, 모든 가정에 한가한 사람이 없다'의 목표를 실현한다. 이런 상황은 1962년 대약진운동(大躍進運動)이 실패한 후에 각 도시에 인민공사를 없애고 가도판사처를 회복하였다.

중국의 주민위원회는 원래의 기층행정부를 개조하여 만들었기 때문에 매우 강한 행정 특성을 갖게 되었다. 이는 제2차 세계대전 이후 유엔의 경제사회이사회가 제기했던 커뮤니티와 매우 비슷한데 정부와 민간의 협력을 우선 위치에 놓지만 행정 기능을 더 강조하였다.

다. 중국의 주민위원회 발전의 네 가지 단계

① 형성단계(1949-1957)

신중국이 설립된 이후 중국공산당은 각 도시에서 기층관리체제를 대규모로 구축하였다. 전통적인 도시 기층 관리제도의 폐기에 따라 공산당의 캄파니아 하에 새로운 기층 군중조직들이 하나 둘씩 생겼는데 1949년 10월 항주(杭州)에 첫 주민위원회가 설립되었다. 최초의 주민위원회는 순수한 군중자치조직이었는데 자금과 인력 등 모두 자체적으로 조직하였고, 주민을 대표하여 정부와 협상할 수 있었으며, 주민의 이익을 충분히 대표하였다. 50년대 초, 지역들마다 자체적인 주민조직을 설립하여 경험과 통일적인 지도가 부족하였으며, 각 지역의 조직형태가 달랐다. 조직의 명칭도 '공인복리회(工人福利會)', '가인민대표회의(街人民代表會議)', '치보위원회(治保委員會)', '방도대(防盜隊)' 등 제각각이었고, 주민위원회의 권력남용이 발생하는 등 많은 문제점들이 있었다. 따라서 '3반', '5반'운동시기 정부는 주민위원회를 정돈하고, 주민위원회의 재정권을 국가가 가져가고, 자치조직의 성격이 점차 모호해지면서 '국가화' 되었다.

중앙은 1953년 조사단을 파견하여 심양(沈陽), 대련(大連), 상해(上海), 남경(南京) 네 개 도시에서 조사를 진행하고, 도시 주민조직을 통일하고 규범화하였다. 1954년 12월 31일, 제1기 전국인민대표대회 상무위원회 제4차 회의에서 「도시주민위원회 조직조례」를 통과시키고, 처음으로 국가 법률로 도시 주민위원회의 명칭, 성격, 주요업무와 조직구조에 대하여 규정하였다. 이 조례는 '주민위원회는 군중 자치성 주민조직'이라고 규정하였다. 주민위원회가 보갑조직을 대체하여 도시 기층 사회를 관리하는 주요조직형태로 자리 잡았다. 「조례」의 제정은 기층 자치조직의 혼란을 끝내고, 전국의 도시들의 기층 사회관리조직의 규범적인 발전에 법적 근거와 정책적 보장을 마련하였다(高中偉, 2011) 1956년, 전국적으로 주민위원회의 구축을 완성하고, 주민위원회제도가 정식으로 형성되었다. 1956년부터 1957년 사이 주민위원회는 빠르게 발전하였는데 특히 사회복지 사업에서 큰 성과를 거두었다.

② 정체와 파괴단계(1958-1979)

20세기 50년대 말부터 70년대 중반까지 중국 사회는 대약진운동(大躍進運動), 인민공사(人民公社), 10년의 문화대혁명(文化大革命)을 거쳤고, 도시의 관리체제는 큰 영향을 받았다. 주민위원회의 자치기능도 변화가 생겼는데 원래의 자치성 조직에서 생산성 조직으로, 심지어 계급투쟁의 도구로 전락하였고, 도시의 관리기능도 이 시기 거의 정체상태에 있었다(傅宇丹, 2007).

1958년 중국은 '대약진운동'을 시작하였는데 주민위원회의 기능이 점차 확장되고, 집단경제가 빠르게 발전하였다. '인민공사' 이후 상해에서 시작되어 주민위원회의 명칭을 '리눙위원회(里弄委員會)'로 바꾸고, 주민위원회는 가도판사처의 하급 조직이 되어 자치 특성을 완전히 잃어버렸다. '문화대혁명'은 주민위원회의 기능을 완전히 마비시켰다. 1967년 첫 '혁명주민위원회'를 설립하였는데 이후에 이 명칭이 전국에서 사용되기 시작하였다. '문화대혁명'이 끝난 후 주민위원회라는 명칭을 다시 사용하기 시작하였다.

③ 회복과 재건단계(1980-1989)

1978년 중국공산당 제11기3중전회 이후 중국은 개혁개방과 현대화 건설의 새로운 시기에 진입하였다. 국가는 이념을 바로잡고, 국가의 각종 사업도 규범화되기 시작하였으며, 도시주민위원회도 다시 회복되고 발전하였다. 1980년 1월 19일, 1954년의 「도시주민위원회 조직조례」는 다시 발표되었는데 이는 기층의 자치성 제도가 다시 회복되었음을 의미한다.

1982년, 주민위원회의 성격, 업무와 역할은 처음으로 헌법에 명시되었다. 헌법은 '도시와 농촌에서 주민의 거주지에 설립한 주민위원회와 촌민위원회는 기층의 대중성 자치조직이다'고 규정하고, 주민위원회의 업무와 기능을 명시하였다. 1986년 12월, 첫 전국 도시 가도주민위원회 사업 좌담회가 열렸고, 주민위원회 건설사업을 추진하였다.

1989년 「중화인민공화국 도시주민위원회 조직법」이 발표되었는데 이는 중국의 도시주민자치가 새로운 발전단계에 들어섰음을 상징한다. 「조직법」은 '주민위원회는 주민이 자체적으로 관리하고, 교육하고, 서비스하는 기층 대중성 자치조직이다'고 규정하고, 주민위원회의 성격, 업무, 기능, 조직원칙, 조직구조, 사업제도 등을 명확하게 규정하였으며, 처음으로 주민위원회의 자치 의미를 명시하였다. 동시에 「조직법」은 이후의 주민위원회의 발전에 비교적 성숙한 법적 근거를 제공하였다.

그러나 경제체제개혁과 사회구조의 전환에 따라 전통적인 계획경제 시대의 가도제의 단점도 드러나기 시작하였고, 현실에서 많은 어려움에 부딪히기 시작하였다.

④ 혁신과 추진단계(1990년부터)

20세기 80년대, 경제체제개혁과 사회구조의 전환에 따라 정부와 사회가 분리되기 시작하였다. '단위제'도 점차 약해지고, 주민위원회는 단위를 대체하고, 안정적이고 통합적인 기층사회의 기능을 담당하기 시작하였다. 「조직법」의 발표에 따라 '사구서비스'라는 개념이 법률의 형태로 규정되어 사용된다. 도시의 사구주민자치는 법제도로 자리 잡고, 도시주민위원회의 구축도 발전단계에 들어섰다.

20세기 90년대 이후, 중국의 도시 기층체제개혁은 경제체제개혁에 많이 뒤처졌는데 도시기층의 관리를 경제발전의 수준에 맞추기 위하여 중국에서 도시주민위원회 구축 바람이 불기 시작하였다. '사구건설' 운동이 계기가 되어 북경, 상해, 무한, 심양 등 도시들이 사구관리체제 개혁을 진행하였다. 전국에서 사구건설 실험이 진행되고, 기층제도의 개혁과 주민들의 자치능력도 크게 향상되어 도시의 사구자치개혁에 기초를 마련하였다.

1993년, 민정부가 주최하고, 국가계획위원회, 건설부, 재정부 등 14개 국가부처, 위원회가 공동으로 「사구서비스업을 빨리 발전하는 데 관한 의견」을 발표하였다. 사구서비스업이란 정부의 지도하에 사회 구성원들의 다양한 수요를 만족시키기 위하여 가도, 진(鎭), 주민위원회의 사구조직에 의존하는 사회복지성 주민서비스업으로, 사회보장체계와 사회화 서비스체계의 중요한 업종이다. 이 「의견」의 발표는 사구서비스의 발전에 매우 큰 의미를 갖고 있으며, 중국이 사회보장체계를 구축하고, 사회서비스체계를 개선하는 데 중요한 의의를 가지며, 정부가 사구서비스를 기초적인 사업으로 추진하고 있음을 말해준다.

1999년, 민정부는 전국의 도시에서 26개의 '전국사구건설실험구'를 정하였는데 이런 도시들은 19개성, 자치구와 직할시에 분포되었으며, 전국 도시 관할 지역의 3.3%를 차지하였다. 2000년 12월, 중공중앙판공청, 국무원판공청은 「전국에서 도시사구를 건설하는 데 관한 민정부의 의견」을 전달하였는데 이는 1999년에 확정한 26개 '도시사구건설실업구'의 경험을 종합한 것이었다. 정부는 사회에 권력을 이양하여 사구를 다시 정하고, 새로운 사구를 기초로 사구조직을 구성하여 사구주민들의 자치 정신을 발휘하도록 하였다. 도시사구자치는 이로서 발전하기 시작하였다.

21세기 들어선 이후 도시사구주민자치는 가장 중요한 발전시기를 맞이하였고, 전면적인 추진단계에 들어섰다. 민정부가 발표한 「의견」은 21세기에 진입한 이후 첫 지도성 문건으로 새로운 세기의 도시 기층관리개혁, 도시사구주민자치의 확대와 추진, 사구범위 내에서의 '선치(善治, good governance)'에 방향을 제시하였다.

2) 구성

사구주민위원회는 주민자치조직으로 조직체계와 산하조직은 사구의 실제상황과 주민의 수요에 따라 설치하여야 한다. 「조직법」에 따라 주민위원회는 수요에 따라 인민조정(人民調解), 치안보위(治安保衛), 공공위생 등 위원회를 설립할 수 있다. 中辦發[2010]27호 문건은 사구주민위원회를 설치하고, 사

구의 관리와 서비스를 담당할 수 있는 인민조정, 치안보위, 공공위생, 산아제
한, 군중문화 등 다양한 위원회를 설치할 수 있다고 규정하였다. 그러나 실제
사업에서 각 지역은 사구조직체계와 산하조직의 설치에서 사구의 실제상황과
주민들의 실제수요를 반영하지 못하고, 정부의 기층관리 수요만 반영하고 있
다. 즉, 정부의 행정업무의 수요에 따라 설치한다. 특히 다양한 정부부처들은
모두 자체 사업을 담당할 수 있는 전문기구를 둠으로써 사구의 기능이 날로
복잡해지고 '관료화'되고 있으며, 주민의 의사활동의 공간도 점차 줄어들고
있다.

「조직법」은 주민위원회 주임, 부주임과 위원은 해당 지역에서 선거권이
있는 전체 주민 혹은 각 가구의 대표가 선거를 통해 선출한다. 주민의 의견에
따라 각 주민팀에서 두 명 내지 세 명의 대표를 통해 선출할 수도 있다고 규
정하였다. 주민위원회 구성원의 변동(대체, 보궐선거 등)도 주민회의에서 결정
하여야 한다. 그러나 실제는 기층정부와 파견기관에서 직접 주민위원회 구성
원을 배치하고, 주민위원회의 선거에 간섭하며, 주민위원회 구성원을 마음대
로 바꾸는 현상이 매우 보편적으로 일어나고 있다. 비록 법에 따라 선거를 진
행하는 지역도 있지만 주민위원회 후보자의 자격조건, 선거 방식, 인원 등은
기본적으로 조직부(組織部)에서 확정하며, 당위(黨委) 호가은 정부가 주민위원
회 선거에 대한 지도는 아예 주도가 되어버렸다. 이런 선거방식과 인사제도
하에서 주민위원회 구성원은 가도판사처가 채용한 간부(幹部)가 되며, 가도판
사처는 주민위원회 구성원을 마음대로 바꾸어 사구위원회의 인사자치권이 박
탈당하고 사구위원회 구성원의 공직화 현상이 날로 심해지고 있다.

3) 기능

중국에서, 가장 일찍 성립된 주민위원회는 주민이 자발적으로 조직하여
온 자치활동을 중심으로 하는 일반 의의상의 NGO(비정부조직) 혹은 NPO(비
영리조직)이다. 그러나 그 뒤로 고도로 집중된 계획경제체제가 건립되면서 사

회는 단위제를 중심으로 하게 되었고 모든 사회자원은 각 단위의 기본상황에 따라 계획분배 되면서 정부는 실제상 주민위원회를 통하여 기층사회에 대한 통제를 실시하였다. 주민위원회는 단위제 체제하에서 국가정권의 영향력이 미치지 못하는 변두리사회의 부대적인 조직으로서 정부 가도판사처의 연장이다(金貴賓·王芳, 2014). '중앙－성시(省市)－구현(區縣)－가주(街居)'라는 수직 행정체계의 일부분이다. 주민위원회 구성원은 대중의 마음속에서 국가의 '간부(干部)'가 된다.

현재 사구주민위원회의 주요한 직책은 아래와 같은 세 가지 '의법'으로 귀납할 수 있다. 즉 법에 의거하여 주민들로 하여금 자치활동을 하게 하고, 법에 의거하여 기층인민정부 혹은 그의 파출기관을 협조하여 일하며, 법에 의거하여 관련된 감독활동을 한다.

중국의 헌법에 규정된 주민위원회의 특성과 총체적 업무목표를 규정하여 주민위원회에 관련된 구체적인 법률법규의 제정에 헌법적 근거를 제공하였다. 헌법 제111조의 규정에 의하면 도시와 농촌에서 주민의 거주지에 설립한 주민위원회와 촌민위원회는 기층의 대중성 자치조직이다. 주민위원회, 촌민위원회와 기층정권 사이의 상호관계는 법률로 규정한다. 주민위원회, 촌민위원회는 인민조정, 치안보위, 공공위생 등 위원회를 설립하고 해당 거주구역의 공공사무와 공익사업을 처리하고 민간분쟁을 조정하며 사회치안 수호를 협조하고 인민정부에 군중의 요구를 반영하고 건의를 제기한다. 구체적으로 여러 법률법규가 규정되어 있는 주민위원회의 직책은 다음 표와 같이 제시된 바와 같다.

법률상 한편으로는 주민위원회를 대중성자치조직이라고 분류하면서 다른 한편으로는 사업목적, 임무, 자금원, 사업경비 그리고 직원월급 등 여러 가지 사항에서 주민위원회에 강한 행정성향을 부여한다. 위와 같은 법조문들을 통하여 규범화 되지 못하였거나 심지어 서로 모순되는 주민위원회와 관련된 많은 법조문들이 존재한다는 것을 알 수 있다. 이는 실제작업에 있어서 주민위원회의 임의성과 비 규범성을 크게 증가시킨다.

표 3-16 주민위원회 관련 법률

법률법규	규정 직책
「중화인민공화국헌법」	1) 헌법, 법률, 법규와 국가정책을 선전(宣傳)하고, 주민의 합법적인 권익을 수호하고, 주민이 법률에 규정되어있는 의무를 이행하는 것과 공공재산을 애호하는 것을 교육하고, 여러 가지 형식의 사회주의 정신문명건설(精神文明建設) 활동을 전개하는 것이다; 2) 해당 거주지 주민의 공공사무와 공익사업을 처리 한다; 3) 민간분쟁을 조정한다; 4) 사회치안 유지를 협조한다; 5) 인민정부 혹은 그의 파출기관을 협조하여 주민 이익과 관련된 공공위생, 산아제한, 무휼구제(撫恤救濟), 청소년교육 등 사업을 진행 한다; 6) 인민정부 혹은 그의 파출기관에 주민의견이나 요구를 반영하고 건의를 제출한다.
「국기법」 제7조 제1항	국경절, 국제노동절, 원단(元旦) 그리고 춘절에 각급 국가기관과 인민단체에서는 반드시 국기를 계양하여야 한다. 기업과 사업단위, 촌민위원회, 주민위원회, 성진주민원(城鎭居民院) 그리고 광장, 공원 등 공공장소에서는 조건이 된다면 국기를 계양할 수 있다.
「국방교육법」 제21조	도시주민위원회, 농촌촌민위원회는 반드시 국방교육을 지역과 농촌의 사회주의 정신문명건설 범주에 넣고 징병사업, 열군우속(擁軍優屬), 중대한 명절, 기념일활동과 결부하여 주민과 촌민을 상대로 국방교육을 실시한다. 도시주민위원회, 농촌촌민위원회는 전역군인을 초빙하여 국방교육협력을 전개할 수 있다.
「혼인법」 제43조 제1항	가정폭력을 실행하거나 가족구성원을 학대한다면 피해자는 청구를 제출할 수 있고 주민위원회, 촌민위원회 그리고 재직단위에서는 반드시 제지하고 조정하여야 한다. 제44조의 규정에 의하면 '가족구성원을 유기(遺棄)한다면 피해자는 청구를 제출할 수 있고 주민위원회, 촌민위원회 그리고 재직단위에서는 반드시 제지하고 조정하여야 한다.
「미성년보호법」 제6조 제1항	미성년을 보호하는 것은 국가기관, 무장역량, 정당, 사회단체, 기업과 사업조직, 도시와 농촌 기층대중성자치조직, 미성년보호자 그리고 기타 성인공민의 공동한 책임이다.
「안전생산법」 제65조	주민위원회, 촌민위원회는 속한 구역안의 생산경영단위에 사고위험이 존재하거나 혹은 안전생산위법행위가 존재한다는 것을 발견하였으면 반드시 현지의 인민정부 혹은 관련기관에 보고하여야 한다.
「소방법」 제6조 제7항	촌민위원회, 주민위원회는 반드시 인민정부와 공안기관 등 부문을 협조하여 소방선전교육을 강화하여야 한다.
「인구와 계획생육법」 제12조 제1항	촌민위원회, 주민위원회는 반드시 법에 의한 계획생육 사업을 진행하여야 한다.
「과학기술보급법」 제21조	성진(城鎭)기층조직과 지역사회는 주변의 과학기술, 교육, 문화, 위행, 관광 등 자원을 이용하고 주민의 생활, 학습, 건강오락 등 수요와 결부하여 과학기술보급 활동을 진행하여야 한다.

동시에, 헌법에서의 주민위원회 직책과 국가정책, 행정사무 사이에 모순이 발생했을 때 주민위원회의 직책은 정부를 협조하여 행정사무를 처리하거

나 기층정부에 '사회상황과 민의'를 반영하는 데로 편향되고 이러한 사무는 모두 상급기관이 인계한 임무로 분류되면서 주민위원회 성과고과의 중요한 구성부분으로서 주민위원회가 최선을 다해서 완성하게 된다. 이는 주민위원회 직책의 확장으로서 「조직법」상 단순히 지역사회 주민의 생활과 밀접한 관련이 있는 지역사회복지와 지역사회자치 사무를 처리한다는 규정을 벗어난 것이다.

지역사회 사업의 발전함에 따라 주민위원회는 자치관리, 행정관리, 사회복무, 경영관리 등을 모두 할 수 있는 수많은 직책을 한 몸에 짊어진 기능이 혼잡한 만능조직으로 변화하여 가도판사처 혹은 향진인민정부에 부속되는 '다리'가 된 셈이다. 현재 지역사회 주민위원회는 보편적으로 '7다(多)'가 존재한다. 즉 대장(臺賬)자료가 많고, 조사보고서가 많고, 증명날인이 많고, 회의활동이 많고, 검사고과가 많고, 부문간판이 많고, 엄격한 할당임무가 많다. 현재 주민위원회가 부담하는 임무는 주로 정부가 안배하는 행정사무적 업무이다. 예를 들어 종합관리, 산아제한, 취업보장, 사회구조, 분쟁조정, 홍보교육, 인구조사 등이다. 많은 도시에서는 '2급정부, 3급(시, 구, 가도)관리' 체제를 실행하면서 기층사회 관리와 서비스는 모두 가도판사처가 맡게 되었다. 가도판사처에서 업무의 압력으로 인하여 한 편으로 부단히 편제이외의 인원을 확장하고 다른 한편으로는 지역사회 주민위원회에 임무를 하달하게 한다(徐超, 2012). 기층정부와 가도판사처는 주민위원회를 행정기구로 간주하고 경상적으로 주민위원회에 임무를 하달하고 주민위원회에 대하여 검사, 고과 그리고 상벌제도를 진행한다. 오랜 세월 이런 상태로 나가면서 주민위원회는 자신을 정부조직의 일부로 간주하고 주민자치조직이라는 것을 망각하며 정부행정역량의 확장이라고 생각한다. 사구주민위원회가 실제로 담당하는 직능에서 군중의 수요를 위한 것은 점차 줄어들고 상급정부가 하달한 행정 업무을 완성하는 것에 편향한다.

4) 재원

1980년대 중 후기부터 도시경제체제개혁이 시작되었고 가도판사처, 주민위원회에서도 '가도경제(街道經濟)'를 시작하면서 주민위원회구성원의 고정적인 '월급'과 실제수입은 모두 증가하였다. 가도경제의 성질은 두 가지로 나눌 수 있는데 하나는 순수한 경제이익만을 목표로 하는 경제활동, 예를 들어 주택임대, 다양한 종류의 독자(獨資) 혹은 연합적 경제실체 운영 등이다. 다른 하나는 대상(抵償) 혹은 유상(有償)의 지역사회 서비스업제공이다. 이는 당시 가도경제의 중요한 형식이다. 그러나 이러한 방식은 모두 주의하여야 할 문제들이 존재한다. 즉 일부 주민위원회에서는 경제활동만 중시하고 자신의 자치 직능과 서비스 직능을 홀시한다. 또한 일부 주민위원회는 유상서비스만 중시하고 무상서비스를 홀시하여 유상서비스가 지역사회서비스의 주요한 형식이 되었고 지역사회서비스가 경영 혹은 상업성질은 띤 길로 나아가 주민위원회가 경제활동을 하는 관리조직으로 전변하여 소외계층을 대상으로 하는 복지서비스가 형식에 그치는 결과를 초래할 수 있다.

1990년대에 이르러서 주민위원회는 3차산업 경제수익창출과 철저하게 분리하기 시작하였으며 원래의 경영항목은 모두 가도판사처에서 집중적으로 통일된 관리를 실행하고 주민위원회의 행정지출과 인원수당을 모두 가도판사처에서 통일적으로 부담하며 수당이 점차 월급으로 바뀌기 시작하였다(胡勇, 2002).

「조직법」에서 규정하기를 주민위원회의 경비는 주로 정부가 해결하는데 여기에는 시설건설경비, 일상적인 사업경비, 인원보수대우(待遇) 등이 포함되며 정부의 이러한 지지가 없다면 주민위원회 운영은 유지하기가 매우 어렵다. 일부 주민위원회(주로 도시 중 혹은 도시와 농촌의 접경지대에 있는 원래의 촌민위원회가 주민위원회로 바뀐)는 일정한 토지, 건물 등 자원을 장악하였기에 일부분의 경제수익이 있긴 하지만 대부분의 주민위원회는 아무런 자원도 없고 경제내원도 없다. 일정한 다른 방식을 통하여 경비를 조달할 수는 있어도 이는 보충적인 역할을 할 뿐 근본적으로 문제해결이 어렵다.

「조직법」제4조의 규정에 의하면 '주민위원회는 본 주민위원회의 재산을 관리하고 기타 부문이나 단위는 주민위원회의 재산소유권을 침범할 수 없다'고 되어 있다. 그러나 현실에서 지역사회 주민위원회는 보편적으로 재산관리 자주권(自主權)이 결핍되며 주민위원회의 재산은 가도판사처의 회계처에서 관리하며 엄격한 심사비준제도를 실행하고 있다.

5) 대외관계

가. 주민위원회와 정부 간의 관계

법률이 주민위원회의 법적지위에 대한 규정이 비교적 추상적이므로 정부, 특히 지방정부들은 쉽게 각종 업무를 주민위원회에 넘기게 되고 또한 이를 평가기준으로 정한다. 정부가 직접 해결하기 쉽지 않거나 혹은 소요되는 비용이 지나치게 많을 경우 관습적으로 주민위원회에 임무를 떠넘기며 이를 당연시하고 있다. 주민위원회의 업무는 정부 직책이 확장함에 따라 끊임없이 확장되고 있으며 비중 또한 점점 커져가고 있는 상황이다. 현재 주민위원회의 업무는 약 76가지가 포함되는데 여기에는 사구서비스, 사구보장, 사구치안, 사구위생, 사구환경, 산아제한, 청소년 돌보, 장애인 인권보장 등이 포함된다. 그중에서 기층 정부의 업무에 협조해야 할 사항이 약 57%가 포함되고 정부부서 업무에 해당되는 사항은 약 10%를 차지한다. 그리고 주민들의 일상생활 (주민 간 모순 해결 등)에 대한 서비스 업무가 약 28%를 차지하고, 주민위원회 자체관리에 해당되는 업무는 약 5%를 차지하게 된다. 이러한 업무비율로 인해 주민위원회는 날로 증가하는 행정적인 사무에 대한 불만이 있으나 어찌할 수가 없는 상황이다. 현재 주민위원회의 인원, 경비, 업무사항은 여전히 정부에서 전반적으로 기획하고 있기 때문에 주민들의 이익을 대변하여 정부와 흥정을 할 상황이 아니라고 볼 수 있다. 양자 간 모순이 생길 때 주민위원회의 입장과 임무는 오히려 전반적인 이익을 위하여 정부의 지시에 복종할 수 있도록 주민들을 설득하는 것이라고 할 수 있다.

나. 주민위원회와 가도판사처 간의 관계

가도판사처는 구정부의 파출기관으로서 공산당과 정부가 도시를 관리하는 일선의 지휘부이기도 하다. 가도판사처와 주민위원회는 도시관리시스템에서 가장 민감하고 가장 하부의 조직이고 말단 조직이라고 볼 수 있다. 또한 대중들과 가장 친밀하고 가장 중요하며 가장 직접적으로 요구를 제기할 수 있는 경로이기도 하다.

주민위원회은 각 지역에서 가도판사처와 가장 긴밀한 관련이 있는 조직이다. 법적으로 규정된 지도와 집행의 관계, 그리고 장기간의 지역거버넌스에서 공동으로 역할을 분담하고 있으며 가도판사처와 사구주민위원회 간에 제도화된 상하급 관계가 이미 형성되었다(任文君, 2013). 가도판사처는 대중과 직접 대면하는 가장 하부의 정부조직이지만 정부의 수많은 대중들과 관련된 업무와 조치가 주민위원회라는 민선(民選)조직을 통해 대중들에게 전달되고 있다. 어떤 의미에서 볼 때, 주민위원회는 그 지역의 정부와 시민사회를 연결시키는 수단으로 되었다고 볼 수 있다. 그러나 주민위원회의 많은 조직적 행동은 제도가 부여하는 내용을 기반으로 하고 있기는 하지만 실질적으로는 정권의지의 표현이라 할 수 있다.

다. 주민위원회와 기타 사회조직(업주위원회) 간의 관계

사회의 발전과 더불어 새로운 사회조직들 우후죽순처럼 나타나고 있다. 이런 조직들은 뚜렷한 민간적인 특성을 갖고 있는데 이는 국민의 권력이 발전하고 회복된 산물이라고 할 수 있다(閔學勤, 2009). 이들은 대부분 국민 자신들의 의지에 의해 조직된 것이기 때문에 생겨난 그 날부터 뚜렷한 자치성 특징을 갖고 있으며 이에 대해 국민들은 비교적 강한 소속감과 정체성을 느끼게 된다. 주민위원회의 이와 같은 준(準)행정적 성격을 가진 대중적 조직들은 직능구분이 불분명하기 때문에 새로운 형태의 사회조직과 충돌이 생길 가능성이 매우 높은데 특히 그중에서 업주위원회(業主委員會) 간에 모순이 가장 두드러진다.

　　업주위원회는 건축물 구분 소유권자에 대한 자체적 관리, 자체적 서비스를 행사하는 조직으로 소유권자의 재산을 보호하는 기구이다. 업주위원회의 법적 지위는 국무원의 「중화인민공화국건물관리조례」에 의해 규정되어 있지만 주민위원회는 법률적으로는 대중적 자치조직으로 「중화인민공화국헌법」에 의해 그 법적지위가 규정된다. 양자의 관계는 주로 「건물관리조례」 제20조에서 나타나는데 여기에는 '업주대회, 업주위원회는 공안기관에 협력하고 주민위원회와 서로 협조하여 공동으로 부동산(아파트)관리 구역 내의 사회 치안 등 업무를 유지해야 한다. 부동산 관리 구역 내에서 업주대회, 업주위원회는 적극적으로 관련 주민위원회와 협력하여 법에 의거하여 자치 관리 책임을 이행하고 주민위원회의 업무전개를 지지하고 또한 그들의 지도와 감독을 받아야 한다. 단지 내의 업주대회, 업주위원회에 의한 결정은 관련 주민위원회에 보고해야 하고 주민위원회의 의견을 경청해야 하는데 주로 양자는 상호 협력하는 관계로서 상대방을 감독하거나 혹은 상대방의 감독을 받는 관계이다. 업주위원회와 주민위원회는 비록 모두 군중 자치성 조직의 특성을 갖고 있기는 하지만 양자의 자치 권한은 서로 다르다고 할 수 있다. 업주위원회는 건축물 구분 소유권자들이 법에 의한 선거를 통해 탄생한 사(私)법 특성의 조직으로 매우 강렬한 자치 특성을 갖고 있는데 권리는 업주들이 함께 공유한다. 반면에 주민위원회의 권한은 주로 「주민위원회 조직법」에 의해 규정된 것으로, 제9조 제2항 규정으로부터 알 수 있듯이 정치적 권리를 박탈당한 주민은 주민위원회 구성원에 대한 선거권과 피선거권을 가질 권리가 없는데 이로부터 이와 같은 권한은 정치성을 갖는다. 주민위원회의 권리와 의무가 명확하지 않기 때문에 양자가 주민 자치의 업무에 대해 모호한 부분이 존재하고 주민위원회는 업무처리를 진행할 때 자동적으로 업주위원회 권력을 행사하게 되는데 특히 쌍방이 모두 동일 업무에 대한 관리 직권이 있을 경우 자신들의 이익의 수요를 위해 충돌이 생길 우려가 크다. 이와 같은 관리의 충돌은 주로 사구 주변의 공공구역에서 발생하는데 크게는 공공환경, 공공위생 및 공공치안으로 분류할 수 있다.

이러한 모순은 양자 역량의 강약에 따라 서로 다르게 나타난다. 주민의식이 매우 강한 단지에서는 업주위원회는 주민위원회에 대해 강경한 태도를 보이는데 쌍방이 충돌이 생길 경우 통상적으로 해당 업무가 단지 내 주민들의 자치의 범위에 속한다는 이유로 주민위원회의 건의와 처리를 거절하게 된다. 반면에 주민의식이 높지 않거나 혹은 업주위원회가 없는 단지에서 주민위원회는 통상적으로 강하게 개입하게 되는데 심지어 단지 내부의 관리에도 개입하는데 마땅히 해당 업무가 자신들의 관리 범위 내에 포함된다고 자인(自認)한다.

라. 주민위원회와 지역주민 간의 관계

주민위원회는 주민들의 이익을 출발점으로 삼아 설립되었는데 주민이익을 보장하는 것이 가장 중요한 직능이라고 할 수 있다. 주민위원회는 주민들의 선거에 의해 설립된 것으로 주민들에 대해 책임지고 주민 간 소통을 촉진시켜 주민들의 정체성을 높여주고 주민위원회에 대한 주민들의 소속감을 가져다 준다. 그러나 주민위원회의 권리와 의무사항이 명확하지 않으므로 업무의 중심이 주민에 편향된 것이 아니었기에 주민위원회에 대한 주민들의 신뢰도가 낮아졌고 양자 간을 서로 이화(異化)시켰다.

우선 주민이 권리를 행사할 수 있는 수단이 부족하여 주민들의 자치참여에 대한 열정을 약화시키고 있다. 정부의 권력이 주민위원회에 깊숙히 침투하여 작동하고 있기 때문에 사업 중점의 편향성을 초래했는데 이는 주민들의 실질적 권력의 보호를 소홀히 할 수 있다(徐昌洪, 2014). 동시에 사구관리에 대한 주민들의 참여 수단이 단일화를 초래함으로써 객관적으로 참여의 열정을 약화시킬 수 있는데 이러한 문제점들은 이미 주민위원회와 지역주민 간의 효과적인 협력에 영향을 미치게 되었다.

다음으로 행정권력의 확장으로 주민위원회에 대한 주민들의 소속감과 정

체성을 약화시킨다. 엄격한 수직적, 수평적 분할관리 시스템은 계획경제발전
의 산물로서 정부가 고도의 독점과 사회자원을 통제하게 되고 '과학적'인 계
획을 통해 사회의 모든 부분을 관리하게 되는데 이러한 발점모델은 건국초기
에 확실히 중요한 역할을 일으켰는데 거의 붕괴되어가고 있는 중국을 대체로
자급자족할 수 있게 되었다. 하지만 사회의 발전 특히 개혁개방으로 인해 사
회는 천지개벽의 변화를 가져왔고 복잡한 국내외 환경에 직면한 기존의 모델
은 이미 감당할 수 없게 되었다. 편평화(扁平化)는 정부가 추구해야 할 발전방
향이다. 편평화 정부에서 정부는 더 이상 엄격한 수직적, 수평적 분할관리 시
스템을 중요시하는 것이 아니라 정부는 시장경제의 자체 조율기능을 충분히
발휘하여 거시적인 측면에서 사회의 정상적으로 운행할 수 있도록 한다(雷雨
若, 2006). 동시에 보다 수월하게 복잡하고 다변한 사회발전에 대처할 수 있
다. 가도판사처의 탄생은 정부가 관리의 중심을 기층으로 옮겼으며 보다 중점
적으로 관리와 통제를 강화하겠다는 상징이다. 이는 불가피하게 주민위원회
의 행정업무를 가중시켰다. 주민위원회의 탄생은 실질적으로 가도판사처가
지정해주고 업무의 양은 거의 정부 업무의 수요에 따라 확정되며 장려 기제
또한 정부에서 제정한다. 이처럼 여러 측면들로부터 정부 특히 가도판사처와
비슷한 유형의 기층 기관에서의 실질적인 통제는 주민위원회의 자치 조직이
라는 대중인식을 약화시키는데 특히, 주민들의 가장 기본적인 소속감과 정체
성의 결핍을 초래하게 된다.

6) 사례

20세기 말, 중국민정부는 제1기 사구건설 실험지역을 선택하였다. 이 26
개 도시지역은 사구건설과 발전모델을 모색하는 중요한 임무를 짊어지었다.
각 지역은 해당 지역의 역사, 현황을 종합적으로 고려한 기초에서 다양한 도
시사구 발전모델을 모색했다. 그중 상해, 심양, 청도, 강한(江漢), 북경은 5가
지 전형적인 사구발전모델 형성하였다.

가. 상해모델

상해시 정부는 새로운 사구관리체계를 탐색하고 구축하기 위하여 도시
기초관리체계와 사구건설 두 가지를 유기적으로 융합하고, 의미 있는 모색을
시작하였다. 상해 사구건설은 도시관리체계개혁을 돌파구로 하여 처음으로
'2급정부, 3급관리, 4급네트워크'라는 새로운 체계를 구축하였다(盧漢龍·李俊,
2007). 이 체계에서 가장 새로운 것은 '가도사구(街道社區)'를 성공적으로 창립
한 것이다. 즉 권리의 중심을 정부로부터 가도로 이전한 기초에서 합리적으로
사구의 위치를 가도에 둔 것이다. 이러한 권력의 이전은 가도판사처의 기능과
권한을 대대적으로 강화했을 뿐만 아니라 가도판사처로 하여금 사구건설과
주민자치의 관리기구로 거듭나게 하였다. 그 후의 사구건설과 개혁에 대한 정
책은 모두 가도사구를 중심으로 계획하였다. 기본 맥락은 '2급정부(시급과 구
급정부), 3급관리(시급, 구급, 가도급 관리체제)'를 중심으로 하고 가도의 권리와
재력을 확정하고 확대시켜 가도판사처의 지위를 높이는 것이다. 그리고 독창
적으로 설립한 3회제도[41]는 주민의 민주참여 적극성을 충분히 불러일으켜 주
민이 주인이 되어 결정할수 있는 권리를 보장했으며 사구민주자치제도를 심
화시켰다. 뿐만 아니라 사구당정건설(社區黨政建設)을 중심으로 사구를 건설
한 것은 상해가 전국사구건설 중에서 처음으로 진행한 것이다. 사구당정건설
이라는 개념은 1997년 도시지역업무경험교류회의에서 공식적으로 제시되었
다. 이는 도시사구건설과 관련된 개념으로 사구발전건설의 전략적 지위를 높
였을 뿐만 아니 사구건설의 내용을 확장하고 보완하였으며, 더 나아가 사구건
설의 새로운 시스템을 개척했다. 실제 적용과정에서 사구 당조(黨組)를 기
초로 사구의 모든 당구성원(黨組織成員)이 주체가 되어, 가도 공산당공작위원
회의 지도하에 각 사구당조들이 함께 사구건설에 참여하는 새로운 업무시스
템이 형성되었다.

---

41) 공청회(聽證會), 평의회(評議會), 조정회(協調會)

나. 심양모델

심양모델은 전국에 추진할 가치가 있다고 정부와 학계의 인정을 받은 사구건설모델이다. 이 모델의 특성은 각 지역의 특성과 구성요소를 중요한 근거로 하여 사구를 과학적으로 나눈 것이다. 사구의 위치를 가도판사처 관할구역과 주민위원회 소재지 사이에 두었는데 이는 사구가 가도판사처보다는 낮고 주민위원회보다는 큰 개념임을 의미한다. 이러한 사구의 자리배치는 주민위원회 관할구역의 규모가 너무 작고 자원이 부족한 단점을 보완할 수 있고, 또한 사구의 지위를 가도판사처와 동일시함으로써 사구자치를 실현할 수 없는 폐단을 극복하였다. 주민위원회의 규모확대는 도시건설발전의 객관적인 요구에 부합된다. 구체적인 실행과정에서 심양시는 주로 단위형사구, 기능성사구, 소단지형사구, 플레이트형사구 4가지 기본유형으로 나누었는데 이 네 가지 사구유형은 주민의 동질감과 지연관계 등 요소에 근거하여 구분하였다. 이는 업무효율을 높이고 사구 내의 자원을 합리적으로 배치하여 주민이 자치관리를 함에 있어서 편리를 제공하는 것을 원칙으로 하였다. 그 후로 심양은 사도사구의 자치모델을 성공적으로 추진하기 위하여 사구의 내부 자치조직시스템 구축 면에서 새로운 것을 제기하였다. 사구주민자치의 정책결정권, 상의권, 행사권을 각각 관리하는 3개 조직을 만들고, 심양가도사구의 자치조직시스템을 구축하였다. 그중에서 '사구성원대표대회(社區成員代表大會)'는 사무정책 결정권을 책임지고, '사구협상의사회(社區協商議事會)'는 상의권을, '사구주민위원회'는 행사권을 책임졌다. 세 기관의 업무관계를 명확하게 정하는 기초하에 사구 당조직의 관리를 중심으로 '사위일체(四位一體)'의 조직체계와 업무시스템을 형성하였다. 심양시는 사구건설을 탐색하는 과정에서 언제나 '주민자치, 사구민주'를 전체 시스템을 건설함에 있어서의 중점과 주요내용으로 정하였다. 심양은 독창적인 사구발전 '5항제도'와 '4항규칙'을 통하여 사구자치에 완벽하고 엄밀한 내외 보장시스템을 제공해 주었고, 사구주민자치권이 명확한 기초에서 사구자치조직의 기능을 충분히 발휘하게 하여 사구주민자치의 질서

있는 운영을 실용적이고 효과적으로 보장하였다.

다. 청도모델

청도시는 사구의 지위를 주민위원회와 동일하게 정하고 1999~2000년 사이 예전의 주민위원회체계를 발전시켜 공식적으로 사구주민위원회를 설립하였다. 이 모델의 주요 특징은 도시의 사구서비스체계를 발전시키고 사구서비스 기능을 강화하는 것을 통하여 사구 전체의 기능 구축을 추진시키고, 더 나아가 청도 도시 사구의 전체적인 발전을 이끌어 나가는 것이다. 청도시의 사구건설은 사구서비스로부터 시작하였고, 사구건설을 함에 있어서 언제나 사구 주민들에게 더 나은 서비스를 제공하는 것에 중점을 두었다. 청도시는 1987년부터 시작하여 전체 도시의 7개 구역에서 사구서비스 운동을 전개하였는데 사구서비스의 순조로운 진행은 청도 도시사구의 다른 영역의 업무까지 이끌어 주어 90년대 중후기 청도 도시사구의 더 나은 발전과 탐색을 위해 기반을 닦았다. 20여 년 동안의 발전을 통하여 청도시의 사구서비스모델이 성과를 보기 시작하였다. 즉4급 플랫폼을 통하여 주민에게 3대 서비스체계를 제공해주는 것이다. 이 모델은 '주민위원회', '가도판사처', '구'와 '시' 사이에 독립적이고 연동적인 서비스 네트워크에 의존하고 사구서비스센터의 지도 및 기획으로 주민을 위하여 다원적인 개성화 서비스(주로 주민에게 편리제공, 사회사무 및 사회복지를 포함한 3대 세비스체계)를 제공하였다. 사구서비스와 사구조직건설 두 방면에 중점을 두고 가도관리체제, 사구주민위원회간부제도와 사구서비스운영체제에 대한 개혁을 추진하였다. 이로서 청도시의 사구건설은 점차 사구서비스, 사구관리, 사구문화, 사구보장, 사구치안 즉 '오위일체(五位一體)'의 모델을 형성하였다.

라. 강한[42]모델

강한구 정부는 20세기 말 민정부에서 26개의 도시지역을 사구건설실험

---

42) 무한시(武漢市) 강한구(江漢區)

구로 선택했던 기회를 이용하여 연구를 통해 무한시의 실제 발전 조건에 부합되는 사구건설모델을 찾았다. 즉 심양모델을 참고로 하여 사구의 지위를 가도판사처와 주민위원회 중간으로 정하고, 사구를 플렛폼으로 점차적으로 발전하고 있는 제도와 제도에 대한 혁신을 통하여 정부기능을 전환시키고 사구자치기능을 제고하였다. 정부와 사구 사이에 새로운 사구거버넌스모델을 구축하였다. 즉 행정조정체계와 사구자치체계가 결합되고, 행정기능과 자치기능의 상호보완되며, 행정자원과 사회자원이 통합되는, 정부역량과 사회역량이 상호 작용하는 사구거버넌스모델이다. 나아가 정부와 사구간에 기능이 상호 보완할 수 있는 도시기층관리체계를 구축한 것이다(唐亞林·陳先書, 2003). 강한 지역에서 도시사구주민자치모델을 탐색하고 개혁함에 있어서 핵심은 어떻게 효과적으로 정부관리체제혁신과 사구주민자치의 유기적인 결합을 촉진하는가라는 주제를 둘러싸고 사구주민자치와 법에 의한 정부행정을 서로 결합하는 운영체제를 탐구한 것이다. 제도가 변하는 과정에서 우선 사구의 규모에 대하여 합리적으로 파악하고, 그 다음 강한 도시사구 내부의 자치조직체계와 그의 운행체제를 구축하는 것으로부터 출발하여 각종 자치조직의 직권을 명확하게 하는 동시에 각종 조직을 규범화하는 것을 통하여 강한사구자치조직체계의 내부관계를 확실하게 정리한 것이다. 또한 강한기층가도판사처, 사구주민위원회와 정부부문간의 권력관계를 조절하는 것을 출발점으로 강한기층정부의 기능을 전환하는 것을 통하여 주민위원회의 자치를 보장하였다. 구체적인 실행 과정에서는 '선시행, 후보급(先試行, 後普及)'하는 방식을 통하여 제도 변환과정에서의 저항력을 효과적으로 극복하였고 사구건설과 정부개혁을 단계를 나누어 점진적으로 실행하는 데 성공하였다.

마. 북경모델

북경은 중국의 수도로서 상해, 심양, 청도, 무한의 등 도시와 많이 다르다고 할 수 있다. 2009년 중국공산당 북경시위원회 제10기7차 전체회의에서는 '고급 국제도시로 건설하는 것을 목표로 하고 세계적인 도시건설이라는 높

은 요구를 기준으로 수도의 발전건설을 심사한다'고 제기하였다. 2010년 북경
시정부업무보고서에서도 세계도시로 거듭나는 이 목표를 북경이 21세기 이후
의 최고목표로 정하였다. 따라서 도시사구주민자치가 '정치, 경제, 문화, 사회'
라는 결합된 사회발전기초의 하나로써 당연히 강력하게 추진해야 되었다. 북
경이 수도로서의 특별한 정치, 경제, 문화와 사회 등 요소에 근거하여 수도사
구에서 형성한 관리체계, 주민자치체계 등 모델을 '북경모델'이라고 부른다.
북경모델의 창의점은 새롭게 건설한 사구를 이용하여 사구자치관리시스템과
정부행정시스템의 공생체제를 구축하고 정부와 사구주민이 사구건설 중 서로
보완하고 조절하며 나아가 발전을 촉진하는 것이다(盧漢龍·李俊, 2007). 사구
규모를 조절하여 '1개 핵심, 2개 체계, 4급 기구'라는 조직체계를 구축하였다.
즉 사구공산당공작위원회를 지도핵심으로 하고, 가도판사처에 사구거버넌스
협회를 설립하여 사구의사결정체계를 구축하였다. 산하에는 다시 사구 센터,
사구 부센터(사구위원회)와 사구 업무소(주민위원회) 3개 기구를 설립하여 집행
체계를 형성하였다. 이와 동시에 북경시 기층정부는 사구사무를 사구내부 자
치조직과 서비스조직에 맡김으로써 정부기능을 전환시켰다.

7) 평가

중국의 주민위원회 기층의 군중조직은 60여 년의 발전과정을 겪어왔으며
다방면의 도전을 직면하고 있다. 이와 같은 도전은 외재적인 도전일 수도 있
고 자체에 대한 잘못된 포지셔닝일 수도 있다. 고질적인 체제의 장애 배경 하
의 산물이면서 또한 사회의 전환 과정에서 필연적으로 조우하게 되는 곤경이
기도 하다.

첫째, 정치적 측면에서 볼 때, 국가가 구축한 모델인 주민위원회는 체제
성 장애에 직면하게 된다. 서방 국가와 다른 것은, 중국 도시의 자치 제도의
구축에서 국가의 제도가 보다 많이 반영되었고 그것이 아래에서 위로의 과정
이 아니라는 점이다. 현행법에 따르면 사구주민위원회는 실질적으로 행정과

자치라는 이중 직능을 부담하게 되는데 이는 주민 자치를 실행하는 동시에 기층 정부의 요구에 협조해야 하므로 정부와 완전히 무관하게 오직 주민들의 이익을 대변하고 정부에 대해 감독을 진행하는 '비정부조직'은 아니라고 할 수 있다. 이로 인해 사구주민위원회가 민(民)과 관(官)이라는 이중적 속성을 초래하게 되었고 나아가서 기층 사회에 대한 관리에서 주민위원회는 반드시 이중적 역할을 할 수밖에 없다. 한편으로는 대중성 자치 조직으로 주민들의 '머리'를 해야 하고, 다른 한편으로는 행정관리의 말단 부서, 즉 정부의 '다리'가 되어야 한다. 장기간에 걸쳐 중국에서 실행하는 행정 만능주의의 관리모델을 보면 국가는 언제나 권력을 사회의 방방곳곳에 침투하려고 노력하고 있고 또한 가도판사처와 주민위원회의 역할을 발휘함으로써 사회의 전형기가 가져다 주는 기층사회 관리에 대한 압력에 대응하고자 하였다. 기층 정부는 재정과 인사권을 이용하여 주민위원회를 통제하고 주민위원회를 하부 행정 기관으로 인식하여 그들에게 직접적으로 임무를 하달한다. 이에 주민위원회는 정부로부터 전폭적인 지지와 물질적 자원을 확보하기 위해 어쩔 수 없이 수동적으로 정부 부서와 가도판사처에서 하달된 대량의 행정적 업무를 집행하게 되어 '만능형'조직으로 거듭나게 된다. 이처럼 그들 사이에서 일종의 과급(科層)형 시스템의 수평적 조직관계를 형성하게 되는데 이는 자체가 보유하고 있는 자치의 기능을 실현하기 어려울 뿐만 아니라 역할이 어긋나게 되며 기층거버넌스와 민주발전의 조직 간 긴장감과 부조화를 초래하게 된다(張魯萍, 2011).

이는 근본적으로 주민의 이익을 대변해야 하는 기능의 발휘와 주민들의 정체성 및 신뢰도에 큰 영향을 미치게 된다.

둘째, 경체적 측면에서 볼 때 독립적인 경제적 능력의 부족은 주민위원회 운영의 자주성을 떨어뜨린다. 국가 권력이 주도적 역할을 하는 배경 하에서 완전히 자체적으로 독립적인 경제적 능력으로 발전하는 주민위원회는 거의 존재하지 않으며 대부분 주민위원회는 경제적인 독립성을 부족하여 정부의 재정적 지원이 주민위원회의 유일한 내원이다(黃先雄, 2014). 주민위원회의 사업예산과 내원 그리고 주민위원회 구성원들의 생활보조금의 범위 및 기준과 내원은 상급 정부에서 규정하고 예산편성을 하게 된다. 주민회의의 동의를 거쳐 주민위원회의 경제수입에서 적절하게 보조금을 지불하게 된다. 주민위원회의 사무실은 지방 정부에서 통일적으로 해결한다. 이와 같은 규정에서 주민위원회가 행정적 역량에 대한 의존성을 설명하는 측면이다. 비록 사구건설은 정부와 사회의 공동적인 요구이고 동력은 정부와 사회 두 측면으로부터 온다고 할 수 있으나 정부의 행동이 우선적으로 반영되는데 즉, 정부가 주도적 역할을 하고 있다고 볼 수 있다. 바로 이러한 문제로 인해 중국의 사구건설은 보편적으로 행정적인 성격이 있고 사회참여도가 비교적 낮으며 주민자치능력이 비교적 낮은 상황이다. 때문에 정부의 열정이 주민들의 열정보다 높게 반영되며 외부의 역량이 내부적으로부터 발산되는 역량보다 크게 나타나는데 이는 최초 사구건설의 목적과 어긋나는 문제점을 초래하게 되었다. 사구건설의 중요한 수단은 사구의 역량에 의거하고 사구의 자본을 이용하여 사구 주민들의 적극적인 참여가 근간이 되어 사구 주민들의 자주성을 강조하는 것이다. 그러나 중국의 계획경제체제 하에서 정부가 모든 것을 주도하는 행위적 관성이 여전히 지속되고 있으며 강력한 행정 추진력과 행정자원 앞에서 사구의 역량과 자본은 보잘것없이 되어버린다(劉冀瑗, 2010). 자체의 자원결핍은 필연적으로 기층 정부에 의존하게 되고 또 거기에 제한될 것이며 이로 인해 초래된 자치 기능의 결핍은 필연적으로 주민들로 하여금 심적으로 주민위원회의 권위와 질서에 대해 인정하고 복종하지 않도록 하는데 결국에는 자치조직의 정당성이 끊임없이 도전을 받게 된다.

셋째, 사회적 측면에서 볼 때 업주위원회 등 조직의 설립은 주민위원회의 권력을 약화시켰다. 복지적 차원에서의 아파트 분배의 시대는 이미 과거의 일이 되어버렸고 점점 상품화 시대로 진입하고 있다. 주택사유재산권을 갖고 있는 업주들이 건축 구분 소유제도의 발전을 촉진시켰다. 이 제도 하에서 업주는 독자적인 부분(주택)에 대해 소유권을 갖는 것 외에도 공동부분(계단, 복도, 엘리베이터, 지하주차장 등)에 대한 소유권 또한 공유하게 된다. 그리고 업주대회를 조성하고 업주위원회를 선출하여 건물 및 관련 사무에 대한 권리를 공동으로 관리하게 된다. 이러한 요구에 따라 업주위원회와 아파트 관리회사 등 조직들이 생겨나게 되었다. 이와 같은 조직이 생겨남에 따라 기존 주민위원회의 권력을 공유하거나 공간적으로 압박을 하게 되는데 이는 도시의 기층 공공구간과 공생생활의 구축성 역량으로 거듭나고 있으며 나아가서 주임위원회의 권력과 성망을 약화시키고 있다. 때문에 주민위원회를 단일 중심으로 해왔던 기층 권력의 기존 질서가 해체되는 흔적을 찾아볼 수 있고 끊임없이 성장해나가는 업주위원회, 아파트 관리회사 등 영리, 비영리 조직들이 각종 형식을 통해 기층거버넌스에 참여하게 된다. 행정(주민위원회), 시장(아파트 관리회사) 및 사회(업주위원회) 등 다양한 조직들이 서로 교합되면서 상호작용을 하고 있으며 아주 복잡한 권력관계를 형성하게 되었다. 이러한 신흥조직들은 기존 도시의 기층거버넌스 구조에 대한 편입 및 발전되어 사구의 기반적 조직으로 성장하게 되었으며 어느 정도 주민위원회가 수십 년간 구축해온 권력과 성망을 나눠가지게 되었다고 할 수 있다. 업주위원회 등 조직의 흥기가 주민위원회의 권력을 약화시킬 수 있었던 것은 그 자체가 갖고 있는 보다 완벽한 서비스기능 이외에도 주민의 독립의식의 향상과 민주에 대한 요구가 날로 강렬해지기 때문에 어떠한 효과적인 기구를 통해 자신들의 욕망을 소구하고자 하였기 때문이다(湯艶紅, 2012). 주민들이 민주적 권리를 실천하는 주요한 매체인 주민위원회가 직선제를 실행하고 개혁 이후에도 여전히 주민들에게 권리를 행사할 수 있는 수단을 제공하지 않기 때문에 주민위원회가 주민들 사이에서 정체성 및 합법성 위기를 맞이하게 되었고 업주위원회 등 보다 민주적 권리를 보장하는 조직들은 구조적 보완 및 대안적 조치로 기층의 자치의 무대로 등장하게 된 것이다.

넷째, 문화적 측면에서 볼 때 국민들의 문화참여의 결핍이 주민위원회의 합법성을 약화시켰다고 할 수 있다. 주민위원회의 합법성은 상급 정부의 확인 및 지지로부터 오는 것이 아니라 도시의 기층 자치의 주체인 주민들의 참여와 인정으로부터 온다. 주민들이 주민위원회의 합법성에 대해 보편적인 인정은 기층 자치 효과성의 기본적인 전제이기도 하다. 현재 주민들의 소극적인 참여는 주민위원회의 자치이지 주민들의 자치가 아닌 국면을 초래하게 되었다. 물론 주민들의 자치 참여에 영향을 미치는 요인은 여러 가지가 있다. 우선은 현재 주민위원회의 강한 행정특성으로 인해 주민들이 자신들의 권리와 관련되는 자치권, 협력관리 및 감독권, 돌발사건 처리권 수요에 대해 만족감을 느낄 수 없게 한다. 그리고 주민 자신들의 이익은 주민위원회라는 자치 매체를 통해 실현되지 못하는 상황이기에 그들의 참여에 영향을 미치게 된다. 이성적인 경제인으로서 사람들은 단순하게 참여를 위한 참여를 하지 않을 것이고 오직 적극적인 참여와 이익이 긴밀하게 관련되었을 경우에 참여에 대한 충분한 동력이 생긴다고 할 수 있다. 그 다음으로 주민들의 사구 사무에 대한 참여에는 규범적이고 체계적인 프로세스가 구축되어 있지 않기 때문에 임의성이 비교적 강하게 나타나고 주민회의의 개최에 체계화 및 일반화가 부족하다. 또한 대부분의 주민들이 참여하고자 하는 의식이 부족한 편이다. 자신의 이익과 직접적인 연관이 있는 사무에는 많은 주민들이 무임승차의 심리가 작동하고 강한 의존적 심리가 존재한다. 또한 주민위원회 내부 구성원의 주관적 경향이 지나치게 강한 것이 문제점이다. 이는 주로 사구 주민위원회가 행정화 노선을 선호한다는 점에서 나타난다. 정부가 사구 건설, 사구 업무에 대해 지나치게 간섭하기에 민주적 결정과 주민 자치의 공간이 점점 축소되는데 주민위원회는 자치 조직의 특성을 강조할 필요가 없고 정부의 의도에 따라 업무처리를 하면 된다. 뿐만 아니라, 정부가 거의 대부분의 자원을 관리하고 있기 때문에 사구 주민위원회가 업무를 전개하고 주민을 위해 서비스를 진행함에 있어서 반드시 정부에 긴밀하게 의존해야 하고 정부의 요구를 만족시켜야 하는데 이렇게 해야만이 정부로부터 보다 많은 자원을 확보하여 사구 주민들을 위해 사용할 수 있게 된다. 중국은 예로부터 관본위(官本位) 사상이 존재해왔는데 주민위원회는 비록 정부의 행정조직은 아니고 구성원 또한 국가 공직자가 아님에도 불구하고 사구 주민위원회가 행정화된 이후 행정기능을 갖추게 되었으며 구성원들도 행정권력을 행사할 수 있게 되었다(徐昌洪, 2013). 비록 주민위원회 구성원들 대부분이 행정업무의 과다로 인해 많은 업무 스트레스를 받고 있다고 하지만 만약 그들의 행정력을 축소시키려고 하면 대부분 구성원들이 원하지 않을 것이다. 바꿔 말하자면 주민위원회의 행정화에는 구성원들의 주관적 성향이 요소로 작용한 것도 있는데 왜냐하면 행정화로 인해 사구 주민위원회가 정부를 대신하여 일부 행정자원을 관리하고 행정적 권력을 행사함으로서 동시에 그들의 지위를 향상시켰기 때문이라고 할 수 있다. 현재 상황에서 그들의 행정 기능을 분리시키고 행정권력을 약화시킨다면 사구 주민위원회는 주변화될 것이고 기존의 지위와 역할을 소실하게 될 것이다.

다섯째, 법률적 측면에서 볼 때 관련 법제화가 낙후되었다. 「주민위원회 조직법」이 1989년에 반포실시되었는데 오늘날까지 20여 년 동안 중국의 경제, 사회, 정치, 문화 등 모든 분야에서 거대한 변화를 가져왔고 특히 주민위원회의 관할범위, 서비스 대상, 업무내용, 인원구성 등 부분도 많은 변화를 가져왔다. 도시의 사구 건설의 가속화 그리고 사회관리의 발전과 더불어 일부 법률이 이미 현재의 상황에 부합되지 않게 되었고 사업 추진과정에서 직면하게 되는 일부 새로운 문제점들도 법적으로 규범화할 필요가 있다. 예를 들면 사구 주민위원회의 직능, 주민위원회 구성원의 급여, 기층 정부와 사구 주민위원회 간의 관계, 사구 주민위원회와 아파트 관리회사 간의 관계, 관할구역 기관과 사구 주민위원회 간의 관계, 사구주민위원회와 사구 서비스 조직들 간의 관계 등에 대해 모두 명확하게 하여 주민위원회 건설에 법적 보장권을 확보할 필요가 있다(鄒鵬, 2012).

사회조직은 일정한 구역 내 주민들의 전체적인 이익을 대변하는 것으로 대중의 자치권리의 표현이기도 하고 대중들이 정부권력의 조직에 대한 일종의 제약이기도 하다. 하지만 중국에서 주민위원회는 명목상 대중성을 갖춘 기층 자치조직이지만 실질적으로는 행정권력시스템의 말단으로 작용하고 있으며 국가권력 시스템의 일부가 되었다고 할 수 있다(顔眞, 2015). 건국 전 정권에 존재하는 보갑제도든 건국 이후 주민위원회제도든 간에 모두 거의 비슷한 정치적 역할을 하고 있는데, 즉 국가는 일종의 말단 조직을 통해 권력을 아래로 전달하게 되는데 동일한 문화적 가치관과 정치적 지향을 통해 사회전반의 발전을 통제하고자 하였다. 이와 같은 사회발전모델은 사회시스템에 오직 하나의 권력체계의 존재를 초래하고 기타 사회적 권력시스템의 생존공간을 배척하게 되는데 이는 중국의 전통문화와 긴밀한 연관이 있다고 볼 수 있다.

중국은 서방 국가에서 보편적으로 존재하는 국가와 사회라는 상호 제약하는 정치적 역량이 부족하다. 진시왕(秦始皇)이 통일된 봉건제 중앙제국에서 시작되어 중국에서는 오직 '수직적 제국통치체계'가 유지되었다. 이 같은 시스템에서 국가의 권력은 어디에나 파고들 수 있는데 행정역량의 형식으로 사회의 방방곳곳에 침투된다. 하지만 이 시스템 중에서 특히 기층 사회에 대한 국가의 행정적 역량의 침투력은 이미 많이 약화되었는데 사회에 대한 통제를 완성하기 위해 중앙집권의 권력체계를 구축하였고 국가는 보갑제도를 만들었다. 보갑제도와 기존의 중국의 많은 지역에서의 종신세력(宗紳勢力)과 서로 결합하게 되는데 동일한 가치관과 이익에 대한 소구를 기반으로 하여 공동으로 중앙정부의 통지를 보호한다. 이와 같은 사회역사적 환경은 중국이 전통적인 농업국가라는 것과 중요한 연관이 있다. 전통적 농업국가에서는 식량이 국가의 근본이 되는 것이고 농민의 작물수확은 비교적 장기적인 시간이 걸리기 때문에 상대적으로 안정적인 사회적 환경을 필요로 하는데 통일된 중앙집권정부의 존재는 바로 농민들의 이와 같은 안정적 요구를 충족시킬 수 있다는 것이다. 때문에 통치를 받는 계급이든 통치계급이든 간에 모두 강력한 중앙정부를 통해 사회를 안정시키고 공동체를 보호하기를 희망하는데 양자 모두 근본적으로는 이러한 통치체제를 반대하지는 않는다고 할 수 있다. 또한 유가(儒家)사상을 통해 이와 같은 정신적 연결체로 '가정'과 '국가'를 교묘하게 융합시켜 하나의 완전한 수직적인 사회질서를 형성하기 때문에 자연스럽게 '사회'라는 국가에 저항하는 역량이 존재할 수 없게 된다.

생산력의 제고에 따라 송(宋)나라부터 중국의 상품경제는 소농경제로부터 점차 발전하게 되었고 특히 근대에 들어 중국의 비교적 발달한 도시에서 점차 현대적 의미의 사회조직이 나타나기 시작했는데 예를 들면 도시상회, 각종 업계의 협회 등이 있다. 그러나 특별히 강대한 제국통치체계에 비해 이런 사회조직은 극히 보잘것없기 때문에 자생적 가치관과 사회 귀속감 및 정체성에는 근본적인 변화가 일어나지 않았다. 또한 사상적으로는 여전히 유가사상의 영향을 깊이 받기 때문에 자신들의 문화체계와 사회체계를 형성하지 못했고 설립되는 그 날부터 이미 국가와 매우 긴밀한 관계를 맺게 된다. 때문에 사회의 대환경의 영향을 쉽게 받으며 국가의 역량과 충돌이 발생했을 경우 항상 국가의 역량에 굴복하게 된다.

결론적으로, 중국에서 주민위원회의 설립은 정부의 권력 분산화로서 기층 사회를 제어하기 위한 산물이다. 정부체계 중의 한 부분이고 정부의 권력 배분의 일종 조직형태로서 이와 같은 분권은 관리수요의 기능성 분권이지 대중사회를 기반으로 하는 실체성 분권이 아니라고 볼 수 있다. 주민위원회는 대중성 기층 자치조직의 신분으로 국가권력이 기층 사회에 대한 통제임무를 수행하는 것뿐인데 한편으로 지나치게 막강한 정부권력에 대한 대중들의 우려를 해소시키는 것이고, 다른 한편으로는 행정비용과 자원을 절감하여 가장 효과적이고 가장 편리한 방식으로 국가권력이 기층 사회에 대한 감시를 완성하는 것이다.

8

종합비교

김혜정(선문대학교)·이승종(서울대학교)

앞에서 살펴본 해외의 근린자치 사례들을 비교분석한 결과 공통점은 다음과 같다.

대부분의 국가에서 공식적인 자치행정 계층과는 별도로 주민이 자치를 운영하고 참여를 강화할 수 있는 작은 규모 단위의 근린자치가 중요하게 강조되고 있다는 점이다. 지방자치 제도에 더하여 주민의 생활공간에 가장 근접하는 작은 규모의 근린단위 자치가 지방자치의 근간을 강화하고 한계점을 보완하는 데 필요함을 시사한다고 하겠다. 이와 함께 선진국의 근린자치는 지역별로 통일된 형태를 추구하기보다는 지역의 특성에 맞는 다양한 근린자치를 형성하는 것이 가능함을 확인할 수 있다. 미국, 영국, 프랑스, 독일의 사례에서도 나타나듯이 근린자치제도는 지역의 규모, 도시와 농촌의 차이, 지역이 필요한 중요한 기능에 따라 명칭, 주요 사무, 형태 등을 다양하게 구성하여 운영하는 것이 가능하다.

외국의 근린자치 사례에서 나타나는 차이점으로는 국가에 따라 근린자치 기구에 부여된 자치권 및 권한의 범주를 들 수 있다. 주민자치가 정착된 영미권의 근린자치는 단체자치 중심의 대륙법계 국가의 근린자치에 비하여 상당히 자율성이 높고, 부여되는 권한과 기능의 크기도 상대적으로 큰 것으로 평가할 수 있다. 이러한 차이점은 근린자치기구의 다양성 확보와 활성화에도 영향을 미칠 것으로 볼 수 있다. 아울러 근린자치를 운영함에 있어서 지방자치

	미국	영국	프랑스	독일
명칭	community boards, neighborhood council 등	parish council (웨일즈는 community council/ 도시는 town council)	지구위원회, 지방이익 위원회, 지구이익위원회 등(코뮌과 법률적 관계가 없음)/ 지구평의회(conseil de quartier)(코뮌과 법률적 관계 성립)	구역(Bezik 또는 Ortschaften) 의회
기관 특성 및 성격	법인격 없는 자문기구	▶ 준자치단체 ▶ 교구에 기반 ▶ 농촌이 중심 (도시도 가능) ▶ 주민이 원하는 경우 설치(기초정부의 권고안 필요) ▶ 의장 제외 무보수 (자발적, 명예직)	비영리법인 (독립적 법인격)	▶ 준자치구인 Bezik과 Gemeinde의 관할 하에 존재 ▶ 주지방자치법에 근거, 주별로 상이 ▶ 법인격 없음 ▶ 구역의회와 집행부 (구역행정청)로 구성 (구역의회가 핵심기구)
구성	지역별로 다양	▶ 유권자 200명 이하의 패리쉬 조직은 패리 쉬미팅 ▶ 5인 이상의 선출직 의원/1인 의장/4년 임기(선거)	▶ 지구평의회는 인구 8만 이상 코뮌은 의무, 2~8만 사이는 선택 ▶ 코뮌의회 의원, 이익단체 및 시민단체, 주민대표	▶ 지역의원은 선거로 선출 (의원수는 조례로 정함) ▶ 임기는 5년
기능과 권한	▶ 주민의 의사 대표, 전달 ▶ 서비스 제공 기능 ▶ 정보제공, 자문	▶ 지역 대표기능 ▶ 서비스 제공 ▶ 주민의 삶의 질과 커뮤니티 웰빙 개선 ▶ 지역문제 토론	▶ 주민과 코뮌행정의 중개 역할 ▶ 지방자치단체별로 참여헌장과 지구위 원회 헌장 채택	▶ 주민의 의견을 기초자치단 체에 전달(이익 대변) ▶ 지역밀접 행정사무 (예: 애완견 등록 등) 처리 ▶ 지역행정사무 심의
재원	▶ 창립기금, 보조금, 회비, 기부금	▶ 직원의 1/3이 자원 봉사에 기반(나머지도 파트타임에 대부분 의존)	▶ 중앙정부, 광역자치 단체, 코뮌의 보조금 ▶ 평의회 회원이나 단체의 회비	▶ 과세권을 보유하지 않음 ▶ 지방정부 보조금에 의해 운영됨 ▶ 기부금을 받거나 수수료를 받을 수 있음
대외관 계	시정부의 협조와 지원 (상호협력관계)	▶ 자치단체와 하부기관 간 관계와 유사	▶ 지방자치단체와 견제 관계	▶ 구역의회는 지방의회와 협력관계(구역에 대한 지방의회의 정책결정에 구역의회 의견 수렴) ▶ 구역행정청은 지방정부의 지역사무소처럼 운영됨

표 3-17 해외의 근린자치 사례 종합비교

	스위스	일본	중국
명칭	코뮌(Commune)	자치회(또는 정내회)	주민위원회
기관 특성 및 성격	▶ 평균인구 3,546명으로 규모가 작음 ▶ 자치계층 ▶ 준주권적 권한에 버금가는 막강한 자치권 보유	▶ 민법상 임의단체, 지역 단체의 성격 ▶ 자발적 설립	▶ 중앙-성시(省市)-구현(區縣)-가주(街居)의 수직행정체계의 일부분
구성	▶ 작은 코뮌은 주민총회와 소수 시간제 공무원으로 구성 ▶ 큰 도시 코뮌은 별도의 의회와 전업직원으로 구성된 집행부	▶ 구획 내 전세대의 자동가입 ▶ 전원회의(총회) ▶ 회장, 부회장, 부시장, 회계, 총무 등의 임원 (선거)	▶ 주임, 부주임과 위원은 주민의 선거로 선출 ▶ 그러나 현실은 정부 개입이 만연함
기능과 권한	▶ 위임사무: 수질보호, 식품경찰, 민방위, 교육사무 등 ▶ 고유사무: 유아·초등·중등 교육, 사회부조, 사회보험, 토지이용계획 기타(입법권, 행정권, 때로 사법권 행사) ▶ 조직인사권과 자치재정권 행사	▶ 지역 내 자치·친목활동 ▶ 사회서비스 제공 ▶ 시 의뢰사무 수행	▶ 자치관리, 행정관리, 사회복무, 경영관리 등 ▶ 기층정부와 가도판사처는 주민위원회를 행정기구로 간주하는 경향 ▶ 상급정부가 하달한 행정 업무 수행에 편향됨
재원	▶ 과세권 보유: 소득세, 부유세, 인두세, 순이윤·자본세, 상속·증여세 등 ▶ 소득세와 부유세가 대부분 ▶ 공직자원봉사 활용	▶ 회비, 기부금, 보조금, 사업·재산 수입	▶ 정부보조금에 의존 ▶ 가도판사처의 엄격한 재산관리
대외 관계	▶ 연방, 주정부와 대등한 위치(자치입법권, 자치조직권, 자치재정권 보유)	▶ 행정업무의 분담 (홍보, 사무분서 배포)	▶ 가도판사처와 상하관계가 제도화 ▶ 업주위원회 등 다른 주민 조직과 대립

단체와의 관계 설정 방향성에서도 차이를 보인다. 미국이나 스위스, 일본과 같이 주정부 및 지방정부와 협력관계나 대등한 수평적 관계 또는 업무 협력적 관계에 기반한 근린자치가 운영되는 경우도 있고, 프랑스처럼 지방정부와 견제관계의 구도로 운영될 수도 있으며, 영국이나 중국처럼 지방자치단체와 하부관계의 관계를 구성하는 경우도 있다. 물론 근린자치가 지방정부의 하부관계를 형성하는 경우에도 영국과 중국의 운영 방식은 매우 차별화된다.

결론적으로 해외의 사례들이 제시하는 근린자치제도를 통해 확인할 수 있는 시사점은 다음과 같다.

첫째, 공식적인 자치계층을 기반으로 한 지방자치단체의 지방자치와는 별개로 주민의 생활자치를 근간으로 주민의 관심과 참여를 제고할 수 있는 근린자치는 주민의 자아실현과 복리증진을 위한 주요한 시민 혁신 방안이라는 것이다. 근린자치를 통한 거버넌스가 구축될 때 정부와 시민의 접촉가능성이 높아지고 참여가 진작되며, 주민을 위한 정책방안의 마련이 진작될 것이다.

둘째, 근린자치는 해외사례들이 보여주는 것처럼 획일화되고 공식화된 구조로 형성하기보다는 지역의 특성과 주민의 일체성을 기반으로 하여 다양한 방식과 기능을 선택할 수 있도록 하는 것이 의미 있을 것이다. 지역의 산업구조, 도시와 농촌의 차이, 주민의 생활반경과 자치적 특성을 고려하여 주민이 원하는 양식의 근린자치를 선택할 수 있는 다양성 확보가 필요하다.

셋째, 중국의 경우처럼 정부의 권력이 주민위원회에 깊숙이 침투하여 작동하게 되면 제도적 규정과는 관계없이 주민들의 자치권이 침해될 수 있다는 점이다. 이 경우 자치계층에 추가하여 공식적이고 수직적인 행정계층의 하나로 전락될 수 있는바, 근린자치는 하향적 형태의 구성보다는 상향적으로 주민의 요구와 선택에 의해 방향성이 정해지고, 운영되어야 한다.

전술한 해외의 근린자치제도들을 표로 정리하면 <표 3-17>과 같다.

참고문헌

[미국]

노승용 (2008). 미국의 근린주민조직과 주민의 자치활동. 월간 자치행정, 238: 12 – 15.

(사)한국지방자치학회 (2011). 읍·면·동 주민자치회 모델개발 연구. 대통령 직속 지방행정체제개편추진위원회 연구보고서.

최재송 (2007). 근린 주민조직의 특성에 관한 사례연구: Oregon주 Eugene시의 Neighborhod Association 사례. 지방행정연구, 21(2): 95 – 115.

한상일 (2003). 미국 근린참여제도의 유형별 분석과 한국의 주민참에 대한 함의. 한국행정학보, 37(3): 159 – 180.

Berry, J. M., K. Thompson, & K. E. Portney (1993). *The Rebirth of Urban Democracy*. Brookings Institution Press.

Chaskin, R. J. (1997). Perspectives on Neighborhood and Community: A Review of the Literature. *Social Service Review*, 521 – 547.

City of Eugene. 1999. Eugene's Neighborhood Program.

International City/County Management Association (2001). *Neighborhood Associations*. Inquiry Report, 33(11).

Leighninger, M. (2008). *The Promise and Challenge of Neighborhood Democracy*. Report on the Democratic Governance at the Neighborhood Level' Meeting.

Loges, Bill, Bruce Bimber, Ann Crigler, & Chris Weare (2013). *Improving Communications: Connecting Stakeholders, Organizations, and the City*.

Rho, Seung – Yong (2012). How to Improve the Effectiveness of Public Deliberation. *Modern Society and Public Administration*, 22(3): 303 – 322.

http://www.cityofmadison.com/neighborhoods/neighborassoc.htm

http://www.eugene – or.gov/portal/server.pt

http://www.lacityneighborhoods.com/home.htm

[영국]

최영출 (2007). 영국의 패리쉬 (parish)의 성격 및 주민자치기능활동. 자치행정, 7월
　　호, 통권 232호. 지방행정연구소.

Bailey, S.H. (2004). *Cross on Principles of Local Government Law.* London:
　　Thomson Reuters.

Byrne, Tony. (2000). *Local Government in Britain.* London: Penguin Books.

Chandler, J.A. (2007). *Explaining Local Government.* Manchester: Manchester
　　University Press.

Lowe, J. (2014). *A Survivor's Travel Guide to Parish Councils.* London:
　　Earthscape Publishing

Rao, Nirmale. (2000). *Reviving Local Democracy.* Bristol: Policy Press.

[프랑스]

김덕수 (2013). 주민자치센터의 운영발전방안에 관한 연구. 한양대학교 공공정책대
　　학원 석사학위논문.

배준구 (2011). 프랑스의 근린주민자치. 지방행정, 60(696): 26 – 29.

　　　　 (2013). 프랑스의 지방분권 이후 근린자치와 특징. 한국프랑스학논집, 81:
　　307 – 327.

임승빈 (2006). 프랑스 지방정부의 혁신 사례연구: 세르지 퐁트와즈(Cergy – Pontoise)
　　와 이시레물리노(Issy – Les – Moulineaux) 시를 중심으로. 한국행정학회 춘계학
　　술대회 발표 논문.

정재도 (2014). 프랑스의 지방분권제도에 대한 연구. 서강법률논총, 3(2): 129 – 169.

최영훈 (2013). 외국의 주민자치회 운영사례와 시사점. 자치행정연구, 5(1): 73 – 88.

최진혁 (2012). 프랑스의 지방자치의 이해. 자치행정연구, 4(1): 47 – 55.

한국지방자치학회 (2011). 읍·면·동 주민자치회 모델개발 연구. 한국지방자치학회
　　연구보고서

한국지방행정연구원 (2008). 읍면동 중심의 주민자치 강화방안. 한국지방행정연구원
　　연구보고서

D.G.C.L. (2012). *Les collectivités locales en chiffres 2012.* Paris : La
　　documentation française.

GOHIN Olivier et (2012). *SORBARA Jean−Gabriel, Institutions administratives*. Paris: LGDJ.

Young Foundation (2010). *Local Democracy and Community Governance*. 「Loi Relative à la Démocratie de Proximité」

http://mairie12.paris.fr/mairie12/jsp/site/Portal.jsp?page_id=203(검색일: 2015. 5. 28)

https://ko.wikipedia.org/(검색일: 2015. 6. 2)

[독일]

김해룡 (역) (1994). 독일지방자치법 연구. 한울아카데미. 원저: Scholler, Heinrich. *Grundzüge des Kommundalrechts in der Bundesrepublick Deutschland*. (C.F. Müller Juristicscher Verlga, 1990).

오준근 (2014). 지방자치단체의 조직자치권에 관한 독일과 한국의 비교법적 연구. 경희법학, 49(3): 377−404.

이기우 (2004). 지방자치단체의 분권화−독일의 구역자치제도를 중심으로. 한국지방자치학회보, 16(2): 147−166.

Gemeindeordnung, Land Baden−Württemberg (바덴−뷔르템베르크주 지방자치법)

Gemeindeordnung, Land Nordrhein−Westfalen (노르트라인 베스트팔렌주 지방자치법)

Geschäftsordnung für den Ortschaftsrat Ebnet (엡넷 근린자치구 헌장)

Satzung über Bezirksvertretungen und Bezirksverwaltungsstellen (뒤셀도르프시 근린자치구역 조례)

http://www.freiburg.de/pb/,Lde/206696.html

http://www.duesseldorf.de/buergerinfo/01_16/index.shtml

http://www.frsw.de/littenweiler/lehen.htm

http://www.prospektverteilung−hamburg.de/?p=duesseldorf−stadtteile

[스위스]

안성호 (2001). 스위스연방민주주의 연구. 서울: 대영문화사.

_____ (2005). 분권과 참여: 스위스의 교훈. 서울: 다운샘.

_____ (2012). 읍면동 풀뿌리자치와 향방전력 강화방안: 스위스 2차 대전 '고슴도

치 국방'의 교훈. 한국지방자치학회보, 24(1): 47−76.

_____ (2013). 도시경쟁력의 결정요인: 스위스 제네바 사례. 미발간 논문.

_____ (2015). 스위스 번영의 열쇠: 재정연방주의. 지방행정, 741: 16−19.

이기우 (2014). 분권적 국가개조론. 파주: 한국학술정보.

지방분권운동 대구경북본부. (2013, 2014). 풀뿌리 분권 아카데미: 스위스학교. 대구: 지방분권운동 대구경북본부.

Linder, W. (2010). *Swiss Democracy: Possible Solutions to Conflict in Multicultural Societies*. (3rd ed.). New York: Palgrave Macmillan.

Steinberg, J. (1996). W*hy Switzerland?* Cambridge: Cambridge University Press.

Strebel, M. (2014, September). *Launching and Implementing Municipal Mergers: Push−and Pull Factors in Merger Processes. Paper presented* at the ECPR General Conference titled 'Contemporary Local Self−Governance and democracy: Challenges and Responses', Glasgow 3−6 September 2014.

[일본]

김병국 · 권오철 (2014). 일본의 주민자치조직: 자치회. 서울: 조명문화사.

민현정 (2011). 일본 지역주민조직의 유형과 특성에 관한 연구. 민주주의와 인권, 11(2): 421−446.

岡田知弘·石崎誠冶 (2006). 地域自治組織と住民自治. 東京: 自治体研究社.

国土交通省 都市·地域整備局地方整備課 (2005). 市町村合併後の個性ある地域づくりのポイント. 京都府. http://www.pref.kyoto.jp/gappei/kouikika.html

吉原直樹 (2000). アジアの地域住民組織−町内会·街坊会·RT/RW. 東京: 御茶の水書房.

藤井誠一郎·加藤洋平·大空正弘 (2012). 住民自治組織の実践と今後の展望. 自治總, 406: 61−81.

牧田實 (2010). 地域自治と公共性：地域住民組織と制度的保障の視点から. 茨城大學政經學會雜誌, 80: 51−60.

福嶋康博 (2005). 市町村合併時代の住民自治を考える―A愛媛県内市町村の実情に即して. 広島大学地域経済システムセンター第17回研究集会報告書. http://www−cres.senda.hiroshima−u.ac.jp/ken17−10.pdf

福田厳 (2009). 地縁による団体の認可事務の状況等に関する調査結果について. 地方自治, 737.

福留強 (2013). 住民に役立つ自治会づくりを一自治会町内会の再興と活性化策を考える. 月刊地域づくり, 平成,5月號.

山崎丈夫 (2003). 地域コミュニティ論. 東京: 自治体研究社.

石見豊 (2014). わが国における住民自治組織の現状と課題. 國士舘大學政經論叢, 167. https://kiss.kokushikan.ac.jp/pages/contents/0/data/1005618/0000/registFile/0586_9749_167_03.pdf

星野敏 (2004). 小自治単位(集落・旧村)における自治力の現状と再生方向. 農林業問題研究, 153.

小滝敏之 (2007). 市民社会と近隣自治. 東京: 公人社.

岩崎信彦 외 (2013). 町内会の研究. 東京: 御茶の水書房.

遠藤文夫 (1992). 自治会, 町内会等の住民自治組織と市町村行政との関係(1)(2). 自治研究, 68(5), (6).

伊藤修一郎 (2007). 自治会・町内会と住民自治. 論叢現代文化・公共政策, 5: 85－116.

伊藤雅春 (2005). 町内会・自治会野の課題: 大都市周邊部の町内会・自治会のアンケート調査から. コミュニティ政策学部紀要(愛知學泉大學), 第8号.

日本都市センター (2002). 自治的コミュニティの構築と近隣政府の選択.

入山泰郎 (2004). 地域自治組織一a合併論議の次にくるもの一7. 株式会社 日本総合研究所 http://www.jri.co.jp/page.jsp?id＝13960.

財團法人 地域活性化センター (2007). 地方自治法上の地域自治区を活用した取り組みについて.

鳥越皓之 (1994). 地域自治會の研究: 部落會・町内會・自治會の展開過程. 東京:ミネルヴァ書房.

田中義岳 (2003). 市民自治のコミュニティをつくろう. 東京: ぎょうせい.

中川剛 (1980). 町内会一日本人の自治感覚. 東京: 中公新書.

中田実 (1993). 地域共同管理の社会学. 東京: 東信堂.

_____ (2007). 世界の住民組織. 東京: 自治体研究社.

_____ (2007). 地域分権時代の町内會・自治會. 東京: 自治体研究社.

中塚雅也·星野敏 (2007). 小学校区における自治組織の構造的課題と再編の方向性. 農村計画学会誌, (26)論文特集号.

中田実·山崎丈夫·小木曾洋司 (2012). 地域再生と町内会·自治会. 東京: 自治体研究社.

地域活性化センター (2011). 地域自治組織の現狀と課題調査研究報告書.

池田浩·小川竹二·宮入興一·鈴木誠·中田實 (2011). 住民がつくる地域自治組織·コミュニティ. 東京 : 自治體研究社.

總務省 (2007). 新しいまちづくりをめざして～合併市町村の取組の実態～市町村の合併に関する研究会報告書.

河村雷雨 (1982). 都市コミュニティ論. 京都: 世界思想社.

[중국]

胡勇 (2002). 街道办事处与小区居民委员会关系探讨. 中共宁波市委党校学报, 5: 57－60.

唐亞林·陳先書 (2003). 社區自治: 城市社會基層民主的複歸與張揚. 學術界, 6: 7－22.

雷雨若 (2006). 街道辦事處和社區居委會關係的現狀與展望－－以廣東汕頭市東方街道辦事處與其社區居委會關係的調查為個案. 汕頭大學學報, 1: 72－74, 92.

傅宇丹 (2007). 居民委員會自治權的權力來源及相關問題探討. 中國政法大學.

盧漢龍·李駿 (2007). 中國城市居民委員會工作的比較研究: 上海與瀋陽. 社會科學戰線, 6: 188－195.

閔學勤 (2009). 轉型時期居委會的社區權力及聲望研究. 社會, 6: 22－38, 222－223.

劉冀瑗 (2010). 對社區居委會與街道辦事處關係的思考. 中共石家莊市委黨校學報, 7: 31－34.

高中偉 (2011). 建國初期居民委員會制度形成的歷史考察－－以1949～1956年成都市為個案. 四川大學學報(哲學社會科學版), 5: 54－61.

張魯萍 (2011). 城市基層自治現狀及其完善－－以當前居民委員會功能式微為視角. 嶺南學刊, 6: 75－79.

陳婧 (2012). 城市社區居民委員會自治研究. 中央民族大學.

鄒鵬 (2012). 居民委員會的法律地位研究. 重慶大學.

湯豔紅 (2012). 論我國城市社區居民自治的完善－－以城市居民自治發展新要求為視角. 政治與法律, 12: 110－118.

徐超·鮮沅栗·韓美玲·束然 (2012). 關於改進街道辦事處與社區委員會關係的探索－－以 成都市武侯區為例. 經營管理者, 19: 39, 63.

任文君 (2013). 街道辦事處的職能定位與改革研究. 南京理工大學.

徐昌洪 (2013). 社區治理中居民委員會去行政化問題探究. 學習月刊, 8: 52－55.

_____ (2014). 社區居民委員會行政化及其治理研究. 社會主義研究, 1: 103－110.

黃先雄 (2014). 論城市居民委員會自治權的程式保障－－從一起區政府撤銷居委會的 案件說開去. 廣東行政學院學報, 3: 51－56.

金貴賓·王芳 (2014). 論我國城市社區居民自治建設與實現途徑研究. 唐山師範學院學 報, 3: 139－141, 160.

顏真 (2015). 加強我國社區居委會監督職能的思考. 重慶行政(公共論壇), 1: 67－69.

姜方炳 (2015). 共同體化:城市社區治理的功能性轉向－－走出社區治理困境的一種可 能思路. 中共天津市委黨校學報, 2: 74－81.

http://www.mca.gov.cn/article/zwgk/mzyw/201406/20140600654488.shtml

http://files2.mca.gov.cn/cws/201504/20150429113520825.htm

chapter
01

chapter
02

chapter
03

chapter
04

chapter
05

한국의 근린자치

김대욱(한국지방행정연구원)

주민자치위원회

현재 우리나라의 근린자치의 근간조직은 주민자치위원회라 할 수 있으며, 이의 발전적 개선을 위한 모형으로 주민자치회의 도입이 논의되고 있다. 이하에서는 한국의 근린자치조직으로서 현행 주민자치위원회와 이의 개선대안으로 검토되고 있는 주민자치회에 대하여 초점을 두어 논의한다. 이때 주민자치회는 현재 주민자치위원회의 변형을 통하여 자치활동의 강화를 추진하는 성격을 가지므로 주민자치위원회를 점검해보는 것이 도움이 된다. 따라서 여기서는 주민자치위원회를 먼저 검토하고 주민자치회를 논의하고자 한다. 참고로 우리나라 근린생활구역에는 전통적인 근린주민조직으로 반상회가 구축되어 있으나, 이의 운영이 점차 유명무실해지고(임도빈, 2004) 공적의사결정과의 연결성이 위축되고 있으므로 논의의 초점은 주민자치위원회와 주민자치회에 둔다.

주민자치위원회는 주민자치센터의 운영을 위해 만들어진 주민조직이다. 1998년 이래 진행된 읍면동 기능개편을 통해 기존의 동사무소는 동주민센터와 주민자치센터로 분리·전환되었다. 즉 동주민센터는 기존 동의 사무를 처리하는 장소로서 일상적 행정 및 민원업무와 복지·문화·생활체육 등 8대 주민생활서비스를 통합적으로 수행하는 기능을 담당하는 기구로 전환되었으며,[1] 주민자치센터는 기존 동사무소의 여유공간을 활용하여 문화·복지·편익

---

[1] 동주민센터는 주민등록, 민원발급, 사회복지, 민방위 등 주민생활의 필수적인 업무만 수행하고, 건설, 건축, 환경, 위생, 교통 등의 업무는 시군구청 등 상위 행정기관으로 이관

그림 4-1 주민자치위원회 모형

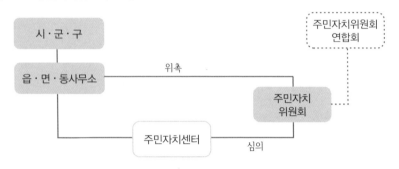

자료: 지방자치발전위원회(2014).

시설을 제공하고 각종 프로그램을 운영하는 공간으로 설립되었다. 주민자치
위원회는 이 중에서 주민자치센터의 운영을 담당하는 주민조직이다. 즉 주민
자치위원회는 읍면동의 자문기구로서의 위상을 지니며 읍면동 기능개편을 통
해 탄생한 주민자치공간인 주민자치센터의 운영에 관한 사항을 심의하거나
결정하기 위한 주민대표로 구성된 조직이라 할 수 있다.

2014년 1월 1일 기준으로 우리나라 전체 읍면동 3,488곳 중 2,765곳
(79.27%)에 주민자치센터가 설치되어 있다. 구체적으로 읍은 216곳 중 144곳
(66.67%), 면은 1,196곳 중 632곳(52.84%), 동은 2,076곳 중 1,989곳(95.81%)에
설치되어 있다.

주민자치위원회의 법적근거는 시군구의 자치조례이다. 각 시군구는 주민
자치회의 구성 및 운영조례를 제정하여 주민자치회를 구성하고 운영하고 있

표 4-1 주민자치센터 설치 현황

구분	계	읍	면	동
전체 수	3,488	216	1,196	2,076
주민자치센터 설치 수	2,765	144	632	1,989
설치비율	79.27%	66.67%	52.84%	95.81%

자료: 행정자치부(2014a).

하였다.

다. 주민자치위원은 관련 규정에 따라 추천 및 공모 등을 통해 읍면동장이 위촉하도록 되어 있다. 위원장과 부위원장은 위원 중에서 호선하며, 위원장, 부위원장, 위원 및 고문의 임기는 대개 2년으로 하되 연임할 수 있다. 2014년 1월 1일을 기준으로 전국 읍면동 주민자치회 위원구성현황을 살펴보면, 주민자치위원은 67,912명이고 자영업 25,859명(38.08%), 직능·민간단체 9,299명(13.69%), 농축어업 8,429명(12.41%), 통리반장 4,462명(6.57%), 회사원 4,187명(6.17%), 전문직 3,407명(5.02%), 지방의원 1,559명(2,29%), 기타 10,710명(15.77%)로 구성되어 있다(행정자치부, 2014a).

주민자치위원회의 주요기능은 주민자치센터 운영에 필요한 사항을 심의 또는 결정하는 것이다. 대표적인 심의사항은 주민자치센터의 시설 등 설치 및 운영에 관한 사항, 주민의 문화, 복지, 편익증진에 관한 사항, 주민의 자치활동 강화에 관한 사항, 지역공동체 형성에 관한 사항, 기타 자치회관의 운영에 관하여 필요한 사항 등이다. 재정은 읍면동의 예산범위 내에서 운영되고 있다.

주민자치위원회와 관련된 평가는 대체로 부정적인 편이지만(김순은, 2012: 12), 일정한 성과를 거둔 것으로 판단된다. 즉 제한된 수준이지만 지역사회의 문제를 주민들이 자율적이고 자발적으로 처리할 수 있는 제도가 마련되었고 실제로 운영됨에 따라 주민들이 근린자치를 연습하고 근린자치에 익숙해지는 계기가 되었던 것이다.[2]

그럼에도 불구하고 주민자치위원회는 여러 한계를 노출하였다. 우선 위상 측면에서 주민자치위원회는 주민자치센터의 관리 및 프로그램 운영과 관련된 사항의 심의와 자문을 수행하는 자문기구로 머물렀다. 즉 주민자치의 실현을 목적으로 출범하였음에도 불구하고 주민자치센터는 복지와 문화프로그램운영에만 집중하였고, 그에 따라 주민자치위원회도 주민자치센터의 관리와 프로그램 운영을 심의하거나 자문하는 기구로 한정되면서 주민자치의 본 모습을 보이지 못했던 것이다(김순은, 2014). 위원의 대표성 측면에서도 문제가

---

2) 이와 관련하여 서울특별시(2014)의 '자치회관 우수사례'는 주민자치실현 및 지역공동체 활성화라는 주민자치위원회의 본래 취지가 잘 구현되고 있는 다양한 사례를 제공하고 있다는 점에서 참고가 된다.

표 4-2　주민자치위원회의 특징

구분	내용
위상	▶ 읍면동 행정 자문기구 (주민자치센터 운영심의, 사용료·수강료 관련 의결)
구성	<위촉권자>: 읍면동장 <자격>: ▶ 관할구역 내 거주자 및 사업에 종사하는 자 또는 단체의 대표자 <구성원>: ▶ 위원장, 부위원장: 위원 중 호선 ▶ 고문: 읍면동장 위촉 ▶ 간사: 위원장이 위원 중 지명 <선출방법>: ▶ 학교, 통리장 대표, 주민자치위원회 및 시민사회단체에서 추천하는 후보자, 공개모집 　방법에 의해 선출된 후보자 중 읍면동장이 위촉
기능	▶ 자치센터의 시설 등 설치 및 운영에 관한 사항 ▶ 주민의 복지·문화·편익 증진에 관한 사항 ▶ 자치센터의 운영에 관하여 필요한 사항 ▶ 지역공동체 형성에 관한 사항 ▶ 주민의 자치활동 강화에 관한 사항 등 ▶ 주민자치센터 운영 관련 사항 심의
재정	▶ 읍면동 예산 범위 내에서 운영 ▶ 법인화 추진 시 수익사업 가능

자료: 지방행정체제 개편추진위원회(2012: 197) 재구성.

나타났다. 현재는 주민자치위원의 위상이 높지 않고 역할과 인센티브가 거의 없어 전문가나 시민단체의 참여가 저조하다. 또한 공개모집을 하여도 응모자가 거의 없다. 그 결과 주로 동장과 지방의원의 추천에 의해 대략 주민자치위원의 70~80%가 충원되고 있는 실정인데 이들은 대부분 추천자의 지인들이다(김필두, 2013: 97). 이렇게 구성된 주민자치위원회가 지역주민을 대표한다고 보기는 어렵다. 이러한 측면에서 현행 주민자치위원회는 주민자치 실현이라는 본래의 목적달성에 이르지 못하고 있는 것으로 판단된다.

2

주민자치회

앞서 제시한 주민자치위원회의 한계를 개선하기 위하여 주민자치회의 설치가 논의되어 왔다. 즉 지방행정체제개편특별법에서는 새로운 모형의 근린자치조직인 주민자치회의 설치를 예정하면서 구체적 모형의 설계를 기대하고 있는 것이다. 주민자치회와 관련된 지방행정체제개편에 관한 특별법의 내용은 다음과 같다.

〈지방행정체제개편에 관한 특별법〉

제4절 읍·면·동 주민자치

제20조(주민자치회의 설치) 풀뿌리자치의 활성화와 민주적 참여의식 고양을 위하여 읍·면·동에 해당 행정구역의 주민으로 구성되는 주민자치회를 둘 수 있다.

제21조(주민자치회의 기능)

① 제20조에 따라 주민자치회가 설치되는 경우 읍·면·동의 행정기능을 지방자치단체가 직접 수행하되, 관계 법령, 조례 또는 규칙으로 정하는 바에 따라 지방자치단체 사무의 일부를 주민자치회에 위임 또는 위탁할 수 있다.

② 주민자치회는 다음 각 호의 업무를 수행한다.

1. 주민자치회 구역 내의 주민화합 및 발전을 위한 사항

2. 지방자치단체가 위임 또는 위탁하는 사무의 처리에 관한 사항

> 3. 그 밖에 관계 법령, 조례 또는 규칙으로 위임 또는 위탁한 사항
>
> 제22조(주민자치회의 구성 등)
>
> ① 주민자치회의 위원은 조례로 정하는 바에 따라 지방자치단체장이 위촉한다.
>
> ② 주민자치회의 설치시기, 구성, 재정 등 주민자치회의 설치 및 운영에 관하여 필요한 사항은 따로 법률로 정한다.
>
> 부칙 제4조(읍면동 주민자치회의 시범실시) 행정안전부장관은 주민자치회의 설치 및 운영에 참고하기 위하여 주민자치회를 시범적으로 설치·운영할 수 있으며, 이를 위한 행정적·재정적 지원을 할 수 있다.

이러한 특별법의 내용은 기본적으로 근린차원의 참여기구의 발전적 구축을 모색하는 것으로서 그 취지는 긍정적이다. 이와 관련, 이하에서는 현재 다수 읍면동에서 시행되고 있는 주민자치위원회의 발전적 대안으로서 검토되고 있는 주민자치회의 모형을 검토하고 도출된 대안을 평가한다. 아울러 논의과정의 민주주의적 특성을 평가한다.

1) 주민자치회의 모형 및 특징

지방행정체제특별법에 근거하여 지방행정체제 개편추진위원회는 주민자치회의 지위와 기능 등을 고려해 협력형, 통합형, 주민조직형의 3가지 모형을 개발하였다. 모형설정과정은 다음과 같이 진행되었다(지방행정체제개편추진위원회, 2014). 지방행정체제개편위원회의 근린자치분과위원회에서 2011년 3월, 주민자치회의 강화에 대한 방향정립 및 우리나라에 적합한 주민자치 모델 개발, 주민자치회 설치 운영 등에 대한 합리적 기준 마련, 주민자치회 시범실시 방안 마련 및 주민자치회 입법방안 검토를 위한 읍면동 주민자치 모델개발 연구용역 추진계획을 수립하였다. 연구용역 수행기관으로 한국지방자치학회를 결정하였고, 한국지방자치학회는 약한 준지방자치단체 모형(Ⅰ), 약한 준지방자치단체 모형(Ⅱ), 강한 준지방자치단체 모형, 자치단체형 등 4가지 모

형을 제시하였다. 이후 각계각층의 의견수렴을 위한 토론회 및 공청회를 4차례에 걸쳐 실시하였고, 많은 의견과 우려를 청취하여 최종 읍면동 주민자치회 모델을 확립하였다. 이어 근린자치분과위원회는 주민자치회 설치·운영방안 TF를 구성하여 협력형, 통합형, 주민조직형이라는 3가지 주민자치회 모델을 도출하였다.

가. 협력형

주민자치회 모형 중 협력형은 <그림 4-2>에 나타난 것과 같이 현행 읍면동사무소를 존치하되, 행정조직과 동등한 지위를 갖는 주민자치회를 설치하여 두 조직이 해당 지역사회 문제에 대해 협의·심의할 수 있도록 한 모형이다. 이때 읍면동사무소의 장은 기초자치단체장이 임명하고, 주민자치회 소속의 주민자치위원회는 기초자치단체장이 위촉한다. 주민자치회는 주민자치기능, 위임·위탁사무처리 기능, 그리고 읍면동 행정기능 중 주민생활과 밀접한 관련이 있는 사항, 즉 지역개발, 생활안전, 복지, 금전적 부담, 편의시설 운영 등에 대한 협의·심의 등을 수행한다. 주민자치회 내에 주민대표로 구성된 의결·집행기구로서 주민자치위원회를 설치·운영하고, 주민자치위원회의 운영지원을 위해 설치된 사무기구에 유급사무원 또는 자원봉사자를 둘 수 있으며, 필요시 지방자치단체에 공무원 파견 요청을 할 수 있다.

그림 4-2 협력형 주민자치회 모형

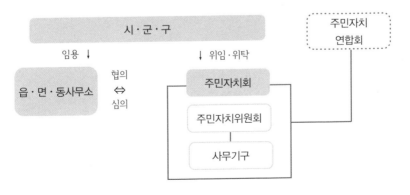

나. 통합형

통합형은 <그림 4-3>과 같이 주민자치회를 의결기구인 주민자치위원회와 집행기구인 사무기구로 구성하고, 기존 행정조직을 주민자치회 산하 사무기구로 전환하는 모형이다. 읍면동장의 명칭은 사무장으로 변경하고 사무장은 주민자치회의 사무기구를 총괄하게 된다. 주민자치회는 읍면동 행정기능과 함께 주민화합 및 발전을 위한 주민자치기능, 지방자치단체 사무의 위임·위탁처리 기능을 수행하게 된다. 주민자치회를 대표하는 주민자치위원회의 지휘·감독 하에 사무장과 직원으로 구성되는 사무기구가 주어진 기능을 집행한다.

그림 4-3 통합형 주민자치회 모형

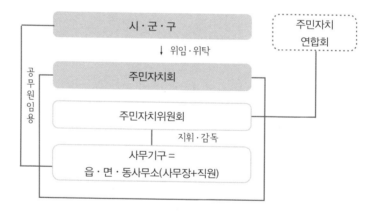

다. 주민조직형

주민조직형은 <그림 4-4>에 나타난 것과 같이 행정계층으로서의 읍면동을 없애고, 주민대표로 구성되는 의결·집행기구인 주민자치위원회를 설치·운영하는 모형이다. 기존 읍면동은 폐지하고 읍면동에 주민자치위원회와 사무기구를 두고, 주민자치회 스스로 사무에 대한 의결 및 집행을 수행한다. 기초자치단체로부터 행정적·재정적 지원을 받고, 의견을 제시하거나 위임·

그림 4-4 주민조직형 주민자치회 모형

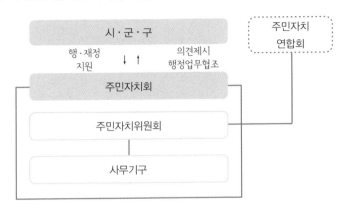

위탁받는 업무나 기타 업무에 대해 협조하는 역할을 수행한다. 필요시 지방자치단체에 공무원 파견 요청이 가능하다.

라. 주민자치회 모형 간의 비교 및 설치 · 운영 방안

새로운 주민자치회의 세 가지 모델을 비교하면 <표 4-3>과 같다. 우선 기관의 성격을 보면, 협력형은 민간단체, 통합형은 행정기관, 주민조직형은 민간단체의 성격을 지닌다. 기관구성의 측면에서 협력형은 의결 · 집행기관으로 주민자치위원회와 필요시 사무처리 지원을 위한 사무기구로 구성되고, 통합형은 의결기관으로 주민자치위원회와 집행을 위한 사무기구로 구성되며, 주민조직형은 의결 · 집행기관으로 주민자치위원회와 사무처리지원을 위한 사무기구로 구성된다. 사무기구의 구성에 있어 협력형과 주민조직형은 유급직원 또는 자원봉사자로, 협력형은 공무원으로 구성된다. 사무기구의 역할에 있어 협력형과 주민조직형은 주민자치회 운영을 지원하며, 통합형은 읍면동 행정기능과 주민자치회 사무집행을 동시에 수행한다. 주민자치위원의 역할을 살펴보면, 협력형은 주민자치회의 사무를 결정하고 집행하며 일부 읍면동 행정기능을 협의하고 심의한다. 통합형은 읍면동 행정기능 및 주민자치회 사무를 의결한다. 주민조직형은 주민자치회 사무를 결정하고 집행한다. 기존 읍면동은 협력형에서는 존치하며, 통합형에서는 주민자치회의 사무기구화가 되고,

표 4-3　주민자치회 모델의 비교

구분	협력형	통합형	주민조직형
기관성격	▶ 민간단체	▶ 행정기관	▶ 민간단체
기관구성	▶ 주민자치위원회(의결·집행) ▶ 사무기구(필요시 사무처리 지원)	▶ 주민자치위원회(의결) ▶ 사무기구(집행)	▶ 주민자치위원회(의결·집행) ▶ 사무기구(사무처리 지원)
사무기구 구성	▶ 유급직원 또는 자원봉사자 (지자체에 공무원 파견 요청 가능)	▶ 공무원(지자체장이 임용, 사무기구의 장은 주민자치회 협의를 거쳐 임용)	▶ 유급직원 또는 자원봉사자 (지자체에 공무원 파견 요청 가능)
사무기구 역할	▶ 주민자치회 운영 지원	▶ 읍면동 행정기능 및 주민자치회 사무 집행	▶ 주민자치회 운영 지원
주민자치위원의 역할	▶ 주민자치회 사무 결정·집행 ▶ 일부 읍면동 행정 기능 협의·심의	▶ 읍면동 행정기능 및 주민자치회 사무 의결	▶ 주민자치회 사무 결정·집행
읍면동	▶ 존치(행정기능 유지)	▶ 주민자치회 사무기구화	▶ 폐지

자료: 지방행정체제개편추진위원회(2012: 210).

주민조직형에서는 폐지된다.

　　행정체제개편추진위원회는 구체적인 주민자치회의 설치·운영방안도 제시하였다(지방자치발전위원회, 2014a). 설치단위는 읍면동 당 1개를 원칙으로 하며, 특별한 경우 예외적으로 분회를 설치할 수 있도록 한다. 주민자치회의 구성과 운영에 있어, 위원의 지위와 정수는 2년 임기의 무보수 명예직으로 20~30명 범위 내에서 조례로 규정한다. 위원의 자격은 당해 읍면동에 주민등록이 되어 있는 주민이거나 지역 내 소재한 사업장 또는 단체 근무자이다. 위원의 선출방법은 위원선정위원회를 구성하고 지역대표, 일반주민 공개모집, 직능대표 공개모집을 실시한다. 위원은 지방자치단체장이 위촉한다. 재정 및 회계는 자체재원, 의존재원, 기타재원으로 구성되며 통합형은 별도의 특별회계를 둔다. 하부조직으로 필요시 통리 단위의 주민총회를 구성할 수 있으며, 연합조직으로 법령상 시군구 단위의 임의단체를 둘 수 있다. 또한 국가 및 지방자치단체는 주민자치회에 재정 및 정보, 기술 등을 지원하고 교육과 연수기회를 제공할 것을 규정한다.

표 4-4 주민자치회의 설치·운영방안

구분	방법
설치단위	▶ 읍면동 단위로 1개 원칙 ▶ 도서·산간지역 등 특별한 경우 예외적 분회 설치 가능
구성	<위촉권자>: 지방자치단체장 <지위 및 정수>: ▶ 2년 임기(연임가능)의 무보수 명예직 ▶ 20~30명 범위 내에서 조례로 규정 <자격>: ▶ 당해 읍면동에 주민등록이 되어 있는 주민이거나 지역 내 소재한 사업장 　또는 단체 근무자 <선출방법>: ▶ 읍면동 단위로 9명 내외의 위원선정위원회를 구성·운영 ▶ 지역대표: 주민총회 또는 통리장 중 선출 ▶ 일반주민 공개모집: 추첨 또는 위원선정위원회에서 선정 ▶ 직능대표 공개모집: 위원선정위원회에서 선출
재정	▶ 자체재원(회비, 사업수입, 사용료 등), 의존재원(보조금 등), 기타재원(기부 　금 등)으로 구성 ▶ 통합형은 별도의 특별회계 마련
하부조직 및 연합조직	▶ 필요시 통리 단위의 주민총회 구성 가능 ▶ 법령상 시군구 단위의 임의단체를 둘 수 있음
국가 및 지방자치단체의 지원	▶ 국가 및 지방자치단체는 주민자치회에 재정 및 정보, 기술 등을 지원하고, 　교육과 연수기회를 제공

자료: 지방자치발전위원회(2014a) 재구성.

마. 주민자치회의 특징

주민자치회의 특징을 기존의 주민자치위원회와의 비교를 통해 살펴보면 다음과 같다. 즉 주민자치회와 기존 주민자치위원회는 위상, 구성, 기능, 재정, 대외관계 측면에서 차이점이 있다.

첫째, 두 조직은 위상 면에서 큰 차이가 있다. 주민자치회는 주민자치의 기본 정신을 구현하는 주민의 자치기구인 반면 주민자치위원회는 읍면동에 설치되었던 주민자치센터의 자문기구이다. 둘째, 두 조직은 구성방식에서도 차이가 있다. 주민자치회는 주민의 대표성 및 전문성을 제고하기 위해 공모제를 도입하였으며 다양한 직업의 대표가 참여하는 제도를 추가하였다. 반면 종

표 4-5　주민자치회와 주민자치위원회의 비교

구분	주민자치회	주민자치위원회
위상	▶ 읍면동 주민자치기구(법적근거: 특별법)	▶ 읍면동 자문기구(법적근거: 시군구 조례)
구성	▶ 주민총회 또는 통리장 중 호선, 공개모집 등 ▶ 읍면동별로 위원선정위원회를 구성하여 위원선출 관리 ▶ 시군구청장이 위촉 (읍면동장 관여 배제)	▶ 각급 기관이나 단체 추천 또는 공개모집 ▶ 읍면동장이 위촉 (실제 읍면동장 지명에 의한 위촉이 대다수 차지)
기능	▶ 읍면동 사무 중 주민생활과 밀접한 관련이 있는 사항에 대한 협의·심의 ▶ 주민자치기능 및 위임·위탁사무 처리	▶ 주민자치센터 운영에 대한 심의·결정에 국한
재정	▶ 자체재원(수익·위탁사업 수입, 사용료 등), 의존 재원(보조금), 기부금 등으로 다양하게 구성	▶ 읍면동사무소 지원 외에 별도 재원은 거의 없음
대외 관계	▶ 읍면동사무소와 별개로 설치 ▶ 대등한 관계에서 파트너십 구축	▶ 읍면동사무소 일부시설 운영을 목적으로 읍면동 사무소에 설치 ▶ 대부분 읍면동 주도로 운영

자료: 김순은(2014: 14), 지방자치발전위원회(2014a) 참고하여 재구성.

전의 주민자치위원회는 지역의 유지를 중심으로 구성되어 주민의 대표성이 약하다. 셋째, 두 조직은 제도화된 기능에 차이가 있다. 주민자치회는 읍면동의 주민생활과 밀접하게 관련된 모든 사무와 안건을 협의하고 심의할 수 있다. 특히 지역 내의 주민화합과 지역발전에 관련된 사무가 주민자치회의 주요 사무가 되어야 주민의 자치기구로서 위상에 적합할 것이다. 이외에 지방정부가 위탁하는 사무 등도 제도적으로 보장되어 있다. 반면 종전의 주민자치위원회는 주민자치센터의 자문기구로서 주민자치센터의 운영에 관한 사항을 심의하는 것이 주요 기능이다. 넷째, 재정적인 측면에서도 차이가 있다. 주민자치회는 다양한 재원을 활용할 수 있다. 즉 자체사업을 통한 수익, 위탁사무로부터의 수익, 사용료, 보조금 및 기부금을 재정에 충당할 수 있다. 반면 종전의 주민자치위원회는 별도의 재원을 확보할 수 없다. 다섯째, 지방정부와의 관계에서도 차이점이 있다. 주민자치회와 지방정부는 대등한 파트너로서 협력적 거버넌스를 구축하도록 되어 있다. 반면 종전의 주민자치위원회는 읍면동장의 주도로 운영된다.

2) 시범실시안 및 성과분석

행정체제 개편추진위원회는 당초 3개 모델 모두를 시범실시 대상으로 한 다는 방침을 정하고, 주민자치회 시범실시 기본방향을 안전행정부에 통보하 였다. 그러나 법제처에서 통합형과 주민조직형이 현행 법령에 위반되어 시범 실시가 불가능하다는 검토의견을 제출함에 따라 2012년 12월 협력형으로 시 범실시하기로 결정하였다. 이후 안전행정부는 위원회의 협력형 모델을 바탕 으로한 최종적인 시범사업모형을 <그림 4-5>와 같이 제시하였다.

그림 4-5 안전행정부 시범사업 모형

이러한 안전행정부의 시범사업 모형은 지방행정체제개편추진위원회 모 형과 일정한 차이가 있다(지방자치발전위원회, 2014b). 시범실시 모델은 위원회 의 협력형 모델 내용의 일부를 축소한 것이다. 시범실시 모델의 변경사항은 다음과 같다. 위원회 모델에 없던 협의기능이 추가되었고, 위원회 모델에 있 던 주민자치회원의 가입과 탈퇴, 권리와 의무사항이 삭제되었다. 또한 위원회 모델에 있던 사무기구, 하부조직, 연합회 등에 관한 사항을 삭제하고 위원선 정위원회 구성이 시군구 중심에서 읍면동 중심으로 전환되었다. 이와 함께 위 원회 모델에 있던 공무원 파견에 관한 권한 사항이 없어지고 위원회 모델에 있던 읍면동장의 의견제출권이 추가되었다.

시범실시의 모델이 결정된 이후 행정자치부(구 안전행정부)는 전국 3,400 여 개 읍면동을 대상으로 시범실시에 참여할 읍면동을 공모하였다. 공모결과 총 166개의 읍면동이 공모에 참가하였다. 행정자치부는 시범실시 지역 선정

표 4-6 협력형 모델과 시범실시 모형의 비교

구분	협력형 모델(행개위)	시범실시 모형(행자부)
권한	▶ 사무의 의결과 집행	▶ 사무의 수행
사무	▶ 주민화합 및 발전을 위한 사항 ▶ 지방자치단체가 위탁하는 사무의 처리에 관한 사항 ▶ 그 밖에 법령, 조례 또는 규칙으로 규정하고 있는 사항	▶ 읍면동 행정기능 중 주민생활과 밀접한 관련이 있는 업무에 대한 협의 ▶ 읍면동 행정기능 중 주민자치회에 위탁하여 처리하는 것이 바람직하다고 판단되는 업무의 수탁처리 ▶ 기타 각종 교육활동, 행사 등 순수 근린자치 영역의 주민자치업무
회원	▶ 가입과 탈퇴, 권리와 의무	▶ 없음
기관	▶ 주민자치위원회: 주민자치위원으로 구성 ▶ 사무기구: 유급직원 또는 자원봉사자 ▶ 하부조직: 통리단위 ▶ 연합회: 시군구단위	▶ 주민자치회 위원 ▶ 없음 ▶ 없음 ▶ 없음
위원선정위원회	▶ 시군구청장 추천 ▶ 시군구의회의장 추천 ▶ 시군구교육지원장 추천 ▶ 당해 읍면동 주민자치회장 추천	▶ 읍면동장 추천 ▶ 이통장연합회 추천 ▶ 해당 지역대표연합단체 추천
공무원 파견	▶ 시군구 직원의 파견	▶ 없음
읍면동장의 의견제출권	▶ 없음	▶ 있음

자료: 지방자치발전위원회(2014b: 51).

위원회를 구성하여 최종적으로 총 31개 읍면동을 시범지역(지역: 경기 5, 충남 4, 광주 3, 기타 19/읍면동: 읍 4, 면 7, 동 20)으로 선정하였다(안전행정부, 2013).

시범실시는 2013년 7월부터 2014년 12월 간 이루어졌으며, 이에 대한 중간성과분석은 지방자치발전위원회가 한국지방행정연구원에 용역을 의뢰하여 수행되었다. 2014년 9월말 현재 주민자치회 시범실시로 나타난 시범지역의 추진현황은 다음과 같다(지방자치발전위원회, 2014b; 김순은, 2014; 김필두, 2014). 31개 시범실시 지역중 하부조직인 분회를 설치한 곳은 없었으며, 1개 읍면동당 1개의 주민자치회를 설치하였다. 주민자치위원은 평균 26.42명으로 구성되고 남자가 65.3%, 여자가 34.7%이며 연령별로는 20대 0.1%, 30대 2.2%, 40대 26.7%, 50대 45.3%, 60대 이상 25.6%로 40대와 50대가 많다. 주민자치위원회의 승계여부를 살펴보면 승계가 59.3%, 신규가 40.7%로 나타났다. 대표별로는 공개모집을 통한 주민대표가 45.2%, 통장과 이장 등 지역대표가 28.7%, 새마을운동, 바르게살기 등 직능대표가 26.1%인 것으로 나타났다. 주민자치회의 사무기구는 31개 중 5군데에서 설치되었으며, 유급사무원은 31개 중 15곳에서 활용하고 있다. 회의는 평균 20회 개최되었으며, 정기회의 11회와 수시회의 9회가 개최되었다. 신규사무의 비율은 62%, 기존사무의 지속은 38%인 것으로 나타났다. 유형별로는 협의·심의사무 3건, 위탁사무 3건, 자치사무 8건 등 평균 14건의 사무를 수행하고 있다. 주민자치회의 예산은 평균 1.42억이며 시군구비가 1.18억, 회비, 기부금, 사업운영 수입 등 자체예산은 0.24억 수준인 것으로 나타났다.

시범실시를 모니터한 결과 다음과 같은 성과가 나타났다(지방자치발전위원회, 2014b). 첫째, 주민자치에 대한 인식의 제고이다. 일반주민의 주민자치회에 대한 인식과 주민자치의 기본방향 등에 대한 지방의회 의원의 인식이 향상되었다. 둘째, 제도적 차원에서 주민자치위원의 위상이 제고되고 민관협력이 체계화되었으며 읍면동과 주민자치위원회 간의 상호신뢰가 향상되었다. 셋째, 운영적 차원에서 주민자치위원회와 관련된 법적 문제점을 확인하고 주민자치회 재정 확대의 필요성을 확인하였다.

또한 시범실시를 통해 다음과 같은 문제점을 발견하였다(지방자치발전위원회, 2014b). 첫째, 위원선정위원회의 구성의 문제이다. 시군구 단위로 구성한 경우 읍면동의 사정에 어두운 인물로 구성되었으며, 읍면동 단위로 구성한 경우 주민자치위원과의 차별성이 없었다. 둘째, 주민자치회 구성상에도 문제가 있음을 확인하였다. 즉 농어촌 등 인구가 적은 지역에서는 적합한 위원을 발굴하기 어렵고, 지역대표·주민대표·직능대표의 구분이 불명확하며 균형있는 선출이 어려웠으며, 해촉의 기준과 사유 절차 등에 대한 규정이 불명확하였다. 또한 주민자치회장의 선출방법과 임기 등에 대한 명백한 규정도 없음을 발견하였다. 둘째, 주민자치회 위원의 자질부족도 드러났다. 주민자치회 위원 대부분이 주민자치회에 대한 인식이 미흡했고, 사업추진 역량부족과 행정절차에 대한 이해가 부족함이 드러났다. 셋째, 주민자치회 운영상의 문제점도 발견하였다. 즉 주민자치위원의 자질과 역량이 부족하고 주민자치회 위원의 권한과 책임이 여전히 읍면동의 자문역할 수준에 머물고 있었다. 넷째, 사무기구의 문제점이다. 사무국의 설치가 미흡하고 인건비 문제로 유급사무원 채용이 부족하였다. 또한 주민자치회 위원의 법적 신분과 권한범위가 모호하였으며, 기존 주민자치위원회와의 차이점을 확인하기 어려웠다. 재원확보의 문제점으로는 중앙정부와 자치단체의 재정지원에 대한 의존경향이 크다는 점을 확인하였으며, 관계적 측면에서는 위원의 역량 부족으로 공무원과 대등한 관계를 설정하지 못하고 있음을 확인하였다.

그러나 시범실시를 통해 나타난 이러한 문제점을 바탕으로 주민자치회에 대해 지나치게 비판적인 관점을 가지는 것은 곤란하다. 시범실시를 통해 다양한 우수사례 또한 보고되었기 때문이다(행정자치부, 2014b). 예를 들어 서울 성동구 마장동은 예산 교부 및 집행방식을 기존 동주민센터에서 주민자치회로 변경하고 투명한 회계처리 및 예산절감을 도모하였으며, 9개 분야 12개 위탁사무를 수행하였다. 이와 함께 마을기업형 사업 '마주보고'가게 및 북카페 운영, 훼손된 골목길 담장 미관개선 등의 사업을 추진하였다. 또한 서울 은평구 역촌동은 기존위원과 신규위원이 적절하게 조화를 이루어 우수한 활동을 보이고 있다.[3] 즉 역촌동 주민자치회는 지역 내 각급 단체와 유기적 협조체계를 구축하고 주차관리, 공원관리 등 시설관리공단 사무를 위탁해서 수행하고 있으며 주민협의체를 구성하여 운영하고 있다. 또한 온라인 주민사랑방 운영, 마을만들기 의제발굴, 마을안전지킴이 활동, 안심마을 주민모임 활동 등 다양한 활동을 수행하고 있다. 이러한 우수사례들은 주민자치회에 대한 비판론에 대응하는 긍정론의 입증자료로 평가되기도 한다(김순은, 2014).

---

[3] 역촌동의 주민자치회의 구체적 현황은 다음과 같다(김순은, 2014). 주민자치위원 30명 중 16명이 종전 주민자치위원으로 구성되었고, 총8회의 정기회와 4회의 임시회를 개최하였으며, 협의·심의사무 5건, 위탁사무 5건, 자치사무 5건 등 15건의 사무를 추진하였다. 이를 위해 전담인력을 배치하고 주민자치센터 내에 사무실도 개소하였다. 예산은 총 6억 8천 9백만원으로 전국에서 가장 많은 예산을 편성하였다.

3) 주민자치회의 평가와 전망

가. 주민자치회 모형의 평가

제시된 주민자치회의 세 가지 모형은 주민자치의 이상을 실현하기 위한 정도라는 수준에서 점진적 모형인 협력형, 중간적 모형인 통합형, 급진적 모형인 주민조직형으로 크게 구분할 수 있다. 이하에서는 이러한 세 모형을 평가하고 논의과정의 민주주의적 특성에 대해 평가한다.

협력형은 점진적 변화모형이라 할 수 있다. 협력형 모형은 현행 주민자치센터와 주민자치위원회 제도를 보완 및 발전시킨 모델로 읍면동 사무소와 주민자치회가 대등하게 병렬적으로 설치되는 형태이다. 기존 주민자치위원회에 비하여 읍면동 행정기능에 대한 협의, 심의권을 부여하여 권한을 강화하고 주민자치위원의 선출방식을 변경하여 주민대표성과 전문성을 확보한다. 협력형 모형의 장점은 주민자치회가 읍면동장과 대등한 협력 파트너 관계를 구축할 수 있고, 민관협력을 통한 행정서비스 사각지대를 해소할 수 있으며, 점진적인 개혁추진이 가능하다는 점이다. 협력형의 단점으로는 주민자치회의 기능약화, 특별법의 입법취지가 충분히 반영되지 못한다는 점, 주민자치기능보다 협의기능과 위탁기능에 치중할 우려가 있다는 점, 유사한 기능의 중복에 따른 갈등이 우려된다는 점이다. 협력형의 도입을 위해서는 법률이나 조례로 읍면동장과 주민자치회의 역할을 명확히 규정할 필요가 있다.

통합형은 협력형과 주민조직형의 중간적 수준의 변화모형이라고 할 수 있다. 통합형은 협력형처럼 읍면동사무소가 존치되기는 하지만 주민자치회와 수평적 관계가 아니라 주민자치위원장이 소속 직원의 업무 및 복무에 대한 지휘·감독권을 가진다는 점에서 차이가 있다. 통합형의 장점은 주민조직과 행정조직 간에 의결기능과 집행기능의 역할분담이 가능하고, 공무원 조직이 시군구와의 가교역할 수행이 가능하며, 조직의 안전성 유지가 가능하다는 점이다. 반면 통합형의 단점은 주민자치회가 시군구 하부행정조직으로 전락할

표 4-7 주민자치회 모형의 평가

구분	협력형	통합형	주민조직형
성격	▶ 점진적 주민자치활성화 모델	▶ 협력형과 주민조직형의 단점을 보완한 절충형	▶ 주민중심 주민자치모델
특징	▶ 주민자치회와 읍면동이 공존	▶ 주민자치기능과 행정기능 통합수행	▶ 주민대표가 주민자치회 사무를 결정하고 집행
장점	▶ 읍면동장과 대등한 협력 파트너 관계 구축 ▶ 민관협력을 통한 행정서비스 사각지대 해소 ▶ 점진적인 개혁추진 가능성	▶ 주민조직과 행정조직 간 의결 기능과 집행기능의 역할분담 가능 ▶ 공무원조직이 시군구와의 가교역할 수행 가능 ▶ 조직의 안정성 유지 가능	▶ 주민자치회가 읍면동의 대표기관으로 자리매김 ▶ 주민자치기능의 자율적 수행 ▶ 지역공동체 형성에 유리
단점	▶ 주민자치회 기능 약화 ▶ 특별법의 입법취지가 충분히 반영되지 못함 ▶ 주민자치기능보다 협의기능과 위탁기능에 치중할 우려 ▶ 유사한 기능의 중복에 따른 갈등 우려	▶ 주민자치회가 시군구 하부 행정조직으로 전락우려 ▶ 민간인의 공무원 통제의 한계 ▶ 공무원 조직과 주민자치조직 의 이원화 우려	▶ 시군구와의 연계고리 취약 ▶ 자치단체의 행·재정 지원 곤란 ▶ 급격한 지방행정체제의 변혁 수반으로 인한 혼란이나 저항 우려
법적 필요조건	▶ 법률이나 조례로 읍면동장과 주민자치회의 역할을 명확히 규정	▶ 지방자치법과 행정기구 조직 과 정원에 관한 규정 개정 ▶ 주민자치회 위원에게 부여할 공직유형 결정	▶ 지방자치법 개정 ▶ 읍면동의 폐지를 비롯한 행정체제개편 선행 필요 ▶ 기존 위임사무에 대한 시군 구 환수를 위한 조치 필요

자료: 지방자치발전위원회(2014b: 111) 참고하여 작성.

우려가 있고 민간인이 공무원을 통제하는 데 한계가 있으며 공무원 조직과 주민자치조직의 이원화가 우려된다는 점이다. 통합형 도입을 위한 법적필요조건으로는 지방자치법과 행정기구 조직과 정원에 관한 규정이 개정되어야 하며, 주민자치위원회 위원에게 부여할 공직유형이 결정되어야 한다는 점이다.

　　주민조직형은 주민자치의 이상을 구현하기 위한 가장 급진적인 발전모형이다. 주민조직형은 주민대표가 주민자치회 사무를 직접 결정할 뿐만 아니라 집행하는 형태이다. 기존 읍면동사무소를 폐지하고 행정기능은 지방자치단체가 직접 수행하도록 하는 한편, 주민자치회는 주민자치회에 사무기구(유급직원 또는 봉사자)를 둘 수 있고 주민자치회 스스로 사무에 대한 의결 및 집행기구의 역할을 하도록 만든 모형이다. 주민조직형의 장점은 주민자치회가 명실

공히 읍면동의 대표기관으로 자리매김하고 주민자치기능을 자율적으로 수행하며 지역공동체 형성에 유리하다는 점이다. 단점으로는 시군구와의 연계고리가 취약하고, 자치단체의 행·재정 지원이 곤란하며 급격한 지방행정체제변혁이 수반하여 혼란이나 저항이 우려된다는 점이다. 주민조직형의 도입을 위해서는 읍면동 폐지를 비롯한 행정체제개편, 기존 위임사무에 대한 시군구 환수를 위한 조치 등이 요구된다.

다음으로 논의과정의 민주주의적 특성을 평가해보면 다음과 같다. 주민자치회는 학계와 전문가들이 꾸준히 제기해 온 실질적 주민자치의 필요성에 대해 정부가 호응하여 중앙정부기관의 주도 하에 도입이 추진되어 왔다. 행정체제개편추진위원회는 주민자치회 모형의 기본적 설계를 한국지방자치학회에 용역을 주어 만들게 했고, 이를 바탕으로 4차례의 전국 토론회 및 공청회를 거친 후 최종모형을 확정하였다. 이러한 과정은 기본적으로 중앙정부의 주도 하에 이루어진 것이며, 그 과정에서 실질적으로 주민자치회를 구성하고 운영을 지원하는 주민들과 지방자치단체의 참여는 상대적으로 부족했던 것으로 판단된다. 이렇게 볼 때 주민자치회 논의과정은 중앙정부와 전문가 집단을 중심으로 진행이 되어왔으며, 주민의 의견개진과 참여는 상대적으로 부족했다는 측면에서 논의과정의 민주성은 그리 높지 않다고 평가할 수 있다.

나. 주민자치회의 전망과 기대효과

주민자치회에 대한 전망은 비판론에서 긍정론에 이르기까지 다양하다(김순은, 2014: 26). 먼저 비판적 입장에서 보면 주민자치회의 실현은 법적, 인적, 재정적 측면에서 쉽지 않을 것으로 판단된다. 법적 측면에서는 주민자치회 모형을 실시하기 위한 법적 기반이 부족하다. 즉 현행 법률로는 개발된 세 가지 모형 중 협력형의 도입만이 가능한 것으로 해석된다. 시범실시에서 우선적으로 협력형만 실시된 것도 이 때문이다. 따라서 보다 발전적인 형태인 통합형과 주민조직형의 도입을 위해서는 특별법이나 지방자치법의 개정 또는 주민자치회 설치 및 운영에 관한 법률의 제정 등이 필요하다. 지방자치발전위원회에서는 세 가지 모델 모두의 실시가 가능할 수 있도록 특별법 개정을 추진하기로 입장을 정리하였지만, 이의 개정에 많은 시간이 소모될 것이 예상된다. 또한 다양한 이해관계로 인해 바람직한 수준만큼의 법적 규정이 구축될 수 있을지에 대해서도 의문이 제기된다. 인적 측면에서는 주민자치위원들의 대표성을 확보하는 장치가 제대로 마련되지 않고 있다. 시범실시에서도 나타난 바와 같이 새로운 주민자치위원들이 과거 주민자치위원들과 유사하며 주민으로부터의 대표성을 가지고 있지 못하다. 주민을 대표하는 진정한 주민자치위원의 선출이 주민자치회 모형 성공의 핵심요소라는 측면을 감안할 때 주민자치회의 전망은 그리 밝지 않은 것으로 판단된다. 재정적 측면에서 주민자치위원회는 자치를 위한 재원의 확보가 어렵다. 시범실시에서 확인된 바와 같이 주민자치회의 재원은 주로 특별교부금으로 배정되었고, 대부분이 시설 투자에 이용됨으로써 주민자치회가 재량을 가지고 사용할 수 있는 여지가 매우 제한적이었다(곽현근, 2014). 또한 주민자치회가 수익을 위한 별도의 사업을 마련하기도 쉽지 않다. 이러한 측면을 종합적으로 미루어 볼 때, 주민자치회의 전망은 단기적으로는 그리 밝지 않은 것으로 판단된다.

그럼에도 불구하고 역촌동의 사례에서 볼 수 있듯이 주민자치회가 일정한 성과를 보이고 있다는 측면에서 긍정적인 전망도 기대하게 한다(김순은, 2014). 즉 새로운 주민자치회가 기존 위원들과 신규 위원들이 조화를 이루어 지역의 화합과 발전에 관련된 다양한 사무를 발굴하고 위탁사무를 수행하는 등의 성과를 보여 긍정적 미래에 대한 가능성을 보여준 것이다. 또한 실질적 추진기관인 지방자치발전위원회가 주민자치회 도입을 위한 강한 추진의지를 보여주고 있고, 학계에서도 제도 개선을 위한 다양한 정책 아이디어를 제공하고 있다는 측면에서 점진적·장기적 관점에서는 주민자치회가 안정적으로 정착될 수 있을 것으로 전망된다.

3

발전방향

이하에서는 지방행정체제가 현행과 같이 유지된다는 전제하에 한국 근린자치제의 발전방향을 협력형 주민자치회를 중심으로 제시한다. 전술한 바와 같이 협력형 모형은 주민자치회가 읍면동장과 대등한 협력 파트너 관계를 구축할 수 있고 점진적인 개혁추진이 가능하다는 장점이 있다. 반면 주민대표성의 확보문제가 여전히 해결되지 않고, 주민자치기능보다 협의기능과 위탁기능에 치중할 우려가 있다. 향후 근린자치제도의 발전방향은 이러한 현행 협력형 모형의 장점은 살리고 단점을 보완하는 방향으로 나아가야 할 것이다.

1) 위상

주민자치회의 기본위상은 지방행정체제의 유지를 전제하므로 현재의 협력형 주민자치회의 위상과 유사하다. 다만 협력형 주민자치회의 발전적 정착을 위해서는 읍면동에 현재보다 더 많은 기능을 부여하여 주민자치회와 협력하여 처리할 수 있는 더 많은 일감을 마련할 필요가 있다. 그리고 주민자치회는 현재보다 더 많은 자치기능을 확보하여야 할 것이다. 이를 통해 지역사회의 실질적 참여거버넌스체제를 구축하여야 한다.

그림 4-6 주민자치회 발전모형

2) 구성

주민자치회의 구성에 있어서 가장 중요한 것은 주민자치위원회의 대표성을 어떻게 확보하느냐 하는 것이다. 현재는 주민자치위원회이든 주민자치회든 기본적으로 공모제를 근간으로 하고 있다. 이를 축차적 호선제로 바꾸는 것이 필요하다. 반상회에서 반장을, 반장회의에서 통장을, 통장회의에서 주민자치위원을 선출하면 되는 것이다. 평의회방식인바, 이렇게 함으로써 주민대표성을 근린차원에서 확보할 수 있게 되는 것이다. 그럼에도 불구하고 현재 공식적으로 논의되고 있는 방식은 축차적 호선제는 고려하지 못하고 있으며 기존의 공모제, 추천제, 당연직 임명제 등을 혼합할 것을 예정하고 있다. 이는 주민대표성 확보 그리고 주민관심의 제고 측면에서 한계가 있는 방식으로 재고가 요청된다. 따라서 주민자치회가 명실공히 지역사회 차원의 주민대표기구가 될 수 있도록 축차적 호선제의 도입이 필수적이다.

3) 기능

협력형 모형에서는 정부가 주민자치회에 일감을 위탁할 것으로 제안하고 있다. 가능한 일이지만 주민자치회가 자칫 위탁업무의 수행을 주로 하는 보조단위로 전락할 우려가 있다. 따라서 그보다는 자치기능과 협력기능을 강화해야 할 것이다. 즉 자발적 활동, 의견수렴 및 제시활동(예산, 도시계획), 교육활동 등으로 자발성을 강화할 필요가 있다.

4) 재원

주민자치회의 재원은 의존재원, 자체재원, 기금, 기부금 등으로 충당할 수 있게 재원마련의 다양화 방안을 마련해 두어야 한다. 이때 특별교부세, 시군구의 마을만들기 사업비용이나 주민자치회 운영보조금 등과 같은 의존재원의 비율을 줄이고 자체재원과 기금의 비율을 확대하여야 할 것이다. 자체재원에 비해 의존재원의 비율이 커지게 될 경우 행정기관에 대한 의존과 종속이 우려되기 때문이다. 자체재원은 자체수익사업, 시군구 위탁사업, 사용료 징수 등을 통해 확보하고, 주민들로부터 일정한 회비를 걷어 주민자치를 위한 기금을 마련해야 할 것이다. 그리고 이렇게 마련된 재원의 사용에 대해 주민자치조직에게 충분한 자율성과 책임성을 부여해야 할 것이며 행정관료에 의한 관리와 감독은 최소화하여야 할 것이다. 이때 주민자치회에 특별회계를 두고 외부감사를 받으며 주민에게 재정을 투명하게 공개하는 것은 필수적인 조치사항이다(김찬동, 2014).

5) 대외관계

주민자치회는 지방자치단체와 대등한 파트너십 관계를 구축해야 한다. 주민자치회는 주민생활과 밀접하게 관련된 모든 사무와 안건을 협의하고 심의하고, 지역 내의 주민화합과 지역발전에 관련된 사무를 처리하는바, 이 과정에서 지방자치단체와 대등한 파트너로서 협력적 거버넌스를 구축해야 할 것이다(김순은, 2014).

또한 주민자치회는 지역 내 다른 주민조직과의 충분한 네트워크를 확보할 필요가 있다. 지역의 모든 사업을 주민자치조직이 단독으로 수행하기에는 전문성이나 행정능력에서 일정한 한계가 있기 때문이다. 시민단체, 직능단체, 아파트주민대표자회의, 부녀회, 영농회, 종교조직, 학교 등과 긴밀히 연계하여 사업추진의 효율성을 확보해야 할 것이다.

참고문헌

곽현근 (2014). 주민자치회 시범사업의 문제점과 개선방안. 한국지방자치학회 동계
　　학술대회 논문집, 659－681.

김필두 (2013). 읍면동의 근린자치기능 강화방안. 한국지방행정연구원 연구보고서.

김필두 (2014). 주민자치회 시범실시에 대한 성과 분석. 지방행정연구, 28(3):
　　35－60.

김순은 (2012). 한국의 주민자치센터의 구성과 운영. 자치행정연구, 14(1): 9－16.

김순은 (2014). 사회적 자본의 관점에서 본 주민자치 시범실시 사례 분석: 역촌동을
　　중심으로. 지방행정연구, 28(3): 3－34.

김찬동 (2014). 주민자치회 제도의 향후 방향. 지방행정연구, 28(3): 61－85.

서울특별시 (2014). 2014 자치회관 우수사례집.

안전행정부 (2013). 읍면동 주민자치회 시범실시 컨설팅단 전체 회의 및 관계자 합
　　동 워크샵 자료집.

이승종 (2014). 기초자치의 모형: 통합시 vs 시군구자치 vs 마을자치. 이승종(편) 지
　　방자치의 쟁점 (pp.54－62). 서울: 박영사.

이승종 (2015). 성숙한 지방자치의 발전과제. 지방행정연구, 29(2): 61－76.

임도빈 (2004). 한국지방조직론. 서울: 박영사.

지방자치발전위원회 (2014a). 읍면동 주민자치회 설치·운영 추진방안. 지방자치발전
　　위원회 행정체제개편분과위원회 의안.

＿＿＿＿＿＿＿＿ (2014b). 주민자치회 시범실시 모니터링 및 성과분석.

지방행정체제개편추진위원회 (2012). 대한민국 백년대계를 위한 지방행정체제 개편.

행정자치부 (2014a). 2014년 주민자치센터 설치 및 운영현황.

＿＿＿＿ (2014b). 주민자치회 시범실시 우수사례.

결론

이승종(서울대학교)

지금까지 외국의 근린자치제와 함께 한국의 근린자치제로 검토되고 있는 주민자치회에 대하여 논의하였는바, 이하에서는 한국 근린자치의 핵심도구가 될 주민자치회의 발전적 정착과 관련한 몇 가지 중요 논점에 대하여 추가적으로 논의하는 것으로 결론 삼고자 한다.

1) 근린자치기구로서 주민자치회의 기본형태

주민자치회의 기본모형으로는 본문에서 제시한 바와 같이 협력형, 통합형, 주민조직형의 세 가지가 제시되고 있는데, 기본적으로 협력형은 민관거버넌스에 유리하고, 주민조직형은 주민의 자율적 통제 강화에 유리하며, 통합형은 양자간 중간적 위치에 있다고 볼 수 있다. 이 중에서 어느 형태가 바람직한가에 대해서는 논자들의 의견이 합치되지 않고 있다. 대체적으로 실무계에서는 현재와 외견적 구조가 유사한 협력형을 선호하고, 시민사회에서는 주민의 자율적 통제권이 확보되는 주민조직형을 선호하는 편이며, 공직자가 주민의 통제를 받는 통합형에 대해서는 지지가 상대적으로 적어보인다.

이렇듯 집단별로 지지하는 모형이 상충하는 상황에서 한 가지 모형을 추진하는 것은 혼란을 가져올 수 있다. 일차적으로 검토될 수 있는 대안은 지방자치단체별로 실정에 따라 적용 모형을 자율적으로 선택하도록 하는 것이다. 이는 세 가지 대안에 대한 합의된 평가가 존재하지 않는 상황에서 불가피한 현실적 대안일 뿐 아니라, 지방자치의 정신에 합치되는 방안이기도 하다. 근린자치는 기본적으로 지역실정과 주민의 요구와 선호에 대응하는 제도인 만큼 지역에 따라 다양화하는 것은 권장할 일이기 때문이다. 이때 시범실시의 결과는 각 자치단체의 결정에 유용한 참고가 될 것이므로 현재 한 가지 모형에 한하여 시행되고 있는 시범실시는 확장될 필요가 있다. 또한 자치단체별로 자율적 선택을 허용하게 되면, 그 시행과정에서 자치단체간 혁신의 자연적 확산 및 제어기제가 작동함으로써 좋은 유형의 근린자치 모형이 더 확산되고 그렇지 않은 모형은 퇴출됨으로써 전체적을 근린자치가 최적화되는 방향으로 진전될 것으로 기대할 수 있을 것이다. 모형에 대한 불확실한 사전평가를 강제하기보다는 사후적 평가의 이점을 기대할 수도 있다는 것이다.

이 같은 기대에도 불구하고 세가지 모형 중 보다 유용한 근린자치모형인데 대한 논의는 여전히 필요하다. 사전적 평가에 합의가 이루어진다면 보다 바람직한 모형의 권고 및 확산이 용이해질 것이기 때문이다. 어느 모형인가? 결론부터 제시한다면 다른 조건이 동일하다면 기본적으로 협력형이 다른 모형에 비하여 바람직한 모형인 것으로 평가된다. 왜 그러한가?

그 이유는 기본적으로 공공문제의 결정에 있어서 정부와 시민의 협력적 거버넌스가 이루어질 것이 요청되기 때문이다. 이 같은 요청은 중앙과 지방을 막론하고 공히 적용된다. 왜 그러한가? 우선 공공문제에 관한 결정을 정부 단독으로 하는 것은 바람직하지 않다. 공공문제에 관한 전문적 지식을 바탕으로 하는 정부의 결정은 효율성에서는 우위에 있으나 민의를 반영하는 데 있어서 상대적 약점을 갖는다. 즉, 효율편향을 보이기 쉬운 것이다. 마찬가지로 공공문제에 관한 결정을 주민이 전유하는 것도 바람직하지 않다. 그 같은 시민통제(civic control)는 민의의 반영을 극대화한다는 데 장점이 있으나 전문성에 기반한 효율성 확보에서 약점을 갖는다. 즉, 민주편향을 보이기 쉽다. 지방자치의 목적인 주민복지가 민주성과 능률성의 균형조화를 통해 극대화된다고 할 때(이승종, 2014: 5), 민주편향과 효율편향을 극복하고 양자를 조화시키도록 정부와 시민의 협력적 결정 즉, 거버넌스가 바람직한 것이다.[1] 거버넌스가 학계와 실무계를 막론하고 일반적으로 지지받고 있는 것도 이 때문일 것이다. 이렇듯 민관 협력거버넌스의 요청을 고려할 때, 다른 조건이 같다면 협력형을 다른 모형에 비해서 높이 평가하게 되는 것이다.

---

[1] 복지증진을 위해서는 기본적으로 민주, 효율, 형평 세가지가 동시에 균형적으로 요구되지만, 형평성은 양쪽에 다 관련되고, 또한 일각에서는 형평성을 민주에 포함시키기도 하므로 여기에서는 단순화시켜 민주와 효율로 이분화시켜서 논의한다. 이때 민주와 효율이 균형되는 사회를 기술민주사회(technodemocracy)라 한다(De Sario & Langton, 1987).

2) 근린자치의 시행단위

한국에서 근린자치의 제도화를 추진한다고 했을 때 일차적으로 결정할 것은 그 시행단위일 것이다. 시군구의 하부구역으로서 읍면동, 리통, 또는 마을이 있다고 할 때 과연 어느 단위를 근린자치의 시행단위로 할 것인가를 논의해야 하는 것이다. 시행단위는 2장에서 제시한 바와 같이 읍면동이 시행단위가 되어야 할 것이다. 실제로 현재 논의되고 있는 주민자치회도 기본적으로 읍면동을 단위로 논의가 되고 있으며 이는 적절한 접근이라 사료된다.

앞에서 근린자치 모형을 평가함에 있어서 거버넌스의 가능성을 기준으로 제시하였거니와 근린자치의 시행단위 기본적으로 어떤 공간적 규모가 거버넌스에 유리할 것인가에 주목할 필요가 있다. 기본적으로 거버넌스는 정부와 주민의 만남을 요구하기 하기 때문에 규모가 작은 공간단위에서 보다 잘 이루어질 수 있다. 공간규모가 작을수록 구성원의 균질성이 높아지므로 상호이익의 충돌이 적어 협력이 용이하기 때문이다. 이와 관련하여 Mansbridge(1983: 278)는 작은 단위의 커뮤니티에서는 포함되는 이익이 균질적이고 충돌이 적어 공동체적 이익을 추구하는 통합민주주의(unitary democracy)가 가능하다고 제시한 바 있다. 작은 것이 아름다운 것이다. 물론 작다고 해서 반드시 균질적인 것은 아니다. 근린차원에서도 구성원의 이익은 균질적이지 않을 수 있으며 그만큼 이익충돌은 불가피하다. 그러므로 근린(또는 커뮤니티)을 균질적, 조화적인 것으로 단정하는 이른바 커뮤니티 신화(community myth)를 맹신하는 것은 곤란하다.[2] 그러나 상대적으로 본다면 규모가 큰 경우보다 작은 경우가 '보다' 균질적이고 조화적일 개연성이 크다. 따라서 작을수록 협력적 거버넌스에 상대적으로 유리한 단위가 된다고 하는 데 큰 무리는 없을 것이다. 이것은 정부와 시민의 만남을 고려하거나, 근린 내부의 주민간 협력을 고려하더라도 마찬가지이다. 그러므로 원칙적으로는(다른 조건이 같다면) 작을수록 좋다가

---

2) 예컨대, Cleaver(2001)는 흔히 커뮤니티를 균질적, 정적, 조화적인 것으로 인식하는 것을 신화라고 규정하면서, 커뮤니티는 권력구조, 이익과 수요의 충돌의 상존하는 장이라고 지적한다.

답이 된다. 물론 거버넌스의 가능성만 아니라 성과의 크기까지 고려하면 작은
것이 더 아름답다고 하기는 어렵다. 다만 여기에서는 근린자치는 거버넌스를
추구하기 때문에 거버넌스의 실현가능성에 초점을 맞추어 평가하는 것이다.

　　문제는 과연 어느 만큼까지 근린자치 단위가 작아져도 되는가 하는 것이
다. 기본적으로는 작은 것이 아름답다고 하더라도 거버넌스의 효과성을 고려
할 때 무한정 작은 것이 반드시 좋은 것은 아닐 수 있기 때문이다. 일단 지적
할 것은 기본적으로 정부는 공공문제에 대응함에 있어서 지역이나 집단을 단
위로 한다는 점이다. 따라서 근린 거버넌스에 있어서도 정부의 기능단위를 고
려해야 한다. 물론 정부와 주민의 만남이 항상 집단적으로 이루어지는 것은
아니며 개별화된 만남이 이루어진다(예, 주민의 공직자 접촉). 그러나 그 경우에
도 정부와 주민의 만남은 기본적으로 특정 행정단위가 특정 지역이나 집단의
구성원을 상대로 하는 것이다. 그러므로 총체적으로 볼 때 정부와 주민의 만
남은 기본적으로 집단적이다. 그러므로 근린자치와 관련해서 거버넌스를 논
의한다면 당연히 근린차원의 공식적 행정단위를 고려해야만 한다. 근린차원
의 공식행정단위는 국가마다 다르다. 예컨대, 스위스는 코뮌이며, 영국은 패
리쉬이다. 한국의 경우에는 읍면동이 근린차원의 최일선 행정단위이며 따라
서 근린자치 단위는 읍면동으로 하는 것이 적절해 보인다. 통리가 있지만 공
식적 행정단위는 아니며 따라서 근린거버넌스의 단위로 하기에는 한계가 있
다. 기본적으로 거버넌스는 정부와 시민의 협력적 관계의 형성인바, 통리 단
위에서는 거버넌스의 주체로서의 정부가 거의 결여되어 있다고 보아야 할 것
이다.[3] 한편으로는 읍면동도 근린자치제도를 적용하기에는 여전히 크다는 비
판이 있을 수 있다. 이른바 커뮤니티 신화의 한계는 여기에도 적용될 것이다.
그러나 주민자치 차원에서만이 아니라 거버넌스 차원에서 볼 때 민관간 협력
을 생각해야 하고 그렇다면 현실적으로 행정과 주민의 공식적 접점이 형성될
수 있는 읍면동 단위가 근린자치의 현실적 단위가 된다.

---

3) 만일 통리단위를 근린자치 단위로 한다면 협력형보다는 주민조직형이 더 맞는 모형이 될
　것이다. 그러나 이 경우에는 공식적 행정단위가 결여되어 있기 때문에 정부와 주민의 효
　과적이고 유의미한 협력관계의 구축에 있어 한계가 있게 된다.

민관협력(거버넌스)만 아니라 민민협력의 관점에서 보더라도 무조건 작은 것이 능사는 아니다. 협력이 요구하는 최소한의 규모가 있을 것이기 때문이다. 근린자치 단위가 너무 작으면 자치의 성과가 적용되는 범위가 작은 불경제가 생길 수 있다. 공공생산에 있어서의 규모의 경제를 고려해야 한다는 것이다. 예컨대, 마을가꾸기를 위한 협력에 있어서 일정 규모의 참여가 이루어져야 보다 가시적 성과를 기대할 수 있는 것과 마찬가지이다. 물론 규모의 경제만을 생각한다면 읍면동도 작은 규모일 수 있다. 공공문제의 종류에 따라서는 시군구단위가 근린자치단위로 더 적합할 수도 있다. 그러나 효율성과 함께 주민의 접촉가능성이나 정부의 대응성과 같은 민주성 측면을 아울러 고려할 때, 근린의 범위는 제한되어야 한다. 즉, 민주성과 효율성을 아울러 고려할 때 기본적으로 읍면동 단위를 한국에서의 근린자치 단위로 상정하게 되는 것이다. 시군구로 하게 되면 효율성은 확보하지만 민주성이 훼손된다. 리통으로 하면 민주성은 확보되지만 효율성이 훼손된다. 물론, 공공문제의 종류에 따라서 효율성의 요구가 차별화될 것이므로 경우에 따라서는 읍면동 단위를 넘는 단위에서의 근린자치가 바람직할 수도 있을 것이다. 이를 감안한다면 원칙적으로 읍면동을 기본 근린자치 단위로 하되, 필요에 따라 근린자치가 읍면동과 시군구에서 중첩적으로 이루어지는 것을 허용할 수 있을 것이다. 그러나 시군구 단위에서는 대표민주제가 시행되고 있으므로 여기에서 제시하는 근린자치 단위의 논의는 적용되지 않는다. 그러므로 궁극적으로 최하위 공식적 행정단위로서 읍면동 단위의 근린자치제도의 구축이 필요한 것이다.

3) 근린차원의 좋은 거버넌스 형성요건

근린자치제도는 근린차원의 거버넌스를 지향한다. 이때 단순히 거버넌스가 아니라 좋은 거버넌스(good governance)를 지향할 것이 요구된다. 근린거버넌스 자체가 궁극적 목적이 아니라 주민의 복지증진이 궁극적 목적이기 때문이다. 즉, 좋은 거버넌스를 통해서 주민복지증진을 기해야 하는 것이다. 좋은 거버넌스란 무엇인가? 굿 거버넌스에 대한 개념정의는 다양하다. 예컨대, IMF(2009)는 법치, 효율성, 책임성, 부패방지 등을 좋은 거버넌스의 촉진요인으로 제시하였고, 유엔(UNESCAP, 2009)은 합의지향, 참여, 법치, 효과성 및 효율성, 책임성, 투명성, 대응성, 형평성과 포용성 등을 좋은 거버넌스의 요소로 제시한 바 있다. 참여와 책임, World Bank는 2002년부터 정치적 안정과 폭력, 정부의 효과성, 규제의 질, 법치, 부패통제를 기준으로 각국의 거버넌스의 질을 평가하고 있다(Worldwide Governace Indicators). 이렇듯 정의하는 집단에 따라 개념화에 차이가 있지만 대체적으로 좋은 거버넌스란 역량 있는 정부가 시민의 요구와 필요에 적절히 대응하는 정치체제를 말하는 것으로 이해하는 것으로 충분할 것이다. 이에 대해서는 개념이 모호한데다 서구적 편향을 보인다는 비판이 제기되고 있지만, 그럼에도 불구하고 거버넌스의 지향점을 제시하여 거버넌스의 질적 제고를 돕는 지침이 될 수 있다는 점에서 가치가 인정된다.

    문제는 근린거버넌스의 실현을 위해서 근린자치 강화가 필요하다고 하였으나 근린거버넌스가 바로 좋은 거버넌스로 이어지는 것은 아니라는 점이다. 물론 거버넌스가 민관의 협력적 노력을 의미한다고 했을 때 정부의 독점 또는 민간의 독점적 결정보다는 거버넌스가 바람직하며 그 의미에서 거버넌스는 좋은 거버넌스의 속성을 어느 정도 배태하고 있다고 볼 수 있다. 그러나 정부와 시민의 만남 자체가 즉, 거버넌스가 좋은 거버넌스로 환원되는 것은 아니다. 그렇다면 좋은 거버넌스는 어떻게 이루어지는가? 좋은 거버넌스의 실현을 위해서는 거버넌스의 주체인 정부와 시민의 혁신적 재창조가 필요하다. 다시 말해서 좋은 거버넌스를 위해서는 정부의 구성원인 공직자와 시민의 역량강화가 요구되는 것이다. 만일 무능하고 부패한 공직자와 민주의식과 주인의식이 결여된 시민이 만나서는 좋은 거버넌스가 이루어질 리 없고 이 경우에는 차라리 거버넌스가 없는 것이 나을 수 있다. 그러므로 좋은 거버넌스를 위해서 거버넌스의 주체인 공직자와 시민의 역량강화를 요구하는 것이다.

    먼저 공직역량 강화를 위해서 공직훈련의 강화가 요구된다. 그렇게 함에 있어서 집합강의를 넘어 자율적 자기계발 기회의 부여, 선진경험의 습득기회 확대, 그리고 무엇보다 주민과의 협력 경험의 기회를 확장해야 한다. 근린자치의 관점에서 공직자의 역량 강화는 근린의 수요와 자원에 대한 지식확보 능력 그리고 주민에 대한 반응성을 역량 강화목표에 포함시킬 것이 요구된다.

　시민의 역량강화를 위한 시민교육도 필요하다. 이와 관련하여 강조할 것은 가장 효과적인 시민교육은 참여의 실천을 통하여 이루어진다는 점이다. 즉, 강의실 교육과 달리 시민참여는 실천적 시민교육의 도구가 되는 것이다. 그런데 참여는 근린단위에서 보다 효과적으로 실현될 수 있다. 그러므로 결국 근린단위의 주민자치 활성화를 통해 시민의식이 함양되고 이에 기반하여 거버넌스의 질적 제고가 이루어지게 된다. 이는 많은 논자들이 지방자치의 정착 발전을 위해서 시민교육이 필요하다고 주장하는 논리적 배경이기도 하다.

　근린자치를 통하여 시민역량만 강화되는 것은 아니다. 공직자 역시 시민과의 만남을 통하여 보다 개방적이고 문제해결자적인 의지와 능력을 소유하게 된다. 일반적으로 공직자와 시민은 서로 별개의 인지패러다임을 갖고 있다고 치부되고 있거니와(정재동, 2002), 근린자치를 통하여 양자간 인식의 간극이 좁혀질 수 있다면 이는 좋은 거버넌스의 촉진제로 작용하게 될 것이다. 요컨대, 근린자치는 이러한 일련의 효과를 통하여 지방거버넌스의 질적 제고를 담보하고 나아가서 지속적이고 안정적인 지방발전을 담보하는 기반으로 기능할 것이므로 중요하다.

4) 근린자치에 기반한 시읍면제

　최근 한국사회가 겪고 있는 노령화는 국가발전의 중대한 장애요인으로 부각되고 있거니와 이는 국가차원에서만 아니라 지방자치단체 차원에서도 중대한 위협요인이 되고 있다. 구체적으로 현재 다수 지방자치단체는 노령화 현상이 심각한 형편으로 적절한 대응이 필요한 실정이다.[4] 지방자치의 관점에

---

4) 2013년 현재, 227개 기초단체 중 103개(45.3%)가 고령화사회, 47개(20.7%)가 고령사회, 73개(32.1%)가 초고령사회에 진입한 것으로 확인된다(곽채기, 2014).

서 볼 때 노령화는 한편으로는 세수부족, 다른 한편으로는 행정수요의 증대라는 이중적 압박요인이 되고 있다. 특별한 조치가 없는 한, 현행의 시군구 자치체제를 유지하는 데 어려운 상황이 되고 있는바, 특히 인구문제가 심각한 군 단위의 유지가 어려운 문제로 대두되고 있다.

이에 대한 대응은 두 가지 방향에서 접근할 수 있다. 하나는 시군구 자치제를 유지한 상태에서 하부구역에서의 근린자치제도를 보완적으로 활성화하는 방안이다. 현재 제시되고 있는 주민자치회 설치모형이 대표적인 예이다. 지금까지의 논의 역시 근린자치제의 활성화에 대한 논의에 다름 아니다. 다른 하나는 시군구 자치제를 시읍면 자치제로 전환하는 방안이이다. 구체적으로, 시는 현행을 유지하되 군의 하부행정기관인 읍과 면은 기초자치단체화하며, 군은 도의 하부행정기관화한다. 또한 규모가 작아진 기초자치단체로서의 읍면의 조직과 기능은 규모에 맞게 재조정한다.5)

시읍면 자치제를 제언하는 데 있어서는 약간의 보완적 논의가 필요하다. 기초자치단체의 하부구역으로서의 근린을 공식적 기초자치단위로 제시하는 것이라면 논리적 일관성 차원에서는 시읍면 자치가 아니라 읍면동 자치제를 제시하는 것이 자연스러울 것이기 때문이다. 그러나 현행 시군구 자치제를 전제로 했을 때는 그 하부구역의 근린 즉, 읍면동을 근린자치제도의 적용단위로 해도 되지만, 근린을 공식적 자치단체화하는 경우에는 새롭게 자치단체가 되는 근린 단위간 경계구분 가능성을 고려해야 한다. 그런데 농촌지역의 읍면은 면적이 넓고 인구분포가 산개되어 다른 읍면과 상대적으로 경계구분이 가능하지만, 인구가 밀집되어있는 도시지역에서는 지역간 유기적 일체성이 높아서 동간 경계구분이 사실상 어렵다. 이를 감안하여 여기에서는 읍면동 자치제 대신 시읍면 자치제를 제시하는 것이다.6)

주목할 것은 시읍면 자치제는 인구구조 변화에 대응하는 유효한 방안일 뿐 아니라, 지방자치의 중요한 기반요소인 지방재정 문제를 해결하는 유효한

---

5) 보다 구체적 방안에 대하여는 이승종(2014) 참조.
6) 그러므로 시읍면 자치제를 도입하는 경우, 현행 제도가 지속되는 시 지역에서는 시 하부구역으로서의 동 단위의 근린자치를 보완적으로 강화하는 방안이 적용되어야 할 것이다.

수단으로서의 잠재력도 갖는다는 점이다. 최근 중앙과 지방의 대립, 지방자치에 대한 전반적 무관심 등이 지방자치 발전에 저해요인이 되고 있거니와 특히 교착상태에 빠진 중앙과 지방간 재정갈등은 해법을 찾기 어려워 보인다. 양자간 재정갈등은 유아복지, 노인복지 등 복지재정의 부담을 중심으로 가열화되어 있는 상황으로서 획기적 조치 없이는 解決(해결)의 전망이 불투명한 상황이다. 장기간 경기침체에 따라 중앙도 지방도 각각 재정적 결핍에 목말라 하고 있는 실정이기 때문이다. 이 같은 교착상태는 다분히 구조적인 것이며 성격상 미시적 정책조정으로는 해결이 가능해보이지 않는다. 근본적 처방을 위해서는 중앙과 지방간 재정배분에 대한 원천적 논의가 시작될 수 있을 정도의 구조적 변화가 필요해 보인다. 지방자치의 기능과 조직 전환을 통한 획기적 변화가 없는 상황에서 재정의 구조적 변화를 기대하기는 어려울 것이기 때문이다. 이와 관련, 시읍면 자치제의 시행은 지방행정 구조와 기능의 변화를 통하여 교착상태에 있는 중앙과 지방간 지방재정 논의의 근본적 전환을 이룰 유효한 계기가 될 수 있을 것으로 기대된다. 구조와 기능이 변하면 당연히 그에 수반되는 재정적 변화가 수반될 수밖에 없을 것으로 예상된다.

　　나아가서 시읍면 자치제는 5.16 후 시행된 지금까지의 시군구 자치제를 획기적으로 전환시킴으로써 중앙과 지방간 재정배분에 대한 논의를 새로운 차원에서 접근시키는 계기가 될 뿐 아니라, 분권화 과정에서 중앙과 지방간 고착형성되고 있는 전반적 갈등전선을 유동화시키고, 지방자치를 보다 주민에 접근시킴으로써 지방자치의 새로운 발전 국면을 마련하게 될 것이다. 그러므로 현행 시군구 하부구역에서의 근린자치 논의를 넘어 보다 발전적으로 기초자치제로서의 근린자치논의로 이행하는 것이 바람직할 것이다. 이와 관련, 시읍면제로 이행하기 이전에라도 현행 시군구 자치제 하에서 근린자치제도의 강화는 향후 시읍면자치제로의 논의과정에서 유용한 경험으로 작동할 것이므로 여전히 유용하다. 요컨대, 근린자치는 중앙과 지방간 형성되어 있는 대립적 전선의 완화와 함께 분권적 국가운영의 촉진제로서 유효한 역할을 할 것이므로 필요하다는 데 대한 인식이 요구된다.

　　그럼에도 불구하고 지금까지 지방행정체제개편은 근린자치의 강화와는 반대의 방향에서 접근되어 왔다. 즉, 이미 과대한 기초자치단체를 통합확대하는 방향에서 접근하면서 근린자치의 잠재적 효과에 대해서는 크게 관심을 갖지 않았던 것이다. 그러나 만일 지방자치 발전을 위해서 지방행정체제개편이 필요하다면 그 방향은 지금과 달라져야 한다. 통합확대는 기초자치단체가 아니라 광역자치단체를 대상으로 해야 하며, 이미 과대한 기초자치단체는 통합을 지양하고 근린자치제를 강화해야 한다.

참고문헌

곽채기 (2014). 인구구조 변화에 따른 영향분석과 국가의 역할 구조 및 재정 시스템의 변화방향. 지방재정, (17): 98－99.

이승종 (2014). 기초자치의 모형: 통합시 vs 시군구자치 vs 마을자치. 이승종(편) 지방자치의 쟁점 (pp.54－62). 서울: 박영사.

이승종·김혜정 (2011). 시민참여론, 10장. 서울: 박영사.

정재동 (2002). 관료와 주민의 도식갈등과 대응행위에 대한 해석학적 연구 : 서울시 동사무소 사례, 박사학위청구논문, 고려대학교.

Cleaver, Frances (2001). Institutions, agency and the limitatios of particpatory approaches to development. In Bill Cooke & Uma Kothari (Eds.), *Participation: The New tyranny?* Zed Books. London. New York.

De Sario J. & Stuart Langton (Eds.). (1987). *Citizen participation in public decision making.* N.Y.: Greenwood Press.

International Monetary Fund (2009). *The IMF's approach to promoting good governance and combaint corruption: A guide.* https://en.m.wikipedia.org/wiki/Good_governance

UNESCAP (2009). *What is good governance.* http://www.unescap.org/sites/default/files/ good－governance.pdf

World Bank (annual). *Worldwide Governace Indicators.*

저자약력

이승종

Northwestern University(정치학 박사)
한국행정학회 회장
한국지방행정연구원 원장
(현) 서울대학교 행정대학원 교수

김대욱

서울대학교(행정학 박사)
행정자치부 지방자치단체 합동평가단 평가위원
(현) 한국지방행정연구원 수석연구원

김혜정

서울대학교(행정학 박사)
한국지방행정연구원 수석연구원
정부혁신지방분권촉진위원회 실무위원
(현) 선문대학교 행정학과 부교수

노승용

Rutgers, the State University of New Jersey,
　Newark(행정학 박사)
공기업·준정부기관 경영평가단 위원
정부 3.0 평가단 위원
지방자치단체 합동평가단 위원
(현) 서울여자대학교 행정학과 부교수

모설문

서울대학교(행정학 박사)
중국 민주동맹감숙성위원회 교육사업위원회 자문위원
중국 란주대학교 중국정부성과관리연구센터 연구원
(현) 중국 란주대학교 관리학과 강사

서재호

서울대학교(행정학 박사)
한국행정연구원 혁신조직센터 부연구위원
지방자치단체 합동평가단 평가위원
(현) 부산광역시의회 의정자문위원
　　　부경대학교 행정학과 교수

안성호

서울대학교(행정학 박사)
대전대학교 부총장
한국지방자치학회장
(현) 대전대학교 행정학과 교수

오승은

연세대학교(행정학 박사)
지역발전위원회 전문위원
지방자치발전위원회 실무위원
기재부 공공기관 경영평가단 위원
(현) 제주대학교 행정학과 교수

유희숙

경희대학교(행정학 박사)
행정자치부 정보공개위원회 위원
지방자치발전위원회 실무위원
법무부 서울지방교정청 징계위원회 위원
(현) 대림대학교 국제사무행정과 교수

최영출

영국 Newcastle University 대학원 졸업(정책학 박사)
한국정책분석평가학회 회장
(현) 행정자치부 지방자치단체 합동평가단장
　　　충북대학교 행정학과 교수/사회과학대학 학장

근린자치제도론

초판인쇄	2015년 9월 25일
초판발행	2015년 9월 30일
지은이	이승종 외
펴낸이	안종만
편 집	전채린
기획/마케팅	조성호
표지디자인	홍실비아
제 작	우인도·고철민
펴낸곳	(주) 박영사
	서울특별시 종로구 새문안로3길 36, 1601
	등록 1959. 3. 11. 제300-1959-1호(倫)
전 화	02)733-6771
f a x	02)736-4818
e-mail	pys@pybook.co.kr
homepage	www.pybook.co.kr
ISBN	979-11-303-0245-4 93350

이 저술은 서울대학교 행정대학원 한국행정연구소 연구총서로 발간되었으며, 한국연구재단의 지원을 받아 수행되었음(KRF-2013S1A3A2054622)

정 가   19,000원

집필진의 요청으로 인세수입 전액은 공익단체에 기부합니다.